DROIT DES SOCIÉTÉS OHADA

Représentation, décisions collectives, contractualisation (SAS, pacte d'actionnaires)

Patrice Samuel Aristide BADJI

DROIT DES SOCIÉTÉS OHADA

Représentation, décisions collectives, contractualisation (SAS, pacte d'actionnaires)

Sénégal
L'Harmattan

Du même auteur

Pour un droit des affaires. Quand une approche pluridisciplinaire du droit s'impose, Dakar, Harmattan Sénégal - CREDILA, 2018

Réforme du droit des sociétés commerciales OHADA, Dakar, Harmattan Sénégal - CREDILA, 2016

10 VDN, Sicap Amitié 3, Lotissement Cité Police, DAKAR

http://www.harmattansenegal.com
senharmattan@gmail.com
senlibrairie@gmail.com

ISBN : 978-2-343-20514-4
EAN : 9782343205144

DÉDICACE

A ma famille,
A Véronique, pour ton soutien de toujours
A mes Maîtres

REMERCIEMENTS

L'auteur remercie toutes les personnes qui l'ont aidé à rédiger cet ouvrage de par leurs conseils, encouragements, échanges fructueux et soutien financier

LISTE DES SIGLES ET ABRÉVIATIONS

AG :	Assemblée générale
AGE :	Assemblée générale extraordinaire
AGO :	Assemblée générale ordinaire
AGOA :	Assemblée générale ordinaire annuelle
AJ Contrat:	Actualité juridique contrat
ATS :	*Alien Tort statute*
AUDCIF :	Acte uniforme relatif au droit comptable et à l'information financière
AUSGIE :	Acte uniforme relatif au droit des sociétés commerciales et GIE
BJS :	Bulletin Joly Sociétés
BRVM :	Bourse régionale des Valeurs Mobilières
CAC :	Commissaire aux comptes
CCI :	Chambre de commerce international
CCJA :	Cour Commune de Justice et d'Arbitrage
CEMAC :	Communauté Économique et Monétaire de l'Afrique Centrale
CIFDUF :	Conférence Internationale des facultés de droit ayant en commun l'usage du français
CNCC :	Compagnie nationale des commissaires aux comptes
CPC :	Code de procédure civile
CREPMF :	Conseil Régional de l'Épargne Publique et des Marchés Financiers
D. :	Dalloz
DG :	Directeur Général
DGA :	Directeur Général adjoint
ISA :	Institut Sénégalais des Administrateurs
JAL :	Journal d'annonces légales
JORS :	Journal Officiel de la République du Sénégal
LAR :	Lettre au porteur contre récépissé
L.G.D.J :	Librairie générale de droit et de jurisprudence
LPA :	Les Petites affiches
LRAR :	Lettre recommandée avec accusé de réception
NRE :	Nouvelles régulations économiques
OHADA :	Organisation pour l'harmonisation en Afrique du droit des affaires

ONG : Organisation Non Gouvernementale
PCA : Président du conseil d'administration
PDG : Président Directeur Général
PIB : Produit intérieur brut
PJ : Problème juridique
PME : Petite et moyenne entreprise
PV : Procès-verbal
ONG : Organisation non gouvernementale
OPA : Offre publique d'achat
OPE : Offre publique d'échange
OPR : Offre publique de retrait
PUAM : Presses Universitaires d'Aix-Marseille
RCCM : Registre du commerce et du crédit mobilier
RCDIP : Revue critique de droit international privé
RDC : Revue des contrats
RGCREPMF : Règlement Général du Conseil Régional de l'Épargne publique et des Marchés Financiers
RDP : Revue de droit public
RFDA : Revue Française de Droit Administratif
RRJ : Revue de la Recherche Juridique
RSE : Responsabilité sociale de l'entreprise
Rev.soc : Revue des sociétés
RTDciv : Revue Trimestrielle de droit civil
RTDCom : Revue Trimestrielle de droit commercial
SA : Société Anonyme
SAS : Société par actions simplifiée
SCS : Société en commandite simple
SELAS : Société d'exercice libéral par actions simplifiée
SGI : Société de Gestion et d'Intermédiation
SGP : Société de Gestion du Patrimoine
SNC : Société en nom collectif
SURL : Société Unipersonnelle à Responsabilité Limitée
TPI : Tribunal de première instance
UMOA : Union Monétaire Ouest Africaine
UEMOA : Union Economique et Monétaire Ouest Africaine
V : Voir

Bibliographie sélective

AUBRY (H), Réflexions sur l'évolution récente de la déontologie en droit des affaires, D. 2009. 2504

BARBIER (H), Le statut juridique de la plateforme en ligne : intermédiaire contractuel et non simple support technique, RTD civ. 2019. 848

BENNINI (A), La procéduralisation du droit des sociétés, RTD com. 2010. 499

BISSARA (PH)

-Le gouvernement d'entreprise en France : faut-il légiférer encore et de quelle manière ?, Rev. Sociétés 2003. 51

- L'intérêt social, Rev. Sociétés 1999. 5

CHAMPAUD (C), Le droit français des sociétés à l'aube du XXIe siècle, Rev. sociétés 2000. 77

CONAC (P-H),

-Recommandation AMF n° 2011-06 sur les agences de conseil en vote, 18 mars 2011, Rev. Sociétés 2011. 459 ;

- L'AFEP n'apprécie pas l'activisme actionnarial « court-termiste » Rev. Sociétés 2020. 67

- La réglementation des conseillers en vote, Rev. Sociétés 2017. 689

-Étude et propositions de l'AMF sur le dialogue actionnarial, sociétés 2020. 65

-Proposition du Club des juristes sur l'activisme actionnarial, Rev. sociétés 2020. 68

COURET (A), Première traduction législative de la corporate governance : la loi sur les fonds de pension, D. 1997. 241

COURET (A), Faut-il réécrire les articles 1832 et 1833 du code civil ?, D. 2017. 222

CUZACQ (N), Le vote des gestionnaires d'OPCVM, Rev. sociétés 2006. 491

Dossier : Le devoir de vigilance, Droit social 2017. 792

DE RAVEL D'ESCLAPON, (TH), L'usufruitier de droits sociaux n'est pas un associé. Réflexions autour du droit de participer aux décisions collectives, Rev. sociétés 2017. 30

D'ISTRIA (F.-C), Le poids de la tradition dans l'argumentation juridique, RTD civ. 2019. 727
Dossier : Contractualisation en droit public : bilan et perspectives, RFDA, p.1 et s
FAVARIO (TH), Regards civilistes sur le contrat de société, Rev. sociétés 2008. 53
FORGET (E), L'investissement éthique, Rev. sociétés 2015. 559
FRANÇOIS (B), Rémunérations des dirigeants des sociétés cotées : le nouveau « *say on pay* » issu de l'ordonnance du 27 novembre 2019, Rev. sociétés 2020. 58
FRANÇOIS (S), CHANTEPIE (G), Le consentement de la personne morale, RTD civ. 2019. 974
GAILLARD (E), L'entrée dans l'ère du droit des générations futures, Les cahiers de la justice 2019. 441
GODON (L), Un associé insolite : le nu-propriétaire de droits sociaux, Rev. sociétés 2010. 143
HURSTEL (D), MOUGEL (J), La loi *Sarbannes-Oxley* doit-elle inspirer une réforme du gouvernement d'entreprise en France ?, Rev. sociétés 2003. 13
HURSTEL (D), BIEDER (TH), Est-il urgent et indispensable de réformer le droit des sociétés au nom de la « *corporate governance* » ?, Rev. sociétés 1995. 633
JESTAZ (PH), PUIG (P), *Les sources du droit,* RTD civ. 2006. 415
JESTAZ (PH), Source délicieuse, RTD civ. 1993. 73
LECOURT (B), Réflexions sur la simplification du droit des affaires, RTD com. 2015. 1
LE FUR (A.-V), Concilier l'inconciliable » : réflexions sur le droit de vote de l'actionnaire, D. 2008. 2015
LEVENEUR-AZEMAR (M), Éclairage de droit comparé sur l'interprétation de la réforme du droit des contrats, Recueil Dalloz 2020, p.165
MAGNIER (V), Les actions de préférence : à qui profite la préférence ?, D. 2004. 2559
MALECKI (C), La loi n° 2005-882 du 2 août 2005 en faveur des petites et moyennes entreprises et les bons offices de la location d'actions et de parts sociales, D. 2005. 2382
PAILLUSSEAU (J), Entreprise et société. Quel rapport ? Quelle réforme ?, D. 2018. 1395
PARACHKEVOVA (I), Les obligations des fonds d'investissement au sein des sociétés cotées, Rev. sociétés 2015. 75

Quelques grands arrêts en droit des sociétés : Personnalité morale des sociétés civiles – Rev. sociétés 2000. 5
REINHARD (Y), La loi sur les nouvelles régulations économiques et les conflits d'intérêts, RTD com. 2002. 115
RONTCHEVSKY (N), Le gouvernement d'entreprise à la française, D. 2001. 2578
ROUSSEAU (S), L'"intérêt social" en droit des sociétés, Rev. sociétés 2009. 735
SABLIERE (P), Une nouvelle source du droit ?, AJDA 2007. 66
SAADA (J), Les défis du droit global, Rev. crit. DIP 2019. 637
SCHMIDT (D),
-La société et l'entreprise, D. 2017. 2380
-La loi PACTE et l'intérêt social, D. 2019. 633
TADROS (A), Regard critique sur l'intérêt social et la raison d'être de la société dans le projet de loi PACTE, D. 2018. 1765
URBAIN-PARLEANI (I), La réécriture des articles 1833 et 1835 du Code civil : révolution ou constat ?, Rev. sociétés 2018. 582 et 623

Ouvrages tirés de la collection Dalloz « Thèmes et commentaires »

Association HENRI CAPITANT :
-Le droit et l'environnement, Dalloz, 2010 ;
-La personnalité morale, Dalloz, 2010 ;
-Le droit souple, Dalloz, 2009 ;
-Les perspectives de modernisation du droit des obligations, Dalloz, 2015 ;
-La place du juriste face à la norme, Dalloz, 2012 ;
-L'aléa, Dalloz, 2011 ;
-La réforme du droit des contrats, Dalloz, 2016 ;
-Les conflits d'intérêts, Dalloz, 2013 ;
-La violence économique, Dalloz, 2017.
BOSKOVIC (O), L'efficacité du droit de l'environnement, Dalloz, 2010
BRUGUIERE (J-M), L'entreprise à l'épreuve du droit de l'internet, Dalloz, 2014
CHASSAGNARD-PINET (S), HIEZ (D), La contractualisation de la production normative, Dalloz, 2008
DE BAILLIENCOURT (O. D), LAPEROU (B), Les responsabilités du dirigeant de société, Dalloz, 2018
DE RIBES-JUSTEAU (A-L. C), Les abus de majorité, de minorité et d'égalité, Dalloz, 2010

DISSAUX (N), GUENZOUI (Y), Les habitudes du droit, Dalloz, 2015
FAURE (B), Les objectifs dans le droit, Dalloz, 2010
FENOUILLET (D), BUREAU (D), DRUMMOND (F), Droit et morale, Dalloz, 2011
FENOUILLET (D), L'argument sociologique en droit, pluriel et singularité, Dalloz, 2015
LATINA (M), La réforme du droit des contrats en pratique, Dalloz, 2017
LYON-CAEN (A), URBAIN (Q), La crise de l'entreprise et de sa représentation, Dalloz, 2012
MAGNIER (V), FONBAUSTIER (L), Développement durable et entreprise, Dalloz, 2013
MATHIEU (B), ROUSSEAU (D), LE POURHIET (A.-M), Représentation et représentativité, Dalloz 2008,
MENJUCQ (M), FAGES (B), Actualité et évolutions comparées du droit allemand et français des sociétés, Dalloz, 2010
MORTIER (R), Les incidences de la réforme du droit des contrats sur les contrats d'affaires, Dalloz, 2018
REVEL (J), BOURASSIN (M), Réformes du droit civil et vie des affaires, Dalloz 2014
STOFFEL-MUNK (PH), Réforme du droit des contrats et pratique des affaires, Dalloz, 2015
STRUBEL (X), DEHARO (G), Penser les relations du droit et des sciences de gestion, Dalloz, 2014
URBAIN-PARLEANI (I), Regards sur l'évolution du droit des sociétés depuis la loi du 24 juillet 1966, Dalloz, 2018
URBAIN-PARLEANI (I), CONAC (P.-H), La société par actions simplifiée, Dalloz, 2016

INTRODUCTION

1. Le volume, voire la complexité d'une discipline peut-elle nous pousser à n'en choisir que quelques morceaux lorsqu'on réfléchit sur celle-ci ? Il est bien possible de répondre par l'affirmative surtout que ce n'est pas une posture isolée ; laquelle est d'ailleurs celle adoptée par les disciples d'un Maître en droit[1]. La règle de droit est générale, impersonnelle, imposée, contraignante, enseigne-t-on depuis toujours. S'il n'est pas question de remettre en cause cette vérité, il n'est pas non plus faux de dire que le critère de juridicité n'est pas forcément la sanction et que le droit peut provenir non d'en haut, mais d'en bas. Il suffit pour s'en convaincre d'examiner les sources du droit. Est-ce un hasard si Ripert parlait de « *déclin du droit* » ? Nous ne le pensons pas. D'un autre côté, les acteurs sont de plus en plus consultés lors de la production normative. On parle à ce propos de co-construction[2]. De même, le droit entretient des relations par exemple avec les sciences de gestion[3]. C'est parce qu'un pilotage efficace de la performance d'une entreprise repose sur une approche globale des questions relevant du droit et de la gestion[4]. Il serait donc question des rapports droit, économie[5] et gestion d'une part, des méthodes d'enseignement

---

[1] V. *Procédures collectives et droit des affaires, Morceaux choisis*, Mélanges en l'honneur d'Adrienne Honorat, Frison-Roche, 2002, 341 pages.

[2] V. COURET Alain, Propos introductif, in *Le nouveau visage du droit des sociétés*, Revue des sociétés, 2019, p.565, n°5.

[3] Cette discipline est distincte de l'économie. Il faut dire que les sciences de gestion cherchent à décrire, comprendre et expliquer le fonctionnement des organisations. Elles recoupent la finance, la comptabilité, les ressources humaines, le marketing et la stratégie. V. KARILA-VAILLANT Charlotte, « Le management juridique : contours, spécificités et bonnes pratiques », in Penser les relations du droit et de la science de gestion, Dalloz, 1e édition, 2014, collection « Thèmes et commentaires », p.36. L'auteur précise que traditionnellement, la gestion du droit au sein d'une entreprise regroupait la gestion des conflits et la rédaction des contrats. C'est ainsi que la direction juridique était une direction du contentieux. Avec les scandales comme l'affaire ENRON, la nécessité s'est faite sentir d'aller vers la gestion du risque et la conformité. On est donc passé d'un management juridique à un management de la gestion du risque.

[4] DEHARO Gaelle, STRUBEL Xavier, *Introduction*, in Penser les relations du droit et de la science de gestion, Dalloz, 2014 p.1

[5] V. SCHWEITZER Serge, FLOURY Loic, *Droit et économie*, Dalloz, 2019, collection « Thèmes et commentaires »

du droit dans les écoles de commerce d'autre part, étant entendu que celles de l'enseignement du droit dans les facultés ont déjà fait couler beaucoup d'encre[6]. C'est dire qu'un changement de paradigme s'impose dans lequel les sources matérielles du droit ne devraient être négligées. Ainsi, le droit des sociétés doit être appréhendé grâce à une approche systémique qui de toute évidence ne peut être que plus cohérente, complète et coordonnée[7]. Dépassant les « règles hétéroclites, dénuées de toute cohérence », la conceptualisation présente, en effet, un intérêt pédagogique tout autant que politique et pratique. Elle est « le creuset et le vecteur de la dynamique du droit »[8]. Mais de l'avis de Jean-Louis Sourioux, conceptualiser n'est pas seulement former des concepts, c'est aussi les structurer, les synthétiser[9]

2. Il faudrait adopter comme démarche celle proposée par les adeptes du phénomène de décriture[10] et en vertu de laquelle dans le travail du juriste, au-delà de l'interprétation des textes et de l'application des règles, on distingue les sources formelles (loi, coutume, décision de justice), des constructions intellectuelles (principes, concepts, théories générales). Ces dernières s'entremêlent et s'amalgament.

I-Les raisons du changement de paradigme

3. Il serait dommage de n'appréhender le droit des sociétés commerciales que sous l'angle d'une simple discipline que l'on enseigne à des étudiants désireux de n'en tirer que des aspects techniques[11]. En réalité, le droit des sociétés est bien plus que cela.

---

[6] V. L'avenir de l'enseignement du droit, Colloque à l'Université de Paris II, Revue de droit d'Assas, n°8, octobre 2013, p.84.

[7] V. sur cette approche systémique, BOUCOBZA Xavier, SERINET Yves-Marie, « Loi Sapin2 et devoir de vigilance : l'entreprise face aux nouveaux défis de la *compliance* », Recueil Dalloz 2017, p.1619. Lorsqu'on examine, le n°2 de cet article, on ne peut que se rendre compte que la RSE constitue une réponse à des scandales ou des affaires qui ont suscité l'émoi général.

[8] BERGEL Jean-Louis, « A la recherche de concepts émergents en droit », D. 2012. 1567

[9] SOURIOUX Jean-Louis, « Un siècle de revue trimestrielle de droit civil », RTDCiv 2002, p.681, n°15. Selon l'auteur, la revue en question joue bien ce rôle.

[10] La décriture est un acte commandé par la volonté de décrire les normes juridiques, n°385. V. FORRAY Vincent, PIMONT Sébastien, *Décrire le droit... et le transformer, Essai sur la décriture du droit*, Dalloz, 1e édition, 2017

[11] Par opposition à la dimension technicienne, il s'agit ici d'une approche normative. Il faut remarquer que l'expression technique juridique a divisé la doctrine. Ainsi, la

C'est un droit qui évolue dans un environnement, un écosystème dirait le naturaliste[12]. Ainsi, il serait vain de nier que le droit des sociétés est vecteur d'investissements, qu'il est influencé par la pratique[13] et qu'il a aussi une approche technicienne[14]. Dans tous les cas, cette « nouvelle vision » du droit des sociétés permettra certainement de bousculer les habitudes de ceux qui font le droit en l'occurrence le législateur, le juge, les docteurs, les parties contractantes, etc.[15]. Il est vrai qu'il est plus facile de se complaire dans le bachotage, la répétition que dans la réflexion et de s'inscrire ce faisant dans un déni de réalité. Cela ne saura surprendre quand on sait avec Ripert que le juriste est conservateur par nature, que le droit, comme l'écrivait Yousseph Guenzoui, fait peu de cas du vrai, préférant la paix à la vérité, la sécurité à la réalité, le mensonge accommodant au réel déconcertant[16] ; que les habitudes sont un naturel que peu de juristes veulent chasser ; qu'en droit il serait presque contre nature d'imaginer une autre voie que celle tracée par les habitudes[17]. C'est parce que la

---

technique juridique suppose la compréhension des notions, des subtilités, parler le langage du droit V. DE MUNAGORRI Rafael, « Qu'est-ce que la technique juridique ? », D. 2004. 711. D'ailleurs, il sera suicidaire de n'apprendre aux étudiants que la technique. Comme le constate M. NEUVILLE (*Philosophie du droit*, LGDJ, coll. Précis Domat, 2019, n°446, p.278) ou encore J. ELLUL « Ce fut une erreur des générations précédentes de n'étudier que les textes, considérant que le texte suffit pour attester que le droit existe. Nous pourrions dire qu'il y a une *intention de droit*, mais pas davantage » ; ELLUL Jacques, *Le problème de l'émergence du droit*, Université Bordeaux I, Centre d'études et de recherches d'histoire institutionnelle et régionale, p. 5.

[12] Nous pensons à l'homme qui est féru des sciences de la vie et de la terre et non l'adepte du courant du droit naturel.

[13] En parlant de la pratique, deux idées méritent d'être examinées : le rôle normatif de la pratique, la complémentarité entre la théorie et la pratique. V. TERRE François, in Le rôle créateur de la pratique dans la formation des juristes, Gaz.Pal 18 Avril 2013, n°108 ; MOLFESSIS Nicolas, « Les pratiques juridiques, sources du droit des affaires », LPA 27 novembre 2003, n°237 ; Les cliniques juridiques universitaires, un modèle à inventer, in Dossier, www.dalloz-actualite-fr-s, consulté le 29-03-2020 à 10h 15.

[14] Sur les auteurs se réclamant de cette approche, V. PAILLUSSEAU Jean, « Le droit est aussi une science d'organisation et les juristes sont parfois des organisateurs juridiques », RTDCOM, 1989, p.1

[15] V. GUENZOUI Youssef, « Les habitudes du droit : une prise de conscience », in Les habitudes du droit, Dalloz, 2015, collection « Thèmes et commentaires », pp. 3 et s

[16] GUENZOU Youssef, *op.cit.*, p.4.

[17] GUENZOUI Youssef, *Ibid*

communauté des juristes constitue un groupe homogène[18], parle le même langage[19].

4. Les habitudes sont également perceptibles dans la conception du droit. Ainsi, C. THIBIERGE écrit ceci : « C'est un sursaut, une réaction, une certitude : le « droit mou » n'est pas, ne peut pas être du droit. Cela relève de l'évidence : il n'y a de droit que contraignant ! C'est aussi une sécurité et un repère : jusqu'où irait-on à admettre que de vagues énoncés sans valeur normative, ni force contraignante, participent du juridique ? Cela finirait par dissoudre le droit et pour le moins brouiller la frontière nette assurant sa spécificité et sa force. D'ailleurs, pour s'en convaincre, il n'y a qu'à reprendre sa définition : tout en découle dans une boucle parfaite, avec une conséquence logique qui ne laisse, apparemment, aucune place au doute ». Pouvait-il en être autrement lorsque les premiers cours d'introduction à l'étude du droit portent sur les caractères de la règle de droit parmi lesquels il y a le critère de la sanction ? Assurément non !

Le changement de paradigme devrait se justifier à travers l'existence du droit souple (A), en présence d'un droit post-moderne (B). On peut également s'interroger sur l'avenir du capitalisme financier[20] avec l'avènement de la RSE (C).

---

[18] GUENZOUI Youssef, *op.cit.*, p.7. Nous pensons qu'il s'agit là d'une ironie surtout lorsque l'on s'imprègne des travaux de Philippe Jestaz et de Christophe Jamin sur l'entité doctrinale (« L'entité doctrinale française », D.1997, p.167) qui ont écrit ceci « au total, la doctrine comprend pour l'essentiel des professeurs, dotés d'un statut social gratifiant, qui constituent à tout le moins une bourgeoisie de robe (même s'ils ne la portent plus que pour les soutenances de thèses) et le cas échéant une bourgeoisie d'argent : à vrai dire, l'écrasante majorité d'entre eux appartenaient déjà à la bourgeoisie avant d'accéder à l'enseignement et à la doctrine. La doctrine comprend en outre un certain nombre d'auteurs extérieurs à l'Université, mais qui, loin de cultiver leur différence, cherchent au contraire à s'assimiler au gros de la troupe, ou qui du moins cherchent à s'y assimiler en tant qu'ils écrivent sur le droit. Ils y arrivent d'ailleurs sans difficulté, au prix le cas échéant d'un léger dédoublement de personnalité par rapport à ce qu'ils sont dans l'exercice de leur propre métier ». Ces propos ont entrainé une levée de boucliers. V. AYNES Laurent, GAUTIER Pierre-Yves, TERRE François, « L'antithèse de « l'entité » (à propos d'une opinion sur la doctrine), Recueil Dalloz, 1997, p.229 ; GAUTIER Pierre-Yves, « Doctrines du passé et de l'avenir », D.2005, p.1044.

[19] L'ironie ne saurait être poussée à son comble vu que l'auteur cite JESTAZ et JAMIN pour illustrer son propos.

[20] Notons l'existence de plusieurs capitalismes : par exemple le capitalisme rhénan en vertu duquel l'entreprise a des obligations vis-à-vis de l'État, de la collectivité, le capitalisme managérial (le pouvoir est concentré entre les mains des managers) et le

A-Le droit souple

5. Il existerait selon certains auteurs, deux tendances contemporaines : la théorie des sources du droit (droit souple se développe de façon irrésistible) et l'expansion des normes (RSE)

La première tendance a été conceptualisée par Cathérine Thibierge qui oppose la règle de droit à la norme[21]. Celle-ci a vocation à servir de « référence, de repère, de modèle ». Selon elle, au moins depuis les années 1980, les autorités administratives tendent à recourir de manière croissante à des instruments incitatifs non contraignants, c'est-à-dire qui « ont pour objet de modifier ou d'orienter les comportements de leurs destinataires en suscitant leur adhésion » sans pour autant « [créer] par eux-mêmes de droits ou d'obligations pour leurs destinataires »[22]. Face à de tels instruments, que l'on range commodément sous la bannière accueillante du « droit souple » afin de les distinguer des instruments juridiques traditionnels sans pour autant les faire basculer « dans un néant juridique »[23], ni les critères traditionnels ni celui de l'impérativité ne s'avèrent satisfaisants.[24]

---

capitalisme d'investissement (apparition des investisseurs institutionnels). V. Sur cette question PAILLUSSEAU Jean, « La modernisation du droit des sociétés commerciales « Une reconception du droit des sociétés commerciales », Recueil Dalloz, 1996, p.287. Toujours selon cet auteur, l'émergence de la *corporate governance* est due en grande partie à deux phénomènes : la mondialisation de l'économie et de la finance d'une part, et l'irrésistible montée en puissance des investisseurs institutionnels internationaux (fonds de pension, sociétés d'investissement américains). A en croire un auteur, la France a privilégié le capitalisme anglo-saxon (l'accent est mis sur la finance, le commerce au détriment de l'industrialisation) par opposition au capitalisme rhénan (c'est un capitalisme paternaliste qui se manifeste par exemple par la participation des salariés au projet de l'entreprise. C'est le modèle adopté par l'Allemagne). GUIGOU Jean-Louis, « Le capitalisme rhénan, ce modèle », www.lesechos.fr, consulté le 02-05-2020 à 11h 37

[21] Ce point de vue est également partagé par Pascale DEUMIER dans son ouvrage *Introduction au droit,* 2e édition et cité par JESTAZ Philippe, « La norme dans la doctrine privatiste du XXe siècle », RTDciv, 2020, p.35 selon qui le grand théoricien de la norme est Kelsen. Dans son étude, l'auteur s'évertue à donner les raisons pour lesquelles la notion de norme a du mal à s'imposer

[22] THIBIERGE Catherine, « Le droit souple, Réflexions sur les textures du droit », RTDciv 2003, p.599 ; Conseil d'État, Le droit souple, Etude annuelle 2013, p.9

[23] DEUMIER Pascal, « Saisir le droit souple par sa définition ou par ses effets », in Conseil d'État, Le droit souple, op.cit.

[24] MALVERTI Clément, BEAUFILS Cyrille, « Le Conseil d'État donne du mou au droit souple », AJDA 2019. 1994

6. Pour Catherine thibierge, le *soft law* ou droit mou ne saurait être ignoré dans un cours d'introduction au droit et de théorie générale du droit certes, mais il faut régler une question préalable qui est celle de savoir si le droit souple est véritablement du droit (c'est cela la problématique de l'article de l'auteur). Le professeur M. MEKKI pense que le droit souple est non seulement un vrai droit parce qu'ayant une fonction normative, mais un bon droit[25]. Les instruments du droit mou sont les avis, recommandations, chartes, codes de conduite

L'auteur distingue « droit » et « règle de droit » en se basant également sur les travaux du Doyen Carbonnier[26] et de François Terré[27].

B-Le droit post-moderne

7. Le droit des sociétés : droit moderne ou post-moderne ? En observant le préambule du Traité de l'OHADA ainsi que l'article 1er dudit texte avant et après révision, on peut dire que le droit des sociétés est à la fois un droit moderne et post-moderne. En effet, les caractéristiques du droit moderne sont : la raison (systématicité, généralité, stabilité), la science, le progrès, l'universalisme, l'individualisme[28]. Dire que le droit des sociétés est un droit post-moderne suppose réglée la question des contours de la modernité juridique, identifiés les composantes du droit post-moderne.

8. En effet, le droit moderne se caractérise par la rationalisation (autonomisation du droit par rapport à la religion, unification du droit traditionnel marqué par le pluralisme[29]). La rationalité est attestée par la systématicité (cohérence, ordre unitaire, c'est-à-dire un système de

---

[25] MEKKI Mustapha, « Propos introductifs sur le droit souple », in Le droit souple, Dalloz, 2009, collection « Thèmes et commentaires », pp.2 et s.

[26] Celui écrivait ceci : « *le droit est plus grand que la règle de droit* » ; CARBONNIER Jean, *Flexible droit*, L.G.D.J, 10e édition, 2001, p.20.

[27] TERRE François, « Pitié pour les juristes », RTDciv 2002.247. Pour l'auteur « cette vision réductrice du droit comme un ensemble de règles est inacceptable car le droit n'est pas seulement cela, et il s'en faut de beaucoup.... le droit est aussi coutume, pratique, jurisprudence, recommandation, etc. ».

[28] CHEVALIER Jacques, « Vers un droit post-moderne ? Les transformations de la régulation juridique », Revue de droit public, n°3, 1998, pp.665 et s

[29] C'est pourquoi, citant ELIAS, Jacques Chevalier écrit ceci « *concentrant entre ses mains le pouvoir de contrainte, l'Etat entend être la source exclusive du droit, tout comme le seul détenteur de la force matérielle* ». N. ELIAS, *La dynamique de l'Occident*, 1969, Calmann-Lévy, 1975.

normes solidaires et hiérarchisées, reliées entre elles par des relations logiques et nécessaires) d'abord, la généralité[30] ensuite, la stabilité[31] enfin[32].

L'autre attribut du droit moderne demeure la bienfaisance c'est-à-dire la croyance en un droit protecteur, moyen de libération, instrument de justice et de progrès[33]. Mais, ce schéma traditionnel a connu une évolution. C'est parce que le droit a perdu les attributs de systématicité, généralité et stabilité qui le caractérisaient[34]. Ainsi, on assiste à une pluralité de textes[35], pour ne pas parler de désordre[36], à l'existence de textes, à la conception selon laquelle l'État n'est légitime que s'il met en place des politiques efficaces, le droit est un rapport de force et n'atteint pas forcément les valeurs de *Justice* et de *Progrès*. De même, les droits subjectifs ont subi les critiques des doctrines objectivistes qui font primer le groupe sur l'individu[37].

9. Le droit post-moderne est à la fois anti-moderne et hyper-moderne. Le droit post-moderne est anti-moderne parce que loin de nier les caractères du droit moderne, il les relativise à travers la prise en compte de la complexité[38] du réel (pluralisme, négociation),

---

[30] C'est la raison pour laquelle il existe des concepts abstraits.

[31] Le droit s'inscrit dans la durée, la permanence et chacun est à même de prévoir les conséquences de ses actes.

[32] CHEVALIER Jacques, *op.cit.*, p.665

[33] CHEVALIER Jacques, op.cit., p.667

[34] CHEVALIER Jacques, *op.cit.*, p.668

[35] Les textes ne sont plus forcément généraux, mais spéciaux, techniques, circonscrites dans le temps et l'espace et non universels.

[36] V. LASSERRE-KIESOW Valérie, « L'ordre des sources ou le renouvellement des sources du droit », Recueil Dalloz, p.2279. Pour l'auteur, le désordre juridique semble caractériser une nouvelle ère, celle de la désorganisation et de l'insécurité juridique.

[37] CHEVALIER Jacques, *op.cit.*, pp.668-671.

[38] Pour VAN DE KERCHOVE et OST, la complexité se reconnaît au triple signe de l'incertitude, de la récursivité et de la dialectique. VAN DE KERCHOVE, OST François, *Le droit et les paradoxes du jeu*, PUF, coll. Les voies du droit, 1992, p.12. Le professeur Etienne Le Roy considère que l'idée de complexité est fondamentalement associée aux sciences sociales appliquées dans les pays en voie de développement. LE ROY Etienne, « La face cachée du complexe normatif en Afrique noire francophone », http://www.dhdi.free.fr/recherches/etatdroitjustice/articles/facecach.pdf, consulté le 13-04-2020 à 14h 44 mn.

l'existence de la flexibilité ou souplesse, l'adaptabilité (ici le droit est modifié au gré des circonstances[39])

10. Le droit post-moderne est hyper-moderne en raison de la rationalisation du dispositif (on assiste à une rigueur dans l'élaboration des normes entraînant pour conséquence la soumission de l'État à la règle de droit, la constitutionnalisation des droits fondamentaux, l'existence d'une hiérarchie des normes communautaires sur celles internes, le recours à la légistique, et à la codification[40]) et des processus (collectes des données, études préalables facilitées grâce à l'usage des TIC notamment à travers l'intelligence artificielle, la démarche incrémentale visant à entourer le droit du consensus qui lui est nécessaire[41].

L'hyper-modernité se caractérise également par la prolifération des textes (cette prolifération est due à la multiplication des foyers de droit, à l'explosion judiciaire, l'apparition de nouveaux problèmes tels que l'environnement, la bioéthique), des droits « à » ou droits-créances[42].

---

39 Les professeurs Alain Couret, Jean-Jacques Daigre et Clément Barrillon, parlant des lois temporaires, l'ont rappelé en ces termes « *cette catégorie on le sait n'est pas naturelle pour beaucoup : le destin d'une loi est de perdurer jusqu'à son abrogation par un texte qui lui succède* » ; COURET Alain, DAIGRE Jean-Jacques, BARRILLON Clément, « Les assemblées et les conseils dans la crise, Les mesures provisoires d'exception », Recueil Dalloz 2020, p.723 ; RONTCHEVSKY Nicolas, « Crise sanitaire, crise économique et gouvernance des sociétés dans la perspective du « monde d'après », Recueil Dalloz 2020, p.721. Partant du communiqué de la Commission européenne en date du 25 mars 2020 pour sauver les entreprises stratégiques vulnérables (santé, recherche médicale, biotechnologie, sécurité, ordre public), à travers un « filtrage des investissements étrangers » (ceux-ci consistent en une acquisition, un contrôle d'une entreprise infrastructure, technologie spécifique par un investisseur étranger) et une restriction des mouvements de capitaux issus de telles acquisitions, l'auteur, s'inspirant de la célèbre devise d'Emile de Girardin à savoir « Gouverner, c'est prévoir, et ne rien prévoir, c'est courir à sa perte », préconise la neutralisation temporaire des OPA et l'encadrement des assouplissements des mesures anti-OPA.

40 CHEVALIER Jacques, *op.cit.*, pp.682-686.

41 J. CHEVALLIER, *op.cit.*, p.687.

42 CHEVALIER Jacques, *op.cit.*, p.689

C-Vers une réparation du capitalisme ?[43]

11. C'est un truisme que de dire que l'objectif immédiat d'une société commerciale c'est le profit. Il n'est que de s'imprégner de l'article 4 AUSCGIE pour s'en convaincre. Cette recherche du profit est exacerbée par le gouvernement d'entreprise, idéologie anglo-américaine, favorable à la valeur actionnariale. Le législateur de l'OHADA a été plus sensible à cette idéologie dans l'AUSCGIE révisé en faisant expressément référence à l'expression « code de gouvernement d'entreprise »[44].

12. L'article 1833 du code civil, pendant de l'article 20 AUSCGIE a été modifié en France, à la faveur de l'adoption en mai 2019 de la loi PACTE. L'alinéa second de la disposition précitée précise donc désormais que « *La société est gérée dans son intérêt social, en prenant en considération les enjeux sociaux et environnementaux de son activité.* »[45]. Grâce à cet alinéa ajouté à l'article 1833 du Code civil, le législateur entend « encourager la prise en compte de la responsabilité sociale et environnementale des entreprises ». Ces propos sont ceux de la rapporteure du chapitre 3 de la loi PACTE devant la commission spéciale de l'Assemblée nationale, la députée Coralie Dubost[46]. A en croire P. BERLIOZ, l'OHADA à travers la règle *comply or explain*, n'ignore pas la RSE puisqu'il écrit ceci : « C'est ainsi un principe fondamental de la RSE qui se trouve au cœur du projet, la règle « *comply or explain* » : la société doit se conformer aux exigences induites par les enjeux sociaux et environnementaux de ses activités, ou expliquer pourquoi elle y déroge »[47]. Aux termes de la règle *comply or explain*, plutôt que d'imposer le respect des normes privées et notamment des codes éthiques ou de bonne gouvernance, on oblige leurs auteurs à expliquer pourquoi ils n'en font pas application[48]. L'interprétation de BERLIOZ est extensive et

---

[43] COURET Alain, « La réforme de l'entreprise passe-t-elle nécessairement par une réécriture du Code civil ? », Rev. sociétés 2018. 639, n°1.

[44] Il ne faudrait surtout pas oublier la mise en place au Sénégal du Code ISA (Code de l'Institut sénégalais des Administrateurs).

[45] CONAC Pierre-Henri, « L'article 1833 et l'intégration de l'intérêt social et de la responsabilité sociale d'entreprise » Rev. sociétés 2019. 570

[46] BERLIOZ Pierre, « Droit souple ou droit dur, un (non) choix lourd de conséquences », Rev. sociétés 2018. 644

[47] BERLIOZ Pierre, *op.cit.*, n°17.

[48] RABU GAYLOR, « L'illusion d'éthique », RRJ, PUAM, 2013, n°1, p.55.

audacieuse certes, mais a de la pertinence[49]. Dans tous les cas, on assiste à un paradoxe du *comply or explain*[50].

13. Toujours en France, l'article 1835 du Code civil, pendant de l'article 13 AUSCGIE, qui retrace les mentions élémentaires des statuts[51], a été modifié pour permettre aux statuts d'intégrer la « raison d'être » de la société. La loi PACTE a créé également la société à mission[52]. Il s'agit d'un nouveau modèle, au même titre que les fonds de pérennité ou fondations d'actionnaires[53]

14. Un changement de paradigme s'opère donc et on évolue vers un droit des sociétés sociétal[54]. Un droit des sociétés qui devrait prendre en considération les générations futures[55], certainement en raison de la montée en puissance de la cause environnementale[56]. En effet, la RSE a différents cadres : national, européen (dans l'Union européenne, nous avons le système de management environnemental d'audit EMAS), international. Dans ce dernier cas, nous pouvons citer :

-le pacte mondial des Nations Unies de 2000 ;

-les principes directeurs relatifs aux entreprises et aux droits de l'homme des Nations Unies ;

---

[49] On peut néanmoins douter des propos de l'auteur selon lesquels « l'affirmation de la rapporteur du chapitre de la loi PACTE illustre parfaitement l'ambiguïté de la démarche du législateur, qui ne considère pas satisfaisant le caractère volontaire de la responsabilité sociale et environnementale des entreprises, mais se refuse à édicter de véritables obligations en la matière, créant ainsi une forme d'hybride entre droit souple et droit dur, dont on peine à anticiper ce qu'il sera concrètement ». En effet, la loi NRE impose aux entreprises d'une certaine taille de faire du *reporting* extra-financier. La loi Sapin 2 et la loi sur le devoir de vigilance exigent de certaines entreprises l'élaboration respectivement de plans de conformité et de vigilance.

[50]RABU Gaylor, *op.cit.*, p.55.

[51] LECOURT Arnaud, « Innover, se transformer, grandir, créer des emplois, repenser l'entreprise et sa gouvernance... un programme ambitieux », RTD com. 2019. 385

[52] MASSET Emmanuel, « Décret n° 2020-1 du 2 janvier 2020 relatif aux sociétés à mission : la fusée peut désormais décoller ! », Rev.sociétés 2020, p.207.

[53] V.Article L210-10 du code de commerce

[54]CONAC Pierre-Henri, *Ibid.*

[55] GAILLARD Emilie, « L'entrée dans l'ère du droit des générations futures », Les cahiers de la justice 2019. 441. L'Unesco a fait de la responsabilité envers les générations futures, un des objectifs. V. MARKUS Jean-Paul, « Quelle responsabilité juridique envers les générations futures ? », Dalloz, 2012, collection « Thèmes et commentaires ».

[56] SALAS Denis, Dossier : La cause environnementale, Les cahiers de la justice 2019. 403

-les principes de l'OCDE ;

-la norme ISO 26000 ;

-la déclaration de principes tripartite de 1977, révisée en 2000 sur les entreprises multinationales et la politique sociale de l'OIT ;

-la *Global Reporting* Initiative.

Pour DOUSSIN Michel, il y aurait cinq textes ont été pris en matière de RSE. Il s'agit de l'ISO 26000, des principes directeurs de l'OCDE pour les entreprises multinationales, des standards de performances de la SFI, des principes directeurs pour les droits de l'homme et les entreprises des Nations Unies et de la communication de la Commission européenne sur la RSE publiée en 2011[57]. Parler de RSE n'équivaut pas à verser dans un phénomène de mode et ce d'autant qu'une entreprise peut voir sa responsabilité engagée pour activités anormalement dangereuses. Il s'agit d'un risque prévisible[58].

15. En tout état de cause, en France, l'article 25 de la loi Grenelle 2 de juillet 2010 (cette loi a été amendée par la loi Warsman du 4 mars 2012) a modifié l'article L225-102-1 résultant de l'article 116 de la loi sur les Nouvelles régulations économiques.

16. Si le concept de RSE est venu d'ailleurs, il n'est pas ignoré en Afrique[59] certes, mais présente un particularisme. Il s'agit d'une RSE dont la difficile émergence est due au fait qu'elle est basée sur la philanthropie, à l'existence d'un secteur informel évalué à peu près à 72 %, à la faible implication des syndicats et consommateurs[60]. C'est un concept mal connu de la majorité des dirigeants et cadre du

---

[57] DOUSSIN Michel, « La dimension internationale de la responsabilité sociale de l'entreprise », In Développement durable et entreprise, Dalloz, 2013, collection « Thèmes et commentaires », p.15.

[58] Revel Janine, « La responsabilité du fait des activités anormalement dangereuses », in Réforme du droit civil et vie des affaires, Dalloz 2014, p. 265. L'auteur reconnaît un dépassement de la fonction de réparation, mais d'empêchement de la production de nouveaux dommages (dommages de masse, irréversibles). Ainsi, l'anticipation des risques serait le nouveau crédo, non seulement pour le présent, mais aussi pour l'avenir avec le souci des générations futures. Les éléments de la prévention sont les dommages et intérêts punitifs et la cessation de l'illicite. Ces deux hypothèses, c'est lorsque le risque est identifié. En revanche si le risque est suspecté, c'est le principe de précaution qui entre en jeu.

[59] Au Gabon, la loi n° 011/2014 du 28 août 2014 portant réglementation du secteur des hydrocarbures en République gabonaise opère une distinction entre le contenu local et la RSE. Voir respectivement les articles 187 et 190.

[60] www.novethic.fr/entreprises-responsables/la.rse, consulté le 22-03-2020 ; REPERES, RSE, n°104, janvier-Février-Mars, 2014.

continent[61]. Dans tous les cas, des auteurs sont persuadés que la RSE, au Sénégal aura un bel avenir[62]. C'est ainsi qu'ils ont relaté les initiatives supranationales (forum international des pionniers de la responsabilité sociale de l'institut Afrique RSE, la Déclaration de Johannesburg sur le DD) en matière de RSE et privées, toujours dans ce domaine, au Sénégal (la création en 2008 d'Initiative RSE, la coalition du secteur privé contre la corruption de 2012, ITIE (2013), l'Agence nationale de normalisation)[63].

17. C'est dire que l'entreprise est vue de l'extérieur c'est-à-dire qu'elle suscite des attentes (RSE), de l'intérieur (gouvernance d'entreprise, informations extra-financières). De même, elle doit faire face à de nouvelles responsabilités : précaution, préjudice écologique, responsabilité des multinationales sur la base de l'*alien tort statute*[64].

18. Il faut le relever, pour s'en réjouir, les pays africains[65] croient à la finance durable[66], à la finance islamique[67]. De même, il a été démontré que le contentieux arbitral des investissements en principe concerne l'État et l'investisseur. Mais de plus en plus, les populations

---

[61] www.talent2africa.com/responsabilite-sociale

[62] DIOP Mbacké Cheikh, BAH NGaha Angélique, « Peut-on parler de l'émergence d'un modèle RSE africain : la situation du Sénégal ? », Revue congolaise de gestion, 2018/1, n °25, pp.67-96.

[63] V. Accord entre la République du Sénégal et le Canda concernant la promotion et la protection des investissements (J.O.R.S, 08 octobre 2016, p.1435). L'article 16 de cet accord est intitulé « Responsabilité sociale des entreprises. Une autre remarque que l'on pourrait faire est que la RSE est perçue dans l'Accord comme une démarche volontaire et son domaine est extrêmement large : travail, environnement, droits de la personne, relation avec les collectivités, lutte contre la corruption.

[64] TREBULLE François-Guy, synthèse du colloque Développement durable et entreprise, Dalloz, 2013, pp.157 et s.

[65] C'est par le biais des organisations d'intégration économique. L'exemple de l'UMOA est assez illustratif en raison de l'instruction n° 002-03-2018 relative aux dispositions particulières applicables aux établissements de crédit exerçant une activité de finance islamique. Cette instruction institue deux catégories d'établissements de crédit : ceux exerçant à titre exclusif des activités de finance islamique d'une part, ceux exerçant partiellement lesdites activités. Pour rappel, une instruction applicable aux systèmes financiers décentralisés a été prise.

[66] V. CUNNY DE LA VERRYERE Antoine, « La finance chrétienne : une finance durable et solidaire d'un nouveau genre », Revue de droit bancaire et financier, n°5, septembre 2015, Etude 19

[67] LOUAMBA BIMBOU Andréa Miguel, « La réception de la finance islamique dans la zone CEMAC », Revue de l'Ersuma, 2018-1/n ° 08, pp.114 et s ; KITIO Edouard, « L'assurance islamique intègre le marché CIMA », Bulletin Ersuma de pratique professionnelle, n ° 026, octobre 2019, p.10.

riveraines et l'organisation de la société civile ne sont pas en reste dans la mesure où le contentieux de l'État et investisseurs porte sur la violation par ces derniers des droits de ceux-là (répartition déséquilibrée de la rente[68], incidences environnementales et sociales des activités extractives). De même, les populations riveraines sont parfois impliquées dans la négociation et l'exécution des contrats. Par ailleurs, l'investisseur peut, en plus du contrat pétrolier ou minier, signer des accords de développement communautaire avec les riverains[69]

19. C'est aussi dans les habitudes des juristes que d'étudier les concepts. Ainsi, la présente étude se justifie parce qu'un droit repose sur des concepts et des principes[70]

II-Les concepts

20. Avant d'entrer dans le vif du sujet, il s'avère indispensable de procéder à une définition notionnelle ou à une détermination des contours des notions dont nous nous proposons l'étude. D'abord précisons avec François Gény que la notion est l'idée générale de l'objet proposé au travail de l'esprit[71]. Faudrait-il faire passer la notion pour le concept et vice-versa ? Au sens strict, le terme notion est souvent utilisé de façon superfétatoire, c'est-à-dire qu'il n'ajoute rien à ce qui suit. En revanche, lorsque l'on utilise le terme de « concept », il apporte une particularité à l'étude de son objet : on se préoccupe davantage de son essence que de son régime. En théorie cependant, on peut considérer que les deux termes sont équivalents. Ils renvoient à l'idée d'une représentation mentale[72]. Les travaux de Nadège Reboul[73]

---

[68] N'est-elle pas de la responsabilité de l'Etat-hôte ?

[69] NGWANGA Achille, « Pratiques contractuelles de l'industrie extractive et participation des riverains aux arbitrages internationaux », in Contrat et environnement, AJ Contrat, 2020, p.135

[70] BONNEAU Thierry, « Le juriste et le droit des marchés financiers : la technique juridique « asservie », in La place du juriste face à la norme, Dalloz, 2012, p.183

[71] GENY François, *Science et technique en droit privé positif. Nouvelle contribution à la critique de la méthode juridique*, t.I, *Position actuelle du problème du droit positif et éléments de sa solution*, Sirey, 1914, n°50.

[72]LEDAN Jessica, *L'investisseur en droit privé et droit fiscal français*, PUAM, 2009, p.17. L'auteur conseille d'approfondir l'étude de la notion en s'imprégnant de l'ouvrage de JARROSSON Charles, *La notion d'arbitrage*, Thèse, LGDJ, 1987, n°451 et s.

[73]REBOUL Nadège, « Remarques sur une notion conceptuelle et fonctionnelle : l'*affectio societatis* », Rev. sociétés 2000. 425. On peut à l'examen de son article comprendre que le concept est une représentation intellectuelle des contours

et de Paul Amselek[74] pourraient servir de guide à la compréhension de cette distinction. Dans tous les cas, il existe des concepts émergents en droit des affaires[75]. Le concept est une idée en tant qu'abstraite et générale, ou du moins susceptible de généralisation[76]. Le droit des sociétés est une discipline où plusieurs concepts, voire terminologies[77] sont en vogue. Cependant, comme on pourrait s'en douter, le sens de ceux-ci ne fait pas l'unanimité au sein de la doctrine. Il en est ainsi, de l'intérêt social, de *l'affectio societatis*, du contrat de société, etc. Au-delà, l'étude portera sur la représentation (A), le droit des sociétés (B) et la contractualisation. Cependant, tous les éléments figurant au niveau du titre de l'ouvrage ne figureront pas parmi les concepts. C'est l'exemple des décisions collectives. Si l'on en croit nos différentes lectures, les auteurs de l'espace OHADA ne les ont pas définies. Il en est de même du législateur de l'OHADA. Ainsi, les assemblées de sociétés ont pu être définies comme des organes sociaux ; le lieu de validation des actes pris pour assurer le fonctionnement régulier de la société. C'est également le lieu de prise de décisions importantes, dépassant clairement les compétences des organes de gestion ou d'administration[78]. Les actes[79] qui en résultent sont qualifiés de décisions collectives[80].

A-La représentation

21. A quoi renvoie l'expression représentation ? Pour répondre à cette question, reprenons les propos d'un auteur « *L'image classique de la compétence des avocats se construit autour de deux pôles que*

---

typiques et lignes essentielles. Ainsi, l'*affectio societatis* a une conception objective (caractère intéressé), subjective (volonté intéressée et de prendre des risques). A cette approche unitaire est venue s'adjoindre une approche pluraliste en vertu de laquelle l'*affectio societatis* est la volonté de collaborer sur un pied d'égalité.

[74] AMSELEK Paul, Norme et loi, APD tome XXI, 1980, p.89

[75] LE DOLLEY Erik (dir.), *Les concepts émergents en droit des affaires, commenté par* MARTIN Didier, RTD civ. 2010. 829

[76] LALANDE André, *Vocabulaire technique et critique de la philosophie*, PUF, 2010, p.160. Cette définition est identique à celle de *Notion* dans le même ouvrage.

[77] V.DESHAYES Olivier, « L'importance de la terminologie dans le droit de la responsabilité civile », Revue des contrats, 2019, n °04, p.342

[78] TEMGWA René Njeufack, *Assemblées de sociétés et décisions collectives*, in Encyclopédie du droit OHADA, Lamy, 2011, p.322.

[79] Sur la notion d'actes en droit des sociétés V. MAKOSSO Anatole Collinet, « La notion d'acte en droit des sociétés commerciales OHADA », Revue africaine et malgache de recherches scientifiques, n°1, janvier 2020, pp.1-26.

[80] TEMGWA René Njeufack, *Ibid.*

constituent d'une part la virtuosité orale dont la plaidoirie est le parangon, et d'autre part la rédaction de documents juridiques (conclusions, statuts de personnes morales, contrats, etc.). Or l'examen précis du travail quotidien et des pratiques mettent en relief un certain nombre de compétences souvent ignorées des professionnels eux-mêmes dans la mesure où elles ne sont pas construites comme telles par les formations et par la rhétorique professionnelle »[81]. Toujours selon cet auteur, « *La compétence orale incarnée par la plaidoirie constitue certainement la représentation la plus commune de l'activité des avocats auprès du public. Elle représente également une forte valeur symbolique au sein du groupe professionnel, célébrée sous la forme d'un concours d'éloquence au sein de la « conférence du stage » qui rassemble les jeunes avocats du barreau de Paris et dont les lauréats bénéficient des commissions d'office aux plus prestigieux procès, notamment criminels* »[82].

22. La représentation peut également valoir conceptualisation, c'est-à-dire la représentation intellectuelle générale et abstraite de phénomènes par des concepts juridiques, indispensables à leur connaissance et à leur saisie par le droit positif[83]. Ainsi, alors que le concept est une « représentation mentale générale et abstraite d'un objet », il se distingue de la notion qui est déjà objet de connaissance élémentaire[84].

23. La représentation de l'entreprise a évolué. Si au départ elle était vue comme une communauté de salariés autour d'un employeur, l'introduction de nouvelles méthodes de gestion, de même que la financiarisation de l'économie ont contribué à changer la perception de l'entreprise. D'ailleurs, la rupture épistémologie s'est accentuée avec l'émergence de l'entreprise marchandise[85]. Une confusion est parfois notée entre la représentation et la représentativité[86].

---

[81] MILBURN Philip, « La croisée des savoirs - L'avocat et l'algorithme », Les cahiers de la justice 2019. 499

[82] MILBURN Philip, *Ibid.*

[83] BERGEL Jean-Louis, « A la recherche de concepts émergents en droit », D. 2012. 1567

[84] BERGEL Jean-Louis, *Ibid.*

[85] URBAIN Quentin, Avant-propos, in La crise de l'entreprise et de sa représentation, Dalloz 2012, collection « Thèmes et commentaires », p.1

[86] V.MARIEKE Louis, *Qu'est-ce qu'une bonne représentation ? L'organisation internationale du travail de 1919 à nos jours*, Dalloz, 2016, 455 pages.

B-Droit des sociétés

24. Les manuels donnent généralement une définition de la société, mais restent muets quant au contenu exact du droit des sociétés[87]. Ainsi, le droit des sociétés a pu être défini comme un droit relatif à l'organisation et au fonctionnement des sociétés[88]. Pour P. MOUSSERON et L.CHATAIN-AUTAJON, c'est la branche du droit privé qui étudie les structures de certaines entreprises[89]. Ce faisant, le secrétariat juridique[90] trouve tout son intérêt de même que l'ingénierie juridique[91] avec les différents montages[92], définis comme une manière d'utiliser les possibilités offertes par la loi, en contournant les contraintes que celle-ci peut imposer[93].

25. Le droit des sociétés n'a pas été défini certes par l'AUSCGIE, mais il pourrait être vu comme l'ensemble des règles de distribution des pouvoirs et des responsabilités, permettant l'expression d'une volonté et autorisant l'exercice d'une capacité d'agir sur la scène juridique[94]. Le droit des sociétés est un droit de structure et non de substance. Dit autrement, il ne s'intéresse ni à l'activité économique de l'entreprise qu'il réglemente, ni à l'entreprise[95]. Il précise les liens nécessaires à l'existence d'une société, envisage les rapports entre la société et ses organes et entre les organes eux-mêmes (associés, dirigeants, salariés, commissaire aux comptes), précise les droits et

---

[87] LEFEUVRE Claudie, *Le référé en droit des sociétés*, PUAM, 2006, p.25. C'est pourquoi il a pris le pari d'y intégrer le droit des sociétés

[88] LEFEUVRE Claudie, *op.cit.*, p.25.

[89] MOUSSERON Pierre, CHATAIN-AUTAJON Lise, *Droit des sociétés*, Lextenso, 2011, p.1, n°2.

[90] Il arrive que l'avocat joue ce rôle. V. Rev.soc, 2011, p.223 ; ENKAOUA Chloé, « Les secrétaires juridiques à la conquête du droit », Gaz.Pal, 4 décembre 2012, n°339.

[91] Ces techniques peuvent s'illustrer par les pactes d'actionnaires, le capital variable, les apports en industrie, l'attribution gratuite d'actions, les actions de préférence, les valeurs mobilières composées. V. FAYE BARTHELEMY et alli, « La consécration de nouveaux outils d'ingénierie juridique », Droit et Patrimoine n°239, 1e septembre 2014.

[92] DOM Jean-Philippe, *Les montages en droit des sociétés*, Joly, 1998, 576 pages.

[93] GERMAIN Michel, PERIN Pierre-Louis, *SAS, La société par actions simplifiée, Etudes-Formules*, Joly, 4e édition, 2010, collection « Pratique des affaires ».

[94]VERNAC Stéphane, « Du bon gouvernement de l'entreprise en société » Rev. trav. 2018. 261

[95] PORACCHIA Didier, « Les groupes de sociétés », in Regards sur l'évolution du droit des sociétés depuis la loi du 24 juillet 1966 sous la direction d'Isabelle Urbain-Parleani et P.-H. CONAC, Dalloz, 2018, p.253.

obligations de chacun[96]. C'est également un droit structurel puisqu'il détermine les conditions d'accès à la vie juridique de la société. Ce point de vue de D. Poracchia peut emporter l'adhésion au regard des dispositions suivantes : 147 (litiges entre associés ou entre associés et la société), 200 (dissolution pour inexécution par un associé de ses obligations. On pourrait y ajouter les droits et obligations de la société, visés à l'article 180 AUSCGIE), 4 et suivants (définition de la société, etc.).

Nous pouvons aussi mettre en évidence la définition avancée par Y. GUYON à propos de la société à savoir le centre d'un réseau de relations qui l'unissent aux associés ou à ses dirigeants ou qui unissent ceux-ci soit entre eux soit avec des tiers[97].

26. Quel droit des sociétés appliquer ?[98]La réponse évidente est que l'AUSCGIE s'applique aux sociétés commerciales dont le siège social est situé sur le territoire de l'un des États parties au Traité de l'OHADA et cela, même si elle a en son sein un État, ou personne morale de droit public comme associée. Les personnes morales en question sont les EPIC, les sociétés d'économie mixte, les sociétés nationales, les sociétés anonymes à participation publique majoritaire.

Les autres dispositions applicables demeurent les lois non contraires à l'AUSGIE et qui sont en vogue dans l'État partie où se situe leur siège social. Ces lois non contraires peuvent être celles régissant les sociétés soumises à un régime particulier. Cependant, la CCJA a tenu à insuffler une compréhension unique à la notion de « lois non contraires ». A son avis, le vocable « lois non contraires » doit être interprété en tenant compte de deux critères[99] :

-la logique d'uniformisation prônée par l'OHADA ;

-la philosophie d'ensemble de l'AUSCGIE.

La philosophie d'ensemble de l'AUSCGIE peut être la recherche de la transparence, la facilitation de la création d'entreprise, le tout, sur fond d'attractivité des règles.

---

[96] PORACCHIA Didier, *Ibid.*

[97] GUYON Yves, *Les sociétés, Aménagements statutaires et conventions entre associés*, L.G.D.J, 4e édition, p.281, n°198.

[98] Avant les indépendances, les lois applicables à la société par actions et à la société à responsabilité sont respectivement la loi du 24 juillet 1867 et du 25 mars 1925.

[99] CCJA, Assemblée plénière, Arrêt n°02/2017, 16 février 2017

Pourtant, pour l'Etat ivoirien l'article 1e AUSCGIE devrait s'interpréter comme octroyant la possibilité d'édicter des dispositions non prévues par l'AUSCGIE certes, mais non contraires à cet instrument.

S'interroger sur le droit applicable à la société commerciale revient à appréhender les sources du droit des sociétés. Celles-ci sont éparpillées (sources internes et externes. Pour s'en convaincre, V. Article 1e in fine AUSCGIE), jurisprudentielles[100], originales puisque provenant des organes tels que le CREPMF. Les sources sont également issues des entreprises elles-mêmes. On parle dans ce cas de la *soft law*. Celle-ci se manifeste par l'adoption de codes de bonne conduite, chartes, etc. Comme l'écrit J.-PH. ROBE, les juristes devront abandonner la conception positiviste du droit selon laquelle le droit étatique et interétatique est le seul type de droit. Ils devront reconnaître et tirer les conséquences du fait que l'entreprise, en tant qu'organisation créant des règles impératives pour son propre fonctionnement, est en elle-même un ordre juridique, qui fait partie d'un système juridique englobant mondial et pluraliste[101]

La pratique est source du droit des sociétés. L'apprentissage et l'exercice du droit des sociétés imposent la prise en compte de certaines pratiques par les professionnels du droit. En effet, la pratique professionnelle est l'un des modes d'expression les plus achevés du droit[102]

27. De quelle société s'agit-il ? Précisons d'emblée que la société est un contrat aléatoire. Cet aléa peut donc être géré[103]Le législateur de l'OHADA a adopté deux Actes uniformes où il traite de la société. Il s'agit de l'Acte uniforme relatif au droit des sociétés commerciales

---

[100] Seule la souscription au contrat de société par la libération des parts sociales confère la qualité d'associé (Cour d'appel de Niamey, arrêt n°240 du 8 décembre 2000, Smaila Dan Nana et Ali Mare c/ SARL Contact). On peut se demander si le juge ne confond pas souscription et libération. Se basant sur les articles 10, 12, 314, le juge a relevé que pour l'existence d'une société commerciale, il faut un acte notarié ou offrant des garanties d'authenticité. L'article 10 de l'Acte uniforme relatif au droit des sociétés commerciales et GIE a été modifié de sorte que l'acte notarié ou l'acte offrant des garanties d'authenticité ne soit plus forcément un *must*

[101]ROBE Jean-Christophe, *op.cit.*, p.423.

[102]MOUSSERON Pierre, L. CHATAIN-AUTAJON, *op.cit.*, p.2.

[103] MOUSSERON Jean Marc, « La gestion des risques par le contrat », RTDciv, 1988, p.481, n°2 ; *L'aléa*, Journées nationales Tome XIV, Le Mans, Dalloz, 2011, collection Thèmes et commentaires.

et GIE et de l'Acte uniforme sur les sociétés coopératives. Faudrait-il aborder toutes ces sociétés ?

Avant d'y répondre, opérons une distinction entre la société et les structures concurrentes à savoir l'association, le GIE, l'entreprise individuelle, les contrats non sociétaires, la succursale, les structures de gestion des biens (indivision, fonds commun de placement, la fiducie)

Comme exemple de contrat non sociétaire, citons le contrat de joint-venture. La caractéristique principale des accords de coopération ou *joint-venture* réside dans le fait que les parties « agissent sur un pied d'égalité juridique, sans aucune soumission à l'une d'entre elles, en vertu de la confiance réciproque et mutuelle qui les anime ; chaque partie fonde sa participation sur l'intuitu personae et le *jus fraternitatis* ; elle apparaît ainsi à l'autre comme un allié, non comme un antagoniste »[104]. Les *joint-ventures* sont un instrument très adéquat pour le transfert de technologie et d'apports en investissement pour les pays en voie de développement[105]

Une fois ces précisions faites, relevons aussi que le but d'une société coopérative c'est de rendre des services à ses membres qui eux en contrepartie doivent participer à la vie de la coopérative et par leur activité, permettre l'avantage de tous[106]. L'objet de la société coopérative c'est :

-la réduction du prix de revient ou de vente par la suppression des intermédiaires ;

-l'amélioration de la qualité des produits fournis aux membres ou produits par eux ;

-contribuer à satisfaire les besoins de ses membres, à la promotion de leurs activités économiques et sociales.

Si en France, les deux premiers objets ont été consacrés par la loi de 1947[107], le troisième lui l'a été par une réforme de 1992[108]. La loi

---

[104] DUBISSON Michel, Les accords de coopération dans le commerce international, Lamy, Paris, 1989, p.19.

[105] DUPICHOT Philippe , « Le contrat de *joint-venture* international : construction progressive des termes contractuels et propriété intellectuelle », in Droit, économie et valeurs, Hommage à Bernard Remiche, Larcier, 2014, p.381

[106] HIEZ David, *Sociétés coopératives*, Dalloz Référence, 2018/2019, n° 011.13

[107] Loi n°47-1775, 10 septembre 1947 modifié en 2014.

[108] Loi n°92-643, 13 juillet 1992 relative à la modernisation des entreprises coopératives

de 1947 a été modifiée par la loi n°2014-856 du 31 juillet 2014 dite loi ESS[109]. Quelle est la nature de la société coopérative : association ou société ? Vu que dans la société coopérative le partage de bénéfice n'est pas vraiment ce qui est recherché, un rapprochement est opéré avec l'association. En outre, vu que la société coopérative met l'accent sur l'homme et non le capital, à travers le droit de vote par tête et non par parts ou actions détenues, la société coopérative se distingue de celle commerciale. Les autres critères de distinction sont[110] :

-une gouvernance démocratique ;

-une gestion fondée sur la propriété commune de l'entreprise

Cependant, force est de constater que la coopérative peut revêtir la forme juridique d'une société commerciale d'où le rapprochement des sociétés coopératives vers le droit commun[111]

C-La contractualisation

28. La contractualisation est un échange menant à un accord[112]. Le professeur Michel GERMAIN est parti de l'idée selon laquelle la loi de 1966 a réduit la liberté contractuelle en droit des sociétés[113]. Mais sous l'impulsion de la pratique, il y a eu un mouvement de « décontractualisation » c'est-à-dire un mouvement vers plus de liberté[114]. Cette contractualisation se manifeste par le recours assez

---

[109] V. HIEZ David, « La richesse de l'économie sociale et solidaire », Rev.soc 2015, p.147

[110] V.HIEZ David, *op.cit.*, p.13, n° 012.20.

[111] SAINTOURENS Bernard, « Sociétés coopératives et sociétés de droit commun », Rev. sociétés 1996. 1. Sur les auteurs encore attachés à l'intérêt coopératif distinct de l'intérêt social, V.RAKOTOVAHINY Marie, « Prolégomènes sur l'existence d'un intérêt coopératif », RTD com. 2018. 307

[112] Dossier : La contractualisation en droit public : bilan et perspectives, RFDA, 2018, p.1

[113] V.Aussi Jean Jacques DAIGRE pour qui, sous prétexte de protéger les associés et les tiers, « tout est sanctionné pénalement, même les obligations les plus formelles. Le législateur de 1966 est un législateur vétilleux et soupçonneux. Aucun souffle n'anime cette loi ». DAIGRE Jean-Jacques, J.-J. Daigre, *Transformer les sociétés in* Travaux du colloque consacré à « de nouveaux espaces à la liberté contractuelle » organisé au Sénat le 14 février 1995 : *JCP éd. E* supplément au n° du 18 mai 1995, p. 16. En droit OHADA, voir l'article de Pascal Nguihe Kante. NGUIHE KANTE Pascal, « Le caractère d'ordre public du droit uniforme des sociétés commerciales en Afrique », RTDCom 2010, p.1

[114] GERMAIN Michel, « La contractualisation du droit des sociétés depuis le 24 juillet 1966 », Rev.soc, 2019, p.295 ; DIOMBI André Desmonds Eyango, « La

fréquent aux pactes d'actionnaires[115] et à la SAS. Dans la SAS, les associés peuvent organiser la direction et les pouvoirs des associés.

Au-delà du droit des sociétés, la contractualisation a gagné le droit du procès. C'est tout l'intérêt en France de la réforme justice du XXIe siècle[116] et au Sénégal de la consécration des contrats de procédure par le décret 2013-1071 du 6 août 2013 modifiant le décret n°64-572 du 30 juillet 1964 portant Code de procédure civile modifié[117]

III-Le droit des sociétés, au confluent de plusieurs disciplines

29. Le droit des sociétés et certaines disciplines ou le droit des sociétés au carrefour de plusieurs disciplines. Un auteur parlant de fertilisations croisées du droit des contrats, pourrait nous amener à penser que celles-ci consistent en un ensemble d'influence que pourrait subir la matière contractuelle, de philosophie qui irradie cette dernière. Il s'agit donc de la protection de la partie faible, de l'analyse économique, de la pratique, du droit comparé, des TIC[118]. Le droit des sociétés n'échappe pas à cette règle. Ainsi, il entretient des relations avec le droit des obligations, le droit des sociétés coopératives, le droit financier et le droit comptables, etc.[119] Comme l'a d'ailleurs précisé

---

contractualisation du droit des sociétés commerciales de l'OHADA », Revue Trimestrielle de droit africain, numéro 893, oct-Décembre, 2015, pp.433

[115] V. Contra DUCOULOUX-FAVARD Claude, « Actionnariat et pouvoir », Recueil Dalloz, 1995, p.177.

[116] Loi n° 2016-1547, 18 novembre 2016 de modernisation de la justice du XXIe siècle.

[117] Dans le rapport de présentation du Décret, il est noté ceci : « l'introduction du contrat de procédure (54-6) constitue une innovation majeure dans la gestion du temps. En effet, les parties pourront fixer, dès le début de la procédure, en accord avec le juge de la mise en état, des délais précis pour l'instruction des dossiers. La fixation des délais tiendra en compte de la nature et de la complexité des affaires. Il reviendra alors au juge de la mise en état de faire respecter rigoureusement ces délais ».

[118] FONTAINE Marcel, « Fertilisations croisées du droit des contrats », Mélanges J. GHESTIN, 2001, p.350.

[119] Le droit bancaire n'est pas en reste dans la mesure où toutes les formes de l'activité commerciale sont concernées par les questions de crédit et de paiement (PIEDELIEVRE Stéphane, Instruments de crédit et de paiement, Dalloz, 7e édition, 2012, p.1). A ce niveau, les rapports sont à la fois d'autonomie (le SYSCOHADA ne s'applique pas aux établissements de crédit. De même, la cessation des paiements dans le secteur bancaire n'a pas la même appréhension que dans le droit des procédures collectives OHADA) et de convergence (l'article 109 des statuts de la BCEAO précise en quoi consiste le gouvernement d'entreprise. Il s'agit d'un dispositif de contrôle interne au sein de l'institution précitée permettant la maîtrise

un auteur, même s'il constitue un tout qui tend à se suffire à lui-même, le droit des sociétés commerciales subit néanmoins des influences extérieures[120]. Nous étudierons les rapports entre le droit des sociétés et les disciplines du chiffre (A) et les autres disciplines (B)

A-Le droit des sociétés et les disciplines du chiffre

30. Le droit des sociétés et les autres disciplines sont le droit fiscal et le droit comptable. La fiscalité est perçue et vécue comme une contrainte par une entreprise, un *quidam.* Pourtant, son premier rôle c'est d'assurer la couverture des dépenses publiques ; en outre, veiller à une meilleure répartition des revenus entre les différents membres de la collectivité nationale, aider les *start up* à se développer[121]. La fiscalité se développe à trois niveaux : en droit interne dans la mesure où chaque État dispose de sa propre fiscalité, en droit communautaire et international. Dans ce dernier cas, on parle de fiscalité internationale[122]. Avec la loi constitutionnelle n°2016-10 du 5 avril

---

des risques inhérents aux spécificités et aux missions de la BCEAO, de veille à la conformité des règles, procédures et pratiques aux normes universellement reconnues pour garantir aux activités la transparence et aux opérations la sécurité et la qualité requises. Or, à lire par exemple l'article 831-2 AUSCGIE, on constate que l'OHADA n'ignore pas la gouvernance d'entreprise, V. MOMNOUGUI Jacques-Brice, « L'OHADA et la banque : quels enjeux ? », Recueil Dalloz, 2015, p.1480). Le droit des sociétés entretient également un lien avec le droit de la concurrence. Quelle est la finalité de droit ? Pour certains auteurs, le droit de la concurrence vise à préserver le bon fonctionnement du marché (GUEDJ Alain, *Pratique du droit de la concurrence national et communautaire*, LITEC 2000, p.1. Il qualifie de « police économique » les textes protégeant les concurrents à travers la prohibition de certaines pratiques altérant les relations entre opérateurs économiques, indépendamment de leurs effets sur le marché et la concurrence déloyale ; *Adde* DIAWARA Karounga, *Droit de la concurrence, Aspects théoriques et appliqués*, Yvon Blais, 2015, p.15). De même, des auteurs comme Karounga Diawara pensent que la concurrence ne s'arrête pas exclusivement à l'idée de rivalité et de confrontation absolue, mais revêt des atours de collaboration et coopération (DIAWARA Karounga, *Droit de la concurrence, Aspects théoriques et appliqués*, Yvon Blais, 2015, p.13 ; V. VOGEL Louis, *Droit français de la concurrence*, Lawlex, 2006-2007, pp.15-16 ;

[120]GUYON Yves, « L'évolution de l'environnement juridique de la loi du 24 juillet 1966 », Rev. sociétés 1996. 501

[121] WALTER Rolland, Droit fiscal, in Droit de l'entreprise, L'essentiel pour comprendre, Lamy 1998, p.877, n° 7-1

[122] WALTER Rolland, *Ibid.*

2016 portant révision de la Constitution, le paiement des impôts a été érigé au rang de devoir constitutionnel[123]

Le droit des sociétés entretient des rapports avec le droit comptable : L'article 140 AUSCGIE prévoit la transmission aux commissaires aux comptes des états financiers de synthèse. De même, les associés ont le droit de consulter les documents comptables (article 289 AUSCGIE), et tout projet de fusion doit tenir en compte les éléments comptables[124].

B-Le droit des sociétés et les autres disciplines

Le droit des sociétés entretient des rapports avec le droit des obligations (1), le droit des sociétés coopératives (2), le droit financier ou des marchés financiers (3), le droit des modes alternatifs de règlement de différends (4), le droit des affaires internationales (5) et le droit transnational (6).

1°-Le droit des sociétés et le droit des obligations

31.Rapprocher le droit des obligations et le droit des sociétés, n'est-ce pas rapprocher deux ensembles juridiques que tout sépare : l'esprit, la technique et même l'objet. L'opposition dans l'esprit des deux disciplines se manifeste par la place assignée à l'ordre public[125]. Pourtant, les contrats passés par la société notamment la cession de parts[126], les pactes d'actionnaires, le contrat de société sont de véritables contrats de sorte que les règles de droit commun peuvent s'appliquer. De plus, autant il y a une procédure contractuelle, autant, il en existe en matière sociétaire. Dans cette dernière hypothèse, nous pouvons citer l'exemple des étapes d'une acquisition d'entreprises. Comme le précisent avec pertinence Maurice COZIAN et Pierre-Jean

---

[123] Article 25-3 issu de la loi n° 2016-10 du 5 avril 2016 portant révision de la Constitution.

[124] Voir article 13 AUDCG, 5 AUDCIF. L'article 14 AUDCIF met en évidence l'utilité de la comptabilité. Quant à l'article 5 AUDCG, il opère une distinction entre livres de commerce et états financiers de synthèse. Il existe un lien entre le droit commercial général et le droit des sociétés à travers l'article 34 AUDCG

[125]JEANTIN Michel, « Droit des obligations et droit des sociétés », in Mélanges J. BOYER, Presses de l'Université des sciences sociales de Toulouse, 1996, p.317.

[126] En droit OHADA, peut-on assimiler la cession de titres de la société à un acte de commerce ? Tout porte à le croire, au regard de l'article 3 AUDCG qui range dans la catégorie des actes de commerce par nature ceux effectués par la société commerciale. Mais peut-on en dire de même de celle effectuée par les associés ? Tout dépend à notre avis de la qualité des parties en présence et du type de sociétés.

GAUDEL, une démarche d'acquisition d'entreprises prend souvent plus de temps que prévu à l'origine car s'entremêlent les considérations stratégiques, financières, juridiques, commerciales et surtout humaines. La psychologie y joue un grand rôle ; le prix est toujours, au moins en partie, le reflet du rapport de forces entre l'acheteur et le vendeur. Au cours des six à douze mois que durent généralement les négociations pour une entreprise de taille moyenne, les parties passent habituellement par plusieurs étapes[127]. Il s'agit de la lettre d'intention, des *due diligences* et du *closing.*

32. Sur le plan pratique, relevons qu'on a besoin des techniques du droit des contrats lors :

-de la formation de la société : protocole d'accords (est-ce un projet de société, des pourparlers, une promesse de société ? Une société sans personnalité juridique ?). Après le protocole, il y a les actes constitutifs à savoir le règlement intérieur, les statuts et les conventions d'apport (obligation de libération est souvent matérialisée dans le bulletin de souscription) ;

-de l'acquisition de la société (acquisition de droits sociaux)

33. D'autres manifestations de la présence du contrat en droit des sociétés tiennent à l'existence d'un contrat d'émission et d'un bulletin de souscription. Le contrat d'émission est visé par les articles 785, 794, 814, 822-2 et s).

Quant à l'expression « contrat de souscription », elle est mentionnée par l'article 601 AUSCGIE[128]. Il est à assimiler au bulletin de souscription (article 390). En droit français, les auteurs ont considéré que le contrat de souscription et d'émission liaient l'associé à la société. Ces différentes expressions sont remplacées par le contrat d'apport[129]. Ainsi, on peut relever une coexistence entre le contrat de société (article 4) et le contrat d'apport (contrat d'émission, de souscription, article 37 alinéa 2)[130]. Le contrat d'apport est celui par

---

[127] COZIAN Maurice, GAUDEL Pierre-Jean, *La comptabilité racontée aux juristes*, LexisNexis, 2016, 2e édition, p.499.

[128] V. L'utilité de l'article 613 AUSCGIE (le notaire affirme que les montants de souscriptions déclarés sont conformes à ceux figurant dans le bulletin de souscription. Il peut en plus prendre en compte le certificat du dépositaire)

[129] BUCHBERGER Mathieu, Le contrat d'apport, Essai sur la relation entre la société et son associé, LGDJ, 2011, p.107, n°109.

[130] BUCHBERGER Mathieu, Le contrat d'apport, Essai sur la relation entre la société et son associé, p.184, n °212.

lequel une personne-l'associé-s 'engage envers une autre-la société-à lui apporter un bien ou son industrie et à contribuer aux pertes, en contrepartie d'un ensemble de droits sociaux[131]. Le contrat de société quant à lui est défini à l'article 4 AUSCGIE.

Pareille situation est à noter en droit ohada notamment à l'article 822-2 AUSCGIE qui, relativement au contrat d'émission vise tant les valeurs mobilières tout court que les valeurs mobilières composées. Il faut faire remarquer qu'en présence d'un emprunt obligataire complexe, l'obligation émise confère d'autres prérogatives que le seul droit au versement d'un intérêt[132]. Les auteurs référencés de préciser que c'est en ce domaine que les innovations financières ont été les plus importantes[133]

34. Faut-il admettre la notion de contrat d'investissement théorisée par F.X. LUCAS dans sa thèse ? [134]La doctrine favorable au contrat d'investissement est représentée par : Ripert, C. CHAMPAUD, F.X. LUCAS. Pour Ripert, les associés créent un groupement pour des raisons diverses. S'inscrivant dans cette logique, C. CHAMPAUD opère une distinction entre les associés bailleurs de fonds et les véritables associés. C'est ainsi que selon F.X. LUCAS, cette distinction doit être légalisée d'où l'apparition de la notion de contrat d'investissement (le critère principal demeure celui du droit de vote).

Dans tous les cas, l'opération d'investissement, sur le plan juridique, s'exprime par le jeu combiné de l'émission d'instruments financiers et de la conclusion de pactes[135]. En principe, un capital-risqueur investit dans une société en fonds propres, c'est-à-dire en actions[136]

35. La rencontre du contrat et de la société demeure inévitable dans les opérations de fusions-acquisitions, de scission et d'apport partiels d'actifs. Ce sont des opérations de restructuration parmi lesquelles

---

[131] BUCHBERGER Mathieu, *op.cit.*, p.193, n°228.
[132] COZIAN Maurice, VIANDIER Alain, *Droit des sociétés*, LITEC, 5e édition, 1992, p.345
[133] COZIAN Maurice, VIANDIER Alain, *Ibid.* Ils recommandent la lecture de l'article d'Alain COURET. COURET Alain, « Innovation financière et règle de droit », D.1990, chron., p.135.
[134] Les transferts temporaires de valeurs mobilières. Pour une fiducie des valeurs mobilières, LGDJ, 1997
[135] PRIEUR Jean, « Les PME et le capital-risque », BJS oct. 1998, n°10, p.1033
[136] PRADO Vincent, « L'innovation financière au service du capital-risque », BJS nov. 2003, n° n°11, page 1210

nous pouvons ranger le transfert du siège social à l'étranger, les modifications du capital social, les dissolutions, le rachat de société (ce rachat peut se faire directement par le repreneur ou par le biais d'une holding de reprise ou LBO), la transformation, la transmission à titre gratuit[137]. On pourrait y ajouter les OPA, OPE, OPR[138]

36. Tout compte fait, relevons que la constitution d'une société obéit à des conditions découlant du droit des contrats (consentement, capacité, contenu) et à des conditions découlant du droit des sociétés (pluralité d'associés, apports, participation aux résultats sociaux, affectio societatis)[139]. En plus, l'article 105 AUSCGIE pourrait servir d'appoint.

2°Le droit des sociétés et le droit des sociétés coopératives.

Le droit des sociétés coopératives, au même titre que celui des mutuelles et des associations exerçant une activité économique s'inscrit dans l'économie sociale et solidaire, contrairement au droit des sociétés qui appartient au marché qui fonctionnerait selon une logique implacable, broyant les individus au nom de l'efficacité concurrentielle et de la survie des plus forts[140].

Les entreprises de l'économie sociale se définissent par leurs valeurs[141] :

-objectif principal produisant des effets sociaux positifs et mesurables ;

---

[137] COZIAN Maurice, DEBOISSY Florence, *Précis de fiscalité des entreprises*, LexisNexis, 3e édition, 2014/2015, pp.769 et s.

[138] NEUVILLE Colette, « La protection des minoritaires dans les rapprochements d'entreprises », LPA, 5 avril 1995, n°41. Il est curieux de remarquer que pour cet auteur, les opérations de rapprochement d'entreprises sont : prises de participation, cession, acquisition, fusion, augmentation réservée, recapitalisation par compensation de créance, abandon du droit préférentiel de souscription, offres publiques. D'autres auteurs définissent la coopération comme le rapprochement entre deux structures qui restent autonomes. Elle peut être contractuelle (sans création d'une entité juridique) ou institutionnelle (création d'une entité juridique nouvelle). V. Dossier : coopérer pour mieux gérer, juris associations, 2015, n°518, p.17 ; *Adde* RODRIGUEZ Karine, « Restructurations : sécurisation de la période précontractuelle, JA 2017, n°551, p.28. L'auteur cite les opérations de restructuration que sont la fusion, scission, apports partiels d'actif

[139] V. Société (Contrat), Fiches d'orientation, juillet 2019

[140] GRANDVUILLEMIN Sophie, « Économie sociale et solidaire et marché », in Mélanges Claude Lucas de Leyssac, LexisNexis, 2018, p.203.

[141] LECOURT Benoît, « La lucrativité limitée : nouvelle notion européenne ? », Rev. sociétés 2019. 707

-méthode de production intégrant le facteur social ;

-gestion responsable et transparente.

3°-Le droit des sociétés et le droit financier ou des marchés financiers

Le droit financier désigne les activités qui ont pour objet de régir les activités liées aux marchés financiers et exercées à titre de profession habituelle par les prestataires de services d'investissement[142]. Il s'agit d'une matière autonome du droit des affaires, se distinguant plus généralement du droit des sociétés. En effet, le code de commerce n'intègre que très partiellement les règles régissant ces marchés, renvoyant le plus souvent aux dispositions détaillées du Code monétaire et financier ou à d'autres règlements professionnels[143]. De façon concrète, on s'intéresse à l'organisation du marché, aux ordres qui y sont donnés, aux transactions, instruments financiers et abus.

37. L'organisation des marchés financiers permettra d'identifier les différents marchés[144] tels que le marché de taux d'intérêts, change, métaux précieux, le marché primaire ou de placement des valeurs nouvelles (C'est celui qui assure l'offre de titres au public, permet l'émission d'instruments financiers), le marché secondaire où sont conclus les achats et les ventes). Au-delà des différents marchés, l'organisation renvoie aux régulateurs des marchés financiers (Le comité de Bâle qui édicte des principes certes non contraignants, mais repris en droit interne ou communautaire[145], le CREPMF[146],

---

[142] BONNEAU Thierry, PAILLER Pauline et autres, *Droit financier*, LGDJ, 2017, n°38

[143] MERVILLE Anne-Dominique, *Droit financier*, Gualino, 4e édition, 2018, p.5.

[144] Il existe trois compartiments du marché des valeurs mobilières : celui des titres de capital (deux compartiments) et celui des titres de créance. V. BRVM, règles de négociation, d'admission et de radiation à la côte et règles spécifiques.

[145] La BRI (Banque de Règlement intérieur) a adopté en 1988 le dispositif Bâle 1, en 2006 (Bâle II, Convergence internationale de la mesure et des normes de fonds propres) et en 2011 (Bâle III, Dispositif réglementaire mondial visant à renforcer la résilience des établissements et systèmes bancaires). Notons que la BCEAO dans le dispositif prudentiel applicable aux établissements de crédit et aux compagnies financières de l'UMOA a tenu à préciser que les règles bâloises ont été transposées en tenant compte des caractéristiques des économies et des spécificités du système bancaire de l'UMOA.

[146] Le rôle du CREPMF est précisé par l'article 24 du Traité UMOA à savoir l'organisation et le contrôle de l'appel public à l'épargne, l'habilitation et le contrôle

Commission Bancaire de l'UEMOA), aux professionnels des marchés financiers. Les professionnels des marchés financiers sont les prestataires de services d'investissements. Le Code monétaire et financier français en son article L321-1, liste les principaux services. Ceux-ci consistent en :

1. La réception et la transmission d'ordres pour le compte de tiers ;

2.L'exécution d'ordres pour le compte de tiers ;

3. La négociation pour compte propre ;

4. La gestion de portefeuille pour le compte de tiers ;

5. Le conseil en investissement ;

6-1. La prise ferme ;

6-2. Le placement garanti ;

7. Le placement non garanti ;

8.L'exploitation d'un système multilatéral de négociation au sens de l'article L. 424-1.

L'examen de cette liste renseigne sur le fait que ce sont les intervenants commerciaux dont le statut est régi par le RGCREPMF qui sont concernés. Il s'agit des SGI, SGP, démarcheurs, apporteurs d'affaires, OPCMV, conseils en investissements boursiers.

38. Les SGI sont des établissements financiers non soumis à la réglementation bancaire[147]. Elles sont obligatoirement constituées sous forme de sociétés anonymes. La question que l'on est tenté de se poser est celle de savoir si le législateur de l'UEMOA assimile les établissements financiers aux établissements financiers à caractère bancaire. Au niveau de l'article 39 RGCREPMF, une distinction est en tout cas opérée entre la SGI, établissement financier et les établissements bancaires. Peut-être faudrait-il opter pour le terme « organisme financier » beaucoup plus englobant. C'est dire que l'expression « établissement financier » demeure très floue.

L'article 155 du Règlement Général du CREPMF cite les personnes qui peuvent être des démarcheurs. Ce sont les établissements bancaires, les SGP, SGI, les apporteurs d'affaires, les personnes physiques ou morales agréées à cet effet. Le démarcheur se rend habituellement au domicile, résidence, lieux de travail, etc. pour

---

des intervenants sur le marché financier. Pour rappel, le CREPMF est un organe de l'UMOA, institue pouvant être complétée par l'UEMOA.

[147] Article 26 du Règlement général du CREPMF.

conseiller la souscription, l'achat, l'échange et la vente de valeurs mobilières ou la participation à des opérations sur ces valeurs. Les apporteurs d'affaires mettent en relation un client et une SGI ou SGP.

39. Les OPCVM (ils ont pour but exclusif le placement en valeurs mobilières de capitaux recueillis auprès du public, dont le fonctionnement est soumis au principe de division des risques et dont les parts sont, à la demande des porteurs, rachetées ou remboursés, directement ou indirectement, à la charge des actifs de ces organismes)[148]

40. Le conseil en investissements boursiers est un acteur du marché et plus spécifiquement un intervenant commercial. Son statut est prévu à l'article 93 et suivants du RGCREPMF et son rôle principal est celui d'orientation du choix de la clientèle sans se substituer à celle-ci

41. Les prestataires de services d'investissement ont des obligations tenant à leur qualité certes, mais qui peuvent être issues du contrat les liant avec la clientèle. Ce contrat est régi par le droit financier et les dispositions de droit commun[149]. C'est dire que ce sont les règles du contrat de mandat qui vont s'appliquer certes[150], mais également celles de déontologie),

42. Suivant l'article L321-1 du Code monétaire et financier, les services d'investissement portent sur les instruments financiers énumérés à l'article L211-1 du même code. Ce sont les titres financiers (titre de capital, de créance à l'exclusion des effets de commerce et des bons de caisse, les parts ou actions d'organismes de placement collectif), les contrats financiers. L'article L211-1 du code monétaire et financier a pour pendant l'article 744 AUSCGIE. L'instrument financier est défini dans le Dispositif prudentiel applicable aux établissements de crédit et aux compagnies financières dans l'UMOA, comme un contrat créant un actif financier pour une partie et un passif financier ou un instrument de capital pour une

[148] MERVILLE Anne-Dominique, *op.cit.*, p.215

[149] MERVILLE Anne-Dominique, *op.cit.*, p.160, n°289.

[150] Sur les liens entre le droit des contrats et des marchés financiers, V. MULLER Anne-Cathérine, *Droit des marchés financiers et droit des contrats,* ECONOMICA, 2007, 644 pages. Le contrat en question peut prendre la forme de mandat de gestion visé par le n°1210 de la BRVM, règle de négociation, d'admission et de radiation à la côte et règles spécifiques et l'article 38 du RGCREPMF. Un contrat ou mandat de gestion est également conclu entre la société de gestion et de patrimoine et le client.

partie. Les instruments financiers comprennent tant les instruments financiers primaires (ou au comptant) que les instruments dérivés.

43. Les autres professionnels sont les entreprises d'assurance, les analystes financiers, les agences de notation, le financement participatif (*crowdfunding*), les *fintech*, des dépositaires

Les analystes financiers permettent aux investisseurs ainsi qu'aux émetteurs d'effectuer leur choix en connaissance de cause. L'analyse financière est prise en charge par des professionnels spécialisés qui vont collecter un ensemble de renseignements de nature comptable, financière ou autres pour fonder leur analyse[151]. Les articles L544-1 à L544-3 du Code monétaire et financier disposent qu'exerce une activité d'analyse financière toute personne qui, à titre de profession habituelle, produit et diffuse des études sur les personnes morales faisant appel public à l'épargne, en vue de formuler et diffuser une opinion sur l'évolution prévisible desdites personnes morales et, le cas échéant, sur l'évolution prévisible du prix des instruments financiers qu'elles émettent.

Les analystes financiers sont des intermédiaires d'information à savoir les personnes qui assurent la circulation d'informations proprement dites au même titre que les commissaires aux comptes et les agences de notation[152]. Aux termes de l'article 84 du Règlement Général du CREPMF, le fonctionnement des SICAV doit respecter les règles des apports en nature appréciée sous la responsabilité des commissaires aux comptes agréés par le Conseil Régional[153].

Les agences de notation sont chargées d'évaluer la capacité d'une entreprise, d'une administration ou d'un État à rembourser ses dettes[154]. Alors que les analystes financiers mesurent la valeur des entreprises, les agences de notation expriment un jugement sur les risques de défaillance en procédant à l'analyse financière d'une entreprise afin de délivrer une note (rating) qui rend compte de sa capacité à rembourser les emprunts contractés[155]

[151] COURET Alain et *alli*, *Droit financier*, Dalloz, 2e édition p.138, n°212.
[152] VALETTE Jean-Paul, *Régulation des marchés financiers*, Ellipses, 2013, p.123.
[153] V. Également l'article 21 de l'Annexe portant composition, organisation, fonctionnement et attributions du CREPMF.
[154] VALETTE Jean-Paul, *op.cit.*, p.124.
[155] VALETTE Jean-Paul, *Ibid.*

44. L'ordre. C'est un mandat donné à quelqu'un pour acheter et vendre des valeurs mobilières. Il est d'abord réceptionné (réceptionneur) et transmis (transmetteur). L'ordre est exécuté pour le compte d'un tiers. Juridiquement, les relations entre les parties prennent la forme de courtage, mandat et commission[156]. L'ordre de bourse est défini au n°1210 de la BRVM. Son importance ne saurait être niée vu qu'au n°1120 de la BRVM, règles de négociation, d'admission et de radiation à la côte et règles spécifiques, on a fait remarquer que le marché de la bourse régionale est centralisé et dirigé par ordre. Les ordres sont transmis aux SGI par les SGP[157] et les apporteurs d'affaires

45. Les transactions. Il s'agit des négociations pour compte (le professionnel achète et vend des titres en bourse pour lui-même et non pour le compte du client), du placement (placer une émission auprès d'investisseurs publics)[158], de la prise ferme (le professionnel souscrit directement auprès de l'émetteur ou du cédant et prend le temps de placer auprès du public à savoir la clientèle)[159]. Rappelons que dans un marché financier, les intervenants sont l'épargnant (celui qui achète ou souscrit des actions), l'émetteur qui émet des titres pour financer son entreprise, les banques[160].

46. L'expression « instruments financiers » a fait son apparition avec la réforme du droit des sociétés intervenue en 2014. (V.Article 81-2, 744 AUSCGIE, règles relatives à la circulation des instruments financiers telles les transactions que sont les achats, ventes, cessions temporaires, prêts de titres ; négociation, compensation, le règlement-livraison, la passation des ordres ;

---

[156] MERVILLE Anne-Dominique, *op.cit.*, p.133.

[157] Article 57 RGCREPMF. Aux termes de cette disposition, les SGI placent et négocient en bourse là où les SGP transmettent des ordres.

[158] La protection du public est assurée lors des opérations de placement par le biais d'un délai de réflexion. V.Article 159 RGCREPMF. Voir également 3.7 Annexe A BRVM, règles de négociation, d'admission et de radiation à la côte et règles spécifiques qui parle de contrat de placement entre l'émetteur et la ou les SGI chargées d'assurer la diffusion des titres dans le public.

[159] V. n°2251 BRVM, règles de négociation, d'admission et de radiation à la côte et règles spécifiques.

[160] MERVILLE Anne-Dominique, *op.cit.*, p.129.

47. Les opérations de marché tiennent à savoir l'offre de titre au public, admission[161], radiation[162] d'instruments financiers de la cote, OPA, OPE, OPR, OPV. Les offres publiques ont pour siège les articles 122 et suivants du RGCREPMF, le n°3110 BRVM, négociations, d'admission et de radiation à la cote et le Règlement général de la BRVM. Le projet d'offre donne lieu à un visa préalable du CREPMF. Pour cela, il faut établir une note d'information et la diffuser par publication au Bulletin officiel de la cote

48. Les abus de marchés se manifestent par les opérations d'initiés (détention d'informations privilégiées susceptibles d'influer sur le cours de bourse si elles parvenaient au marché), de manipulation de cours (article 18 RGCREPMF) visant à induire autrui en erreur, la diffusion de fausses informations[163]. Qu'est-ce qu'une fausse information ? Un début de réponse s'évince de l'article 161 RGCREPMF. Les abus de marché correspondent à une catégorie de délits et manquements érigés en vue de protéger l'intégrité des marchés financiers et l'intérêt collectif des investisseurs en produits financiers[164]. Selon ces auteurs, l'intérêt collectif justifie l'intervention de l'AMF ainsi que du juge pénal. Cependant, cette logique de sanction ne doit pas éclipser celle indemnitaire attachée à la responsabilité civile[165]

Les sanctions des abus de marché consistent donc en la réparation (170 RGCREPMF), l'interruption des opérations de souscription consécutives à une augmentation de capital (130 RGCREPMF) en des sanctions pénales, disciplinaires (article 35 Annexe portant composition, organisation, fonctionnement et attributions du CREPMF. On remarque que les sources de la procédure sont disséminées entre ces deux textes.

---

[161] Les demandes d'admission à la cote sont examinées ou instruites par le CREPMF (RGCREPMF). Voir également BRVM, règles de négociation, d'admission et de radiation à la cote et règles spécifiques, Règlement général de la BRVM

[162] BRVM, règles de négociation, d'admission et de radiation à la cote et règle spécifiques.

[163] COURET Alain et *alli,* « Abus de marchés : Quelles réparations ? », Droit et Patrimoine, n°241, 1e novembre 2014

[164] MARTIN Didier et *alli*, *Les abus de marché, Manquements administratifs et infractions pénales*, LexisNexis, 2013, n°1

[165] GASBAOUI Julien « Abus de marché et responsabilité civile », Revue Lamy droit civil, n°110, 1e décembre 2013

49. Au-delà du contenu du droit financier ou droit des marchés financiers, relevons qu'il s'agit d'un droit éclaté et demandons-nous quel rapport pourrait-il avoir avec le droit des sociétés.

Dire que le droit financier est éclaté signifie que les dispositions y renvoyant sont dans le code de commerce, le code des marchés financiers et le règlement général de l'autorité des marchés financiers[166]. Qu'en est-il du droit des marchés financiers de l'espace OHADA ? Les textes sont assez épars puisqu'on les retrouve tant dans l'AUSCGIE[167] que dans ceux du droit des organisations d'intégration économique à savoir l'UEMOA[168] et la CEMAC. En outre, rares sont les auteurs[169] qui s'intéressent au droit des marchés financiers qui pourtant, constitue un levier important de financement des entreprises.

Claude Ducouloux-Favard nous livre quelques réponses : il s'agit de l'usage fréquent des pactes d'actionnaires d'une part, de la multiplication des actionnaires minoritaires d'autre part[170].

50. A côté du droit des marchés financiers, le financement structuré[171] rentre dans le cadre du droit financier. D'emblée, faisons

[166] De RAVEL D'ESCAPLON Thibault , RONTCHEVSKY Nicolas, STORK Michel, « Loi Pacte : innovations et modifications en matière de droit financier », RTDcom, 2019, p.713.

[167] Les valeurs mobilières, l'appel public à l'épargne

[168] Pour plus d'informations sur les textes de l'UEMOA relatifs au droit des marchés financiers, voir www.crepmf.org/www.crepmf/Reglementation/Convention, consulté le 25-03-2020 à 12h 54 mn.

[169] V. KALONJI TSHIYOMBO Louis, « L'OHADA et le droit financier », Revue Ersuma, 2018/ 1, n°8, pp.185 et s. L'auteur, après avoir démontré la faible implication de l'OHADA dans les règles relatives au marché financier en raison de la concurrence que lui font l'UEMOA et la CEMAC, n'a pas manqué de plaider en faveur d'un Acte uniforme relatif au droit financier ; LOUKAKOU Didier, « L'Acte uniforme OHADA relatif au droit des sociétés commerciales : aspects de droit des marchés financiers », www.afrilex.u-bordeaux4.fr/sites/afrilex/IMG/pdf/10, consulté le 25-03-2020, à 13h 37 mn. Pour cet auteur, on note une sorte d'ambivalence dans la démarche du législateur de l'OHADA qui, s'il dispose de règles assez satisfaisantes du point de vue de la transparence des opérations sur les marchés financiers, est néanmoins pauvre relativement aux mécanismes de financement des opérations sur les marchés financiers ; KEUFFI Daniel Ebénézer, KALIEU Yvette, « L'émergence des marchés financiers dans l'espace OHADA », www.afrilex.u-bordeaux4.fr/sites/afrilex/IMG/pdf/04, consulté le 25-03-2020, à 14h 25 mn. Pour ces auteurs, l'émergence des marchés financiers est due en partie à deux facteurs : la difficile collecte de l'épargne par l'entreprise et le faible niveau d'intermédiation.

[170] DUCOULOUX-FAVARD, « Actionnariat et pouvoir », Recueil Dalloz, 1995, p.177.

remarquer l'absence d'unanimité quant à la définition de cette notion, mais au sens large, seul le financement structuré sectoriel semble recueillir le plus d'adhérents. Ainsi, trois catégories de financements structurés ont été théorisées :

-financement de projets énergétique, d'infrastructure, aéronautique, maritime, télécommunications ;

-financement d'acquisition d'entreprises (LBO, crédit en pool, sous forme de club deal) ;

-les opérations de location financière (leasing fiscal, titrisation, etc.)

51. Le droit des sociétés partage avec le droit des marchés financiers les valeurs de transparence[172]. Les aspects de cette valeur se retrouvent s'agissant des documents d'information, des investisseurs qualifiés qui maîtrisent bien les risques financiers des opérations projetées, la déclaration de franchissement de seuil, les OPA, l'obligation d'information des administrateurs par le PCA, de l'obligation d'information du dirigeant à l'endroit de l'associé (RTDciv 1997, p.114)[173]

4°-Le droit des sociétés et les modes alternatifs de règlement des différends

52. Les MARD peuvent être envisagés sous deux aspects. D'un point de vue pratique, ils contribuent à désengorger les tribunaux en faisant peser sur les parties la charge de recourir à un tiers qui leur permet de parvenir à un accord. Le rôle des parties est ainsi accru en ce que leur accord se substitue à un jugement. D'un point de vue conceptuel, il y a là la manifestation de ce que le jugement ne

---

[171] TONYE Arlète, *Pratique juridique des financements structurés en Afrique*, L'harmattan, 2010, 304 pages. *Adde* Les privatisations dans les pays émergents : comprendre les enjeux et élaborer une stratégie, Droit et Patrimoine, n°100, 1e janvier 2002

[172] MESTRE Jacques, « Ethique et droit des sociétés », in Procédures collectives et droit des affaires, Morceaux choisis, *op.cit.*, pp.292-294

[173] MESTRE Jacques, « Le dol de l'acquéreur des parts sociales », RTDCiv, 1997, p.114. Cette décision a été diversement appréciée. Pour le professeur Malaurie par exemple « le règne de la vertu mène au moralisme, c'est-à-dire presque toujours le contraire de la morale » cité par MESTRE Jacques, « Ethique et droit des sociétés », *op.cit.*, p.294.

constitue pas la voie inéluctable pour rétablir la paix sociale[174]. Cependant, le danger des clauses relatives au litige est de plus en plus mis à nu[175], de même que celui de l'arbitrage international ou d'investissement[176]

5°-Le droit des sociétés et le droit international des affaires.

53. Il arrive qu'au plan international, les entreprises aient des activités contractuelles (exportations, implantations à l'étranger), délocalisent leurs activités ou doivent régler leurs dettes[177]. Les contrats en question sont les groupes internationaux, les contrats de

---

[174] THERON Julien, « Les sis more », Esquisse d'une nouvelle procédure minimaliste », Loi n° 2019-222 du 23 mars 2019, La semaine juridique, édition générale, n ° 18-6 mai 2019, p.881. L'auteur regrette une réduction de la procédure civile en raison des impératifs économiques. V. Contra, CROZE Hervé, « Essai de construction d'une procédure civile minimale », La semaine juridique –édition générale, n°26, 1e juillet 2019, pp. 1266.

[175] V. DE FONTMICHEL Maximin, « L'équilibre contractuel des clauses relatives au litige », La semaine juridique-Edition générale, n° 21-22-27 mai 2019, pp.1040 et s. L'auteur s'intéresse au contrôle de l'équilibre contractuel des clauses relatives au litige parce que celles-ci peuvent par exemple empêcher une personne de saisir le juge. Il scinde les clauses relatives au litige en deux, faisant fi de la classification existante. Ainsi, il y a d'une part les clauses relatives à l'action (clauses de non-recours, abréviatives de prescription, clauses d'intervention dans le contentieux) et les clauses relatives à l'instance d'autre part (preuve, interprétation). Sur le principe, ces clauses sont insérées au moment de la négociation du contrat. D'autres le sont une fois l'instance déclenchée. A titre d'exemple nous pouvons citer les accords portant sur les calendriers de procédures ou de renonciation de plaidoirie.

[176] GAILLARD Emmanuel, « Nouvelles réflexions sur la sociologie de l'arbitrage », Procédures, n°2, février 2020, pp.35 et s,. L'auteur s'intéresse aux différents acteurs de l'arbitrage que sont les acteurs essentiels (les parties, les arbitres), les fournisseurs de services (institution d'arbitrage, conseils, experts, sténographes, interprètes, tiers financeurs, marchands de reconnaissance), les États en ce sens qu'ils édictent des lois favorables à l'arbitrage, les fournisseurs de valeurs tels que la CNDUCI. Pour les critiques de l'arbitrage d'investissements, *Adde* HAMIDI Leila Martin, « L'avenir du règlement des différends entre investisseurs étrangers et États dans les traités commerciaux internationaux », Revue Lamy droit des affaires, n°141, 1e octobre 2018 ; LHUILLIER Gilles, *op.cit.,* p.146

[177] Par régler des dettes nous entendons le paiement international. Les instruments de paiement les plus usités sont le chèque, les effets de commerce, les virements, les cartes. Au-delà, il y a le droit des investissements qui s'intéresse aux mouvements de capitaux non relatifs au paiement international. De même, l'investissement peut ne pas s'apprécier en capital. V. JACQUET Jean-Michel, DELEBECQUE Philippe, CORNELOUP Sabine, *Droit du commerce international*, Dalloz, 1e édition, p.518, n°726.

financement, les contrats de prestations de service. Il peut également s'agir de contrat de *joint-venture*, de *consortium*[178]

Le groupe transnational des sociétés est devenu un acteur incontournable des relations économiques internationales[179]. Ainsi, une société peut exercer son activité dans plusieurs pays par l'entremise d'autres sociétés qui sont certes sous sa domination, mais partagent la même stratégie qu'elle. Si donc, il n'y a pas une définition uniforme des multinationales, un consensus semble se dégager relativement aux critères de celles-ci à savoir :

-l'exercice d'une activité dans plusieurs pays ;

-la domination d'autres sociétés ;

-la stratégie commune.

Il s'infère de ces critères dégagés par la doctrine[180] que l'OHADA dispose d'un cadre juridique pour les sociétés transnationales.

Les auteurs sont revenus sur les règles relatives à la constitution du groupe transnational à savoir la fusion transfrontalière et la prise de contrôle.

En règle générale, les contrats conclus par les sociétés au plan international, au-delà du groupe[181], sont les contrats de vente et de transport. Mais, les contrats de prestation de services tels que les marchés de contrat, les contrats de transfert technique et les contrats de distribution ne sont pas en reste.

54. Les autres contrats conclus par les sociétés commerciales prennent la dénomination de contrat d'État. Le contrat d'État est généralement défini comme étant la convention conclue entre un État et une personne privée étrangère[182]. Ce type de contrat n'est pas un

---

[178] V. CACHARD Olivier, *Droit du commerce international*, L.G.D.J, Paris, 2e édition, 2011, pp.75 et s ; RACINE Jean-Baptiste, SIIRIAINEM Fabrice, *Droit du commerce international,* Dalloz, Paris, 2011, pp.125 et s.

[179] JACQUET Jean-Michel, DELEBECQUE Philippe, CORNELOUP Sabine, *Droit du commerce international*, Dalloz, 1e édition, p.173, n°310.

[180] JACQUET Jean-Michel, DELEBECQUE Philippe, CORNELOUP *Sabine*, *Ibid.*

[181] A côté du groupe, il y a d'autres groupements tels que le *consortium*, la *joint-venture.*

[182] JACQUET Jean-Michel, « Contrat d'État », Jurisclasseur Droit international, Fasc., 565-60, 1998, p.2. Adde Les contrats d'investissements, in Le Lamy Contrats internationaux, n° 362-1 ; BISSALOUE Sylvie, « La protection des contrats d'investissements privés étrangers en Afrique », Revue Lamy droit des affaires, n°141, 1e octobre 2018

contrat administratif et pose la problématique de la souveraineté de l'État d'une part et de la sécurité de l'investisseur d'autre part. De même, il y a des clauses généralement stipulées (clauses d'élection du droit, d'intangibilité, de stabilisation, d'arbitrage)[183]. Les autres clauses sont des clauses d'interprétation et d'adaptation.

6°-Le droit des sociétés et le droit du travail

55. La non-adoption d'un Acte uniforme relatif au droit du travail, un jeu de dupes ? Cette question est posée en raison de la signature le 18 avril 2007 de l'Accord d'Ottawa par les responsables du syndicat américain et les syndicats britanniques Amicus, T et G, la création de la Confédération syndicale internationale à Vienne, le 3 novembre 2006. L'accord d'Ottawa vise expressément la mise en place d'un contre-pouvoir syndical face aux « global players » que sont les firmes multinationales[184]. Pour Derk SIMPSON, certainement en écho à Léo Gérard, président de United Steel Workers International, qui plaide pour un syndicalisme global[185], secrétaire général d'Amicus : « l'une des principales raisons (de l'accord)... est notre désir de créer un syndicat international capable de négocier avec les compagnies multinationales sur un pied d'égalité »[186]

Pour des querelles de positionnement, il serait dommage qu'un « affairiste » puisse ignorer les travaux d'un Alain SUPIOT ou qu'un travailliste n'ait aucune connaissance de ceux de Jean Paillusseau

7°-Le droit des sociétés et droit transnational.

56. Philip Jessup sous la plume duquel le droit transnational est né souhaitait une nouvelle conception du droit international. Désormais, le fondement du droit international n'est ni l'État, ni la Nation, mais une multitude de règles d'origine privée et publique mobilisées par la pratique des acteurs les entreprises transnationales, les ONG des droits

---

[183] RACINE Jean-Baptiste, SIIRIAINEN, *Droit du commerce international*, Dalloz, 2e édition, 2011, pp.161-163.

[184] PARIS Jean-Jacques, « Les organisations collectives des travailleurs face aux stratégies des multinationales », Droit social 2007. 1026

[185] Cité par Paris Jean-Jacques, *Ibid*

[186] *In* Christian Dufour, « Royaume-Uni, syndicalisation, fusions syndicales, débâcle travailliste » *Chronique internationale de l'IRES* n° 106, mai 2007.

de l'homme, les victimes internationales. De même, le droit n'est plus seulement national et international[187].

Sur le plan conceptuel, le droit transnational est le droit positif de la mondialisation ; celui des diverses théories de la mondialisation, renvoie au renouvellement de la science juridique[188].

IV-La méthodologie : pensée scientifique ou critique du droit des sociétés

57. La réponse que l'on apporte à la question de la fonction de juriste dépend de la conception que l'on adopte consciemment ou non du droit [189]. Michelle Miaille relève que dans le sens commun, critiquer c'est exercer sur les choses ou les personnes des jugements pour redresser telle erreur, repérer telle lacune, dénoncer telle insuffisance[190]. Pourtant, toujours selon l'auteur, critiquer n'est pas synonyme de remise en cause car les enseignants qui dispensent par exemple un cours d'introduction au droit émettent des jugements de valeur sans que l'ensemble de l'édifice ne s'effondre[191]. Donc critiquer c'est faire apparaître « l'invisible »[192]. En effet, la pensée critique est non seulement abstraite, mais dialectique. La pensée dialectique permet de déceler ce qui produit, donne naissance à une chose, quelle transformation peuvent l'affecter, son devenir, sa finalité, ce qu'elle représente. Elle est distincte de la pensée positiviste[193]. Cette pensée ne permet pas d'appréhender la réalité selon Michel Miaille. La réalité est autre chose et bien davantage que ce qui est codifié (…) dans le langage des faits[194]. L'auteur conclut en ces termes « une étude du droit dans le sens que nous venons d'indiquer dépasse alors le recensement, la classification et la connaissance du fonctionnement des diverses notions juridiques, des

---

[187]LHUILIER Gilles, *Le droit transnational*, Dalloz, 2016, Méthodes du droit, 1000 pages.

[188] LHUILIER Gilles, *Le droit transnational*, Dalloz, 2016, pp.16 et s

[189] CHENEDE François, « De la conception du droit à la fonction de juriste », in La place du juriste face à la norme, Dalloz, 2012, p. 3

[190] MIAILLE Michel, *Une introduction critique au droit*, François MASPERO, 1982, p.18

[191] MIAILLE Michel, *Ibid.*

[192] MIAILLE Michel, *Ibid*

[193] Selon l'auteur, la pensée positiviste est une pensée qui se borne à décrire ce qui est visible, à montrer que telle chose qui existe se présente de telle ou telle manière, avec telles ou telles caractéristiques ; MIAILLE Michel, Ibid.

[194] MARCUSE Herbert, *Raison et révolution*, Éditions de Minuit, Paris, 1968.

institutions et des mécanismes du droit. Le monde juridique ne peut alors être véritablement connu, c'est-à-dire compris, que par rapport à tout ce qui en a permis l'existence et dans son devenir possible. (...) si la science juridique peut seulement nous dire comment cette règle fonctionne, elle est réduite à une technologie juridique bien insatisfaisante. Nous sommes en droit d'exiger plus de cette situation plus de cette science, ou plutôt d'exiger autre chose qu'une simple description des mécanismes »[195]. Même s'il est vrai que c'est cette démarche qui sera privilégiée, celle positiviste ne sera pas négligée.

V-L'intérêt de l'ouvrage

58. La présente étude s'intéresse à plusieurs problématiques parmi lesquelles celles des sources du droit des sociétés, la souveraineté des États membres de l'OHADA, la mondialisation et l'évolution de la discipline précitée.

Les sources du droit sont à la fois officielles (loi, jurisprudence) et réelles[196]. Parmi ces dernières nous avons la pratique juridique dont l'importance est exacerbée par le sentiment d'appartenance à une communauté qu'ont les juristes de droit des sociétés[197]. Toujours selon l'auteur, la pratique juridique à laquelle il fait allusion est toute différente de l'usage et de la coutume ; Il s'agit tout simplement de choix répétés au sein d'alternatives légales[198]. C'est l'exemple de la délégation de pouvoir, de la SAS. Au-delà des choix, il y a les normes contractuelles (clauses de garantie du passif, le pacte d'actionnaires, la LBO)[199]. La pratique juridique est un comportement susceptible de créer des effets de droit[200]. C'est une mise en commun des savoirs et

---

[195] MIAILLE Michel, *op.cit.*, pp.20-21.

[196] Ce sont celles qui naissent directement de la société. Elles sont à la fois primaires et spontanées. V. BECANE Jean-Claude, COUDERC Michel, HERIN Jean-Louis, *La loi*, Dalloz, 2e édition, 2010, collection « Méthodes du droit », p.59

[197] GERMAIN Michel, « Les manifestations en droit des sociétés », in LPA, 27 novembre 2003, n°237, p.10. L'auteur concède néanmoins qu'il ne s'agit là que d'une apparence ; les juristes du contentieux étant distincts de ceux qui conseillent et ces derniers des directeurs juridiques.

[198] GERMAIN Michel, *Ibid.*

[199] La LBO est l'exemple-type de montage juridique. V. Sur cette question, GALLOIT-COCHET Dorothée, « Les montages en droit des sociétés », RDC 2007, n°3, p.1022 ; DUCOULOUX-FAVARD Claude, « Les montages juridiques », LPA 24 novembre 2006, n°212, p.8

[200] GOLDMAN BERTHOLD, Rapport général, in Le rôle de la pratique dans la formation du droit. Travaux de l'association Henri Capitant, tome XXXIV, 1983, Economica, 1985, p.165.

des modèles[201]. Nous pouvons citer à cet égard les contrat-types, les codes de bonne conduite, les normes professionnelles[202]

59. La recherche du profit n'est pas l'apanage exclusif des particuliers. L'État y prend également part à travers les EPIC et les entreprises publiques[203] ou par lui-même. C'est l'exemple des contrats pétroliers[204] ou miniers. L'une des questions fondamentales est celle de savoir si l'Etat parviendra à garder intacte sa souveraineté. Si l'on en croit certains écrits, le concept de souveraineté n'a plus d'avenir[205] ou du moins a beaucoup perdu de sa superbe notamment lorsqu'il prend des participations dans les sociétés pétrolières ou minières étrangères. Nous sommes là en présence de contrats d'Etat, contrats internationaux conclus entre un Etat et une entreprise privée étrangère[206]. En effet, les pays en voie de développement montrent d'importants besoins en termes d'exploration et d'exploitation de leurs richesses naturelles, et de gros besoins d'infrastructures industrielles et d'équipements de réseau (voie de communication, ports et aéroports, réseau d'eau potable, etc.)[207]

60. La mondialisation a multiplié les opérations inter-frontières et les mouvements internationaux de capitaux, facilité considérablement les réinvestissements comme d'une certaine façon aussi, les délocalisations d'entreprises. Un phénomène qui est encore, évidemment accentué par l'extraordinaire développement des technologies qui rend de plus en plus difficiles les contrôles susceptibles de s'exercer sur la constitution des sociétés et leurs

---

[201] MOLFESSIS Nicolas, « Les pratiques juridiques, source du droit des affaires-Introduction », LPA 27 novembre 2003, n°237, p.4, n°8.

[202] MOLFESSIS Nicolas, LPA 27 novembre 2003, n°237, p.4.

[203] L'article 4 alinéa 1er du Code pétrolier dispose la société pétrolière nationale agit en son nom et pour le compte de l'État dans le domaine des hydrocarbures ; V. Également article 8, 9 du même Code. L'examen des différentes dispositions permet de distinguer les opérations pétrolières des contrats pétroliers.

[204] Le contrat pétrolier a pu être défini comme un accord de volontés conclu entre l'État et le contractant pour effectuer, à titre exclusif, des activités d'exploration et/ou d'exploitation sur une zone d'exploration et/ou une ou plusieurs zones d'exploitation. Le contrat pétrolier prend obligatoirement la forme d'un contrat de partage de production ou d'un contrat de services. V. Loi n° 2019-03 du 1er février 2019 portant Code pétrolier du Sénégal.

[205] CHEMILLIER-GENDREAU Monique, « Le concept de souveraineté a-t-il encore un avenir ? », RDP 2014, n°5, p.1283.

[206] HOTTE Simon, « La rupture du contrat international, contribution à l'étude du droit transnational des contrats », DEFRENOIS, 2007, Tome 28, p.7, n°9.

[207] HOTTE Simon, *Ibid.*

opérations financières[208]. Ladite mondialisation a entraîné comme risques juridiques la circulation et le blanchiment des capitaux illicites facilités par des constitutions de sociétés, notamment immobilières[209]. Comme exemple d'opérations inter-frontières et de mouvements internationaux de capitaux, nous pouvons citer les fusions transfrontalières. En effet, manifestations tangibles de la réalité du marché unique et de la mondialisation de l'économie, les restructurations transfrontalières se multiplient à l'envi[210]. Ces développements posent en tout cas un problème éthique, retour en force de la morale au premier plan des préoccupations de l'époque[211], notamment en droit privé[212], formalisée dans des codes, chartes, avis, directives, recommandations, règlements déontologiques[213].

61. Le droit des sociétés est un droit de structure et non de substance. Dit autrement, il ne s'intéresse ni à l'activité économique de l'entreprise qu'il réglemente, ni à l'entreprise[214]. Il précise les liens nécessaires à l'existence d'une société, envisage les rapports entre la société et ses organes et entre les organes eux-mêmes (associés, dirigeants, salariés, commissaire aux comptes), précise les droits et obligations de chacun[215]. C'est également un droit structurel puisqu'il détermine les conditions d'accès à la vie juridique de la société. Ce point de vue de D. Poracchia peut emporter l'adhésion au regard des dispositions suivantes : 147 (litiges entre associés ou entre associés et la société), 200 (dissolution pour inexécution par un associé de ses

---

[208] MESTRE Jacques, « Ethique et droit des sociétés », in Procédures collectives et droit des affaires, Morceaux choisis, *op.cit.*, p.298.

[209] MESTRE Jacques, *Ibid.*

[210] CAUSSAIN Jean-Jacques, « Des fusions transfrontalières dans l'Union européenne », Droit bancaire et financier, Mélanges AEDBF-France, II, p.113.

[211] CARBONNIER Jean, *Droit civil : introduction*, PUF, Thémis, Droit privé, 1997 ; OPPETIT Bruno, Philosophie du droit, Dalloz, coll. Précis, janv.1999.

[212] AMEDEE-MANESME Gilles, « Ethique et droit privé », Gaz. Pal.22, décembre 2001, n°356, p.15. L'auteur s'intéresse à la matière contractuelle (bonne foi visée à l'article 1134 alinéa ancien du Code civil, équité mentionnée à l'article 1135 du même code, loyauté) pénale (blanchiment de capitaux, abus de biens et de pouvoirs, corruption, favoritisme), droit des marchés financiers et de la concurrence.

[213] RABU Gaylor, « L'illusion d'éthique », Revue de la recherche juridique, PUAM, 2013, p.35

[214] PORACCHIA Didier, « Les groupes de sociétés », in Regards sur l'évolution du droit des sociétés depuis la loi du 24 juillet 1966 sous la direction d'URBAIN-PARLEANI Isabelle et CONAC Pierre-Henri, Dalloz, 2018, p.253.

[215] PORACCHIA Didier, *Ibid. Adde* DAIGRE Jean-Jacques, pour qui l'objet du droit des sociétés c'est la société et l'associé

obligations. On pourrait y ajouter les droits et obligations de la société, visés à l'article 180 AUSCGIE), 4 et suivants (définition de la société, etc.).

62. Dans tous les cas, on assiste à une évolution du droit des sociétés qui se manifeste par la contractualisation, la financiarisation et la prise en compte des valeurs. Parler de contractualisation signifie faire allusion à un mouvement vers plus de liberté[216]. D'où l'intérêt accordé aux clauses dans les statuts ou en dehors de ceux-ci (clauses d'agrément, de préemption, d'inaliénabilité), à la SAS et aux pactes d'actionnaires. Cette contractualisation ravive le débat assez ancien sur la nature de la société : est-ce un contrat, une institution ? Naturellement et sans surprise, les avis sont partagés, même si certains adoptent une attitude tranchée[217]. En effet, la pensée contractuelle valorise l'influence des actionnaires ; la pensée institutionnelle valorise la prédominance des dirigeants[218].

La financiarisation du droit des sociétés provient du fait que dans les grandes sociétés, l'objectif de rentabilité l'emporte sur l'*affectio societatis*[219]. De même, les sociétés ayant besoin de financement ont le plus souvent recours à l'appel public à l'épargne et au capital-investissement. En outre, non seulement la société est une technique

---

[216] M. GERMAIN Michel, « La contractualisation du droit des sociétés », in Regards sur l'évolution du droit des sociétés depuis la loi du 24 juillet 1966, *op.cit.*, p.33.

[217] V. GERMAIN Michel, « La contractualisation du droit des sociétés », *op.cit.*, p.34. Selon cet auteur : « nous sommes maintenant dans l'ère du contrat ». Il se base sur le particularisme des contrats-organisation vis-à-vis des contrats-échange.

[218] GERMAIN Michel , *Ibid.*

[219] La société est créée dans l'intérêt commun des associés. Cette expression a été interprétée comme instituant un affectio societatis c'est-à-dire une volonté de collaborer sur un pied d'égalité des associés. C'est un truisme que de parler d'un délitement de l'affectio societatis en raison de la financiarisation du droit des sociétés. En outre, il arrive que cette notion soit objectivée (KESSLER Guillaume, « L'objectivation de l'*affectio societatis* », D. 2004. 1305) adulée (V. LACROIX-DE SOUSA Sandie, qui voit un *affectio societatis* dans des contrats ayant un lien avec celui de la société à savoir la promesse de société et la cession des droits sociaux LACROIX-DE SOUSA Sandie, « Le rayonnement de l'affectio societatis », Rev. sociétés 2016. 499) ; DONDERO Bruno, « Affectio societatis simplex », Bulletin Joly sociétés, n °11, p.958 (l'auteur note lors d'une augmentation de capital ou cession de titres, il est souvent exigé un affectio societatis de la part du nouvel entrant) ; MARMISSE-D'ABBADIS D'ARRAST Anne, « L'affectio societatis : pour le maintien d'un concept fonctionnel », Rev.sociétés, 2020, p.212

d'organisation de l'entreprise[220], mais également de financement[221], sans oublier l'éclatement de la qualité d'associé[222]

Au final, l'évolution du droit des sociétés permet de comprendre qu'il est devenu un droit de l'économie de marché[223]. Cette évolution, diversement appréciée, ayant bouleversé des acquis[224], se manifeste par :

-la diversification des sources du droit des sociétés[225] ;

-l'éclatement des formes sociales[226] ;

---

[220] C'est une théorie de la doctrine de l'entreprise de l'Ecole de Rennes. Elle se manifeste à travers la consécration de la société unipersonnelle. Cette théorie avec celle de société-contrat donne naissance à celle de contrat-organisation. V.URBAIN-PARLEANI Isabelle, « Le bouleversement des acquis », *op.cit.*, p.83.

[221] Le financement s'opère par le canal de la banque, des associés à travers leurs apports (tant que la société n'est pas dissoute, les apports ne seront pas remboursés, de même, le versement des dividendes est tributaire du résultat positif ou négatif de l'activité de la société)

[222] Traditionnellement on oppose les associés bailleurs de fonds à ceux qui contrôlent la société ou s'intéressent réellement à son fonctionnement. Mais c'est le lieu de faire remarquer que le G20 et l'OCDE prônent l'actionnariat à long terme. On parle dans ce cas de « capital patient » V. FRANCOIS Bénédicte, « Un statut pour l'actionnaire de long terme ? », Rev. sociétés 2015. 478. *Adde* Dossier : Réflexions collectives sur la nouvelle directive « Droits des actionnaires » du 17 mai 2017 – Rev. sociétés 2017. 675

[223] G. PARLEANI, « Multiplication et renouvellement des sources du droit des sociétés depuis la loi du 24 juillet 1966 », in Regards sur l'évolution du droit des sociétés depuis la loi du 24 juillet 1966, Dalloz, 2008, collection « Thèmes et commentaires », p.20.

[224] Utilité du capital social amoindrie tant du point de vue de son existence (dans les SARL, les États parties offrent la possibilité aux associés dans les statuts de fixer le capital social minimum. C'est également le cas dans les SAS. Voir respectivement les articles 311 et 853-5 AUSCGIE), que de sa fixité (principe énoncé à l'article 67 AUSCGIE, il ne signifie guère impossibilité pour les associés ni de réduire, ni d'augmenter le capital, mais uniquement selon les règles fixées dans l'AUSCGIE). Avec l'avènement des VMC, le capital social peut être différé. On note une remise en cause du principe d'égalité et du droit de vote par les actions de préférence. V.URBAIN-PARLEANI Isabelle, « Le bouleversement des acquis », in Regards sur l'évolution du droit des sociétés depuis la loi du 24 juillet 1966, Dalloz, 2018, *op.cit.*, pp.81 et s.

[225] Au-delà des textes législatifs, il y a les codes de bonne conduite et les normes ISO V. PARLEANI Gilbert, Multiplication et renouvellement des sources du droit des sociétés depuis la loi du 24 juillet, in Regards sur l'évolution du droit des sociétés, *op.cit.*, p.23.

[226] Remise en cause des critères distinctifs des différentes formes de sociétés, prolifération de sociétés soumises à un régime particulier.

-la contractualisation ;

-l'implication des salariés dans le fonctionnement de la société[227] ;

-le recours aux nouveaux paradigmes que sont la RSE et la *corporate governance*

Dans tous les cas, la présente étude sera l'occasion de démontrer que les droits de l'homme ne doivent pas s'arrêter aux portes de l'usine ou bureau[228]. De même, un lien a été établi entre la RSE et les droits de l'homme[229].

[227] Un salarié peut être nommé administrateur si son contrat de travail correspond à un emploi effectif. Idem pour un administrateur qui peut revêtir aux mêmes conditions la qualité de salarié. V. Article 426, 499 pour l'administrateur général, 513 pour l'administrateur général adjoint. En outre, le salarié peut se voir attribuer gratuitement des actions. V.Surtout M. Balladur qui recommande la généralisation de l'attribution gratuite d'actions, p.258 note bas de page 57.

[228] ARPAILLANGE Pierre, Discours d'ouverture, in Les droits de l'homme dans l'entreprise, Revue juridique et politique indépendance et coopération, n °3 et 4, Juillet-Octobre 1989, p.307.

[229] MATHEY Nicolas, « La responsabilité sociale des entreprises et les droits de l'homme », in Responsabilité sociale des entreprises, regards croisés Droit et gestion, Economica, 2011, sous la direction de TREBULLE François Guy, UZAN Odile, p.165

Bibliographie sélective

ASENCIO (S), Le dirigeant de société, un mandataire « spécial » d'intérêt commun, Rev. sociétés 2000. 683

AUDREN (F), HALPERIN (J.-L), La culture juridique française en question, D. 2014. 72

BEHAJA (J), « La portée juridique et l'efficacité de la *corporate governance* et des codes de gouvernement d'entreprise », Rev. sociétés 2019. 155

BARRILLON (C), Le critère de la qualité d'associé, PUAM, 2017,660 pages

(Dir) BONNEAU (TH), E. LE DOLLEY, H. LE NABASQUE, La sortie de l'investisseur, LexisNexis, 2007, 218 pages

BISSARA (PH), « L'intérêt social », Rev. sociétés 1999. 5

BORGA (N), La jurisprudence aime-t-elle le dirigeant ? In La protection du dirigeant social, Actes du colloque organisé le 12 Décembre 2014 par le Centre de recherches juridiques de Grenoble, LGDJ, 2016, p.30 et s.

BUCHBERGER (M), Le contrat d'apport, Essai sur la relation entre la société et son associé, LGDJ, 2011, 545 pages.

CAZALA (J), La protection des attentes légitimes des investisseurs dans l'arbitrage international, Revue internationale de droit économique, 2009/1, t.XXIII, 1, p.5 à 39.

CHAMPAUD (C), DANET (D), Stratégies judiciaires des entreprises, Dalloz, 2006, 212 pages

COHEN (E), La société à mission, La loi PACTE : enjeux pratiques de l'entreprise réinventée, Hermann Editeurs, 2019, 212 pages.

COLLARD (C), DELHAYE (C), LOOSDREGT (H-B), ROQUILLY (C), Risque juridique et conformité, Manager la compliance, Lamy 2011, 285

COLLARD (C), ROQUILLY (C), La performance juridique, Pour une vision stratégique du droit dans l'entreprise, L.G.D.J, 2010, 305.

CONAC (P.-H), « L'article 1833 et l'intégration de l'intérêt social et de la responsabilité sociale d'entreprise », Rev. sociétés 2019. 570

DELPECH (X), La représentation des associations, JA 2017, n°551, p.21

DU MARAIS (B), Koror à Palikir : à la recherche du paradis du droit des affaires, D. 2006. 1110

FERRIER (N), La délégation de pouvoir, technique d'organisation de l'entreprise, LITEC, 2005, 591 pages.

GAUDREAULT-DESBIENS (J.-F), La critique économiste de la tradition romano-germanique, RTD civ. 2010. 683

GOFFAUX-CALLEBAUT (G), La définition de l'intérêt social, RTD com. 2004. 35

GOSCLAUDE (L), *Droit des sociétés*, DUNOD, 2009, 329 pages.

HENRY (M), G. BOUILLET-CORDONNIER, Pactes d'actionnaires et privilèges statutaires, Les éditions EFE, 2003, 341 pages.

HIEZ (D), sociétés coopératives, Dalloz référence, 2018/2019, 496 pages.

HEINICH (J), Intérêt propre, intérêt supérieur, intérêt social, Rev. sociétés 2018. 568

-Intelligence artificielle et cybersécurité : perception juridique, Droit et Patrimoine, N° 298, 1er janvier 2020

JESTAZ (PH), Définir le droit…ou l'observer, RTD Civ, 2017, p.775

KASPARIAN (P), Le contrôle conjoint, Contribution à l'étude du pouvoir dans la société, Lextenso Editions, 2014, 437 pages.

KESSLER (G), « L'objectivation de l'*affectio societatis* », D. 2004. 1305

KILGUS (N), Le droit de l'usufruitier de participer aux décisions collectives : quelques interrogations au lendemain de la loi Soilihi du 19 juillet 2019, Recueil Dalloz 2020, p.398

LABAKI (R), Une nouvelle ère pour le capitalisme ? Droit et Patrimoine, N° 298, 1er janvier 2020

LACROIX-DE SOUSA (S), « Le rayonnement de l'*affectio societatis* », Rev. sociétés 2016. 499

LEADER (S), « Deux façons de relier l'activité économique aux droits l'homme », Revue internationale des sciences sociales, 2005/3, n°185, pp.585-595.

LECOURT (A), « L'impact de la réforme du droit des contrats sur le droit des sociétés : aspects théoriques et pratiques », RTD com. 2016. 767

LEDAN (J), L'investisseur en droit privé et droit fiscal français, PUAM, 2009, 412 pages.

MARMOZ (F), La délégation de pouvoir, LITEC, 2000, 404 pages.

MEKKI (M), « Les incidences de la réforme du droit des obligations sur le droit des sociétés : rupture ou continuité ? », Rev. sociétés 2016. 483

MEMENTO de la SAS/SASU, juridique, fiscal et social, Groupe Revue fiduciaire, 2015, 415 pages.

MOUBSIT (H), La représentation en droit des sociétés, L'harmattan, 2013,

MOUSSERON (P), *Les conventions sociétaires*, LGDJ, 2010, 472 pages.

MOUSSERON (P), CHATAIN-AUTAJON (L), Droit des sociétés, 2e édition, Joly Editions, 2013, 393 pages.

NURIT-PONTIER (L), ROUSSEAU (S), Risque d'entreprise : quelle stratégie juridique ? L.G.D.J, 2012, 384

OPPETIT (B), Ethique et vie des affaires, Mélanges A. COLOMER, Litec, 1993, pp.319-333.

Pacte d'associé ou clause statutaire : quel choix pour l'entreprise sociétaire ? Actes du colloque national DJCE, 8 et 9 février 2013 à la faculté de Droit de Bordeaux, LexisNexis, 125 pages.

(Dir), E. PEZET (E), SENECHAL (J), Normes juridiques et normes managériales, Enjeux et méthode d'une nouvelle internormativité, LGDJ, 2014, 230 pages.

PIROVANO (A), La « boussole » de la société. Intérêt commun, intérêt social, intérêt de l'entreprise ?, D. 1997. 189

POITRINAL (F.-D),

-La révolution contractuelle du droit des sociétés, dynamique et paradoxes, statuts/Pactes d'actionnaires, Revue Banque Edition, 2003, 271 pages.

-La révolution contractuelle du droit des sociétés, Acte 2, Vers l'entreprise citoyenne, Revue de la Banque, 2019, 437 pages.

ROUVIERE (F),

-Apologie de la casuistique juridique, D.2017, p.118

-Le fondement du savoir juridique, RTD Civ, 2016.279

SCHILLER (S), D. MARTIN, Guide des pactes d'actionnaires et d'associés, LexisNexis, 2019, 413 pages.

SCHLUMBERGER (E), Les contrats préparatoires à l'acquisition des droits sociaux, Hors collection Dalloz, 1e édition, 2013

SCHMIDT (D), « La loi Pacte et l'intérêt social », D. 2019. 633

SEKFALI (Z), Droit des financements structurés, Revue BANQUE Edition, 2003, 693 pages.

TAP (J.-B), MENJUCQ (M), La localisation des sociétés, PUAM, 2017, 482 pages.

VERDUN (F), Le management stratégique des risques juridiques, Lexis-Nexis, 2013, 229.

CHAPITRE 1

LA REPRÉSENTATION EN DROIT DES SOCIÉTÉS

> « *Le droit est-il et, si oui, qu'est-il* ? ».
>
> Ph. JESTAZ, *Le droit* (6e édition), Dalloz, Connaissance du droit, 2010, 154 pages
>
> « *Force est de reconnaître aujourd'hui que l'Afrique est un macrocosme de plusieurs univers qui s'entrecroisent, s'entremêlent, se chevauchent, s'interpénètrent, s'intègrent et se désintègrent (...) Chacun de ces univers a une vision particulière du monde : une façon propre de percevoir le monde* »
>
> Isaac NGUEMA, « Universalité et spécificité des droits de l'homme en Afrique », in Les droits de l'homme dans l'entreprise, Revue juridique et politique indépendance et coopération, 1989, p.341
>
> *On dit volontiers des personnes morales qu'elles ont l'aptitude à être titulaires de droits, mais qu'elles ne peuvent pas, par elles-mêmes, mettre en œuvre ces droits. En des termes plus savants, elles ont une capacité de jouissance - dans la limite de leur objet, conformément au principe de spécialité qui gouverne les personnes morales -, mais pas de capacité d'exercice. Elles ne peuvent donc accomplir une activité que par l'intermédiaire de personnes physiques qui agissent en leur nom et pour leur compte*
>
> Xavier Delpech, « La représentation des associations », Juris associations, 2017, n°551, p.21

63. La notion de représentation. Lorsque l'on s'imprègne du *Dictionnaire de la culture juridique*, on se rend compte que Lucien JAUME ne l'envisage que du côté politique à savoir la représentativité[230]. Juridiquement, la représentation renvoie au mandat[231] en droit civil[232]. En droit commercial, la représentation

---

[230] (Dir) ALLAND Denis, RIALS Stéphane, *Dictionnaire de la culture juridique*, Lamy, 2003, p.1335.

[231] Voir l'article 457 COCC

[232] V.NGWANZA Achille, « Sécurisation et représentation des diasporas : le mandat authentique », Revue de la recherche juridique, PUAM, 2013, n°1, pp.329 et s. V. DGN COM est mandataire de la STUB pour louer des bus et abris bus appartenant à cette dernière. Le mandataire a agi en justice, mais pour la Cour d'appel de

concerne moins des sujets que des « intérêts » notamment dans les sociétés[233]. Il s'agit là de ce que l'on pourrait appeler « représentation technique ». En effet, la façon dont une société peut être valablement engagée auprès d'un tiers est d'une importance pratique essentielle pour elle. Elle est intrinsèque à l'existence de la société dans la mesure où l'on n'imagine pas qu'on puisse mener une entreprise commune, comme le dit l'article 1832 du Code civil, sans que cette entreprise commune interagisse avec des tiers (clients, fournisseurs, etc.)[234]. Ce faisant, on perçoit le lien entre le droit des sociétés commerciales et le droit judiciaire privé[235]

64. D'un autre côté, on pourrait parler de représentation sociale. Elle peut être comme un savoir non savant, pratique et partagé socialement, orienté vers la gestion du rapport au monde[236]. C'est la raison pour laquelle certains auteurs tels que E. NICOLAS se représentent par exemple un monde de flux où, plus exactement, toutes les choses fluent, c'est-à-dire qu'elles existent sur le mode de l'écoulement, du transport, du passage, du mouvement continu qui caractérise la vie à l'état liquide. D'où la naissance du concept de droit fluide[237]. Si nous partons de l'idée selon laquelle la science économique intègre le flux dans son objet d'étude, quoi de plus normal que d'envisager un rapprochement entre celle-ci et le droit des sociétés ? Ce flux renvoie aux matières premières, aux capitaux, marchandises, à la trésorerie… Lorsque Sophier MONNIER précise dans ses écrits que « chaque discipline développe sa propre représentation de la culture : l'ethnologie, l'anthropologie, la philosophie, la sociologie ou encore le droit »[238], c'est dire que la

---

commerce d'Abidjan, vu qu'il n'a pas conclu le contrat, il n'a pas ce droit. V. Aussi Cour d'appel de Commerce d'Abidjan, 4e chambre, arrêt n° RG N° 254/2019 du 19 juin 2019

233 ARNAUD André-Jean, *Dictionnaire encyclopédique de théorie et de sociologie du droit*, L.G.D.J, p.525.

234 DIDIER Paul, « Les origines de la représentation légale de la société », in Mélanges M. GERMAIN, LexisNexis, LGDJ, 2015, p.273

235 V. Article 1-3 issu du Décret 2001-1151 du 31 décembre 2001

236 ARNAUD André-Jean, *Dictionnaire encyclopédique de théorie et de sociologie du droit*, LGDJ, p.526.

237 NICOLAS Emeric, PIMONT Sébastien, « Penser les flux normatifs - Essai sur le droit fluide », RTD civ. 2019. 679

238 S. MONNIER, « Vers une marchandisation de la culture ? », Revue de la recherche juridique, 2015-1, PUAM, p.187.

représentation peut être vue comme une sorte de perception, d'image que l'on se fait d'une situation, d'un concept, etc.

SECTION 1 LA REPRÉSENTATION NON TECHNIQUE

Les juristes d'affaires ainsi que ceux éloignés de cette discipline ont leur propre représentation de la société commerciale. Il s'agira pour nous d'exposer les différentes opinions de ces derniers (Paragraphe 1). Remarquons que la plupart des valeurs mises en évidence dans leurs écrits, ont fait l'objet d'une consécration légale (Paragraphe 2).

Paragraphe 1 Exposé des modes de pensée des juristes

65. Il ne faudrait pas s'attendre à un exposé exhaustif dans la mesure où certains débats passionnés ne seront pas repris. C'est l'exemple de la nature de la société[239] et de l'intérêt social. Concernant ce dernier débat, remarquons que pour certains, l'intérêt social est celui des seuls associés (les associés s'enrichissent grâce aux dividendes qu'ils perçoivent), celui de l'entreprise (dans cette occurrence, tous les intérêts catégoriels sont pris en compte : ceux des salariés, de la collectivité publique, des clients, fournisseurs) ou de la société[240]. Les écrits de Lienard pour qui l'intérêt social est distinct de l'intérêt commun lorsqu'il écrit « *quelque définition qu'on en retienne, l'intérêt commun s'entend plus restrictivement que l'intérêt social, même si celui-ci, qui pourrait se ramener à l'intérêt de la personne morale, intègre forcément celui-là* »[241], de Didier Poracchia,

---

[239] Il faut noter que l'étude du contrat de société conduira à développer deux idées majeures que sont ses éléments constitutifs et sa nature juridique. En effet, les éléments constitutifs du contrat de société sont les apports, la participation aux résultats et l'*affectio societatis*. De même, il existe différentes conceptions de la société : la société-contrat (les auteurs, la conception selon laquelle, la société est issue d'une rencontre de volontés), nature institutionnelle (doyen Hauriou), la société, technique d'organisation (la doctrine de l'entreprise. Selon cette doctrine, la société est une structure d'accueil. La diversité des structures d'accueil sont les SARL, SA, etc.), conception mixte ou renouveau contractuel (les statuts sont complétés par les pactes d'actionnaires, la SAS, la diversification des valeurs mobilières, action de préférence sans droit de vote, la gouvernance d'entreprise ou la société, nœuds de contrats. Ce faisant, le dirigeant est un mandataire des associés)

[240] Fiches d'orientation, Intérêt social, août 2019. Il résulte de cette fiche que la sanction de l'abus de majorité ou de minorité résulte d'une conception minimaliste de l'intérêt social à savoir l'intérêt de la personne morale.

[241] LIENHARD Alain, « La Cour de cassation réaffirme la validité des réductions de capital à zéro », D. 2002. 2190

Didier Martin[242], Julia Heinich[243], d'Antoine Pirovano[244] et de Géraldine Goffaux-Callebaut[245] pourraient être d'un apport considérable.

66. Par contre, Philippe Bissara considère que l'intérêt social s'assimile à l'intérêt commun des associés. En outre, il demeure distinction de l'intérêt de l'entreprise en tant que structure et de l'intérêt du marché (réglementation des OPA, franchissements de seuil)[246]. S'inscrivant dans la même logique, Dominique Schmidt adepte de la théorie contractualiste[247], prétend qu'il vaut mieux parler d'intérêt commun des associés. A cette théorie s'oppose celle de l'entreprise. Il s'agit d'un courant de pensée né dans les années soixante en France. Cette théorie s'est inspirée des travaux de G. RIPERT[248] et de DESPAX[249]. Ses deux figures de proue sont C. CHAMPAUD (le pouvoir de concentration de la société anonyme) et J. PAILLUSSEAU (la société, technique juridique d'organisation de l'entreprise). Cette théorie attache beaucoup d'importance à la notion d'intérêt social. Elle entend laisser de côté le débat selon lequel la société serait un contrat ou une institution[250] même si pour certains, elle serait proche de la thèse institutionnelle. Il existerait plusieurs

---

[242] PORACCHIA Didier, MARTIN Didier, « Regard sur l'intérêt social », Rev.sociétés, 2012, p.475. Ces auteurs ne sont pas contre l'évaluation de l'action du dirigeant sur le plan économique, social et environnemental (V. n°6 de l'article).

[243] HEINICH Julia, « Intérêt propre, intérêt supérieur, intérêt social », Rev. Sociétés, 2018, p.568. Pour cet auteur, trois dispositions concernent l'intérêt de la société : les articles 1833 du Code civil, L225-35 et L225-64 du code de commerce. Pour information, l'article L225-35 précité a pour pendant l'article 435 de l'AUSCGIE.

[244] PIROVANO Antoine, « La boussole » de la société. Intérêt commun, intérêt social, intérêt de l'entreprise ?, D. 1997, p.189.

[245] GOFFAUX-CALLEBAUT Géraldine, « La définition de l'intérêt social », RTDcom 2004, p.35.

[246] A. PIROVANO a écrit que le marché est devenu le lieu mythique qui gouverne l'action politique et judiciaire des États de la planète. PIROVANO Antoine, « L'expansion de l'ordre concurrentiel dans les pays de l'Union Européenne », in L'Algérie en mutation : les instruments juridiques de passage à l'économie de marché, Dir. R. Charvin et A. GUESMI, Paris, L'harmattan, 2001, p.129.

[247] V. DIDIER Paul, « La théorie contractualiste de la société », Rev.sociétés, 2000, p.95.

[248] Aspects juridiques du capitalisme moderne, LGDJ, 2e édition, 1951, spéc. n°119 et s.

[249] *L'entreprise et le droit*, L.G.D.J, 1957.

[250] V.F. BONDIL, « Permanence et évolution du concept de société : du contrat à l'institution ? », in L'entreprise face au bicentenaire du code civil, L'harmattan 2005, p.87, n°1.

théories de l'entreprise : celle des *stakeholders* ou valeur partagée ou *share value*[251] et la théorie de l'agence ou valeur actionnariale très combattue par Christophe Radé[252]. En France, c'est au début du 20e siècle que l'on a pris conscience de la notion d'entreprise[253].

67. Techniquement, en France, l'intérêt social a été consacré. Ainsi, l'article 1833 du Code civil en vertu duquel « *toute société doit avoir un objet licite et être constituée dans l'intérêt commun des associés* » a été modifié et un second alinéa ayant le contenu suivant « la société est gérée dans son intérêt social, en considérant les enjeux sociaux et environnementaux de son activité » a été ajouté[254]. En droit OHADA, les applications de l'intérêt social sont la sanction des différents abus (majorité, minorité, de biens sociaux). On aura remarqué que l'expression « intérêt de la société » résulte des articles 130, 131, 277,328, 432, 891, 904 AUSCGIE. Mais l'intérêt social est visé à l'article 131. Il en est de même de l'intérêt commun[255]

68. Ces développements intéressants ne doivent pas nous éloigner des différentes pensées des juristes sur le droit des sociétés. Les profanes se font de la société ou du droit des sociétés leur propre vision[256]. Comme le dit JODELET, nous avons toujours besoin de savoir à quoi nous en tenir avec le monde qui nous entoure. Il faut bien s'y ajuster, s'y conduire, le maîtriser physiquement ou intellectuellement, identifier et résoudre les problèmes qu'il pose. C'est pourquoi nous fabriquons des représentations...Ce monde, nous le partageons avec d'autres, nous nous appuyons sur eux-parfois dans la convergence, parfois dans le conflit-, pour le comprendre, le gérer ou l'affronter. C'est pourquoi ces représentations sont sociales et si importantes dans la vie courante[257] Dans ce dernier cas, on parle de représentation sociale. Celle-ci est définie comme un savoir non

---

[251] MAGNIER Véronique, « Développement durable et gouvernance des sociétés », in Développement durable et entreprise, Dalloz, 2013, p.100

[252] ROBE Jean-Philippe, « Pour en finir avec Milton Friedman. Misère de la théorie de l'agence », In La crise de l'entreprise et de sa représentation, Dalloz, 2012, p.12

[253] LAY-DUFANT Mathias, « L'entreprise dans les réformes du droit civil », in, Réforme du droit civil et vie des affaires, collection « Thèmes et commentaires », p.21.

[254] L'article L225-35 du code de commerce a également été modifié.

[255] Article 741 AUSCGIE

[256] Avec un brin de plaisanterie, nous pouvons citer l'exemple de ceux qui pensent que la société anonyme est celle dont les associés ne sont pas connus.

[257] ARNAUD André-Jean, *Dictionnaire encyclopédique de théorie et de sociologie du droit*, *op.cit.*, p.527

savant, pratique et partagé socialement, orienté vers la gestion du rapport au monde[258]. Elle renvoie à l'image, à une idée que l'on se fait d'un concept, d'une personne, etc[259], une vision du monde[260].

Ainsi, la société peut être perçue comme une entité qui raisonne toujours en termes d'optimalité pour reprendre les termes de Denis Kessier[261]. Qui ne se souvient de l'espoir déçu de l'ATS ? De la faiblesse des principes directeurs à l'intention des multinationales[262].

69. L'expression « mode de réflexion et de pensée des juristes » est empruntée à Jean Paillusseau. Il s'agit en l'espèce de savoir ce que les juristes pensent de la société en tant que personne morale ou du droit des sociétés. Nous pensons à ce qu'il est convenu d'appeler la communauté épistémique à savoir le législateur, le juge et la doctrine. Notre propos portera plus sur la doctrine.

70. Relevons que la vertu essentielle de la codification est dans la capacité qu'elle a démontrée de rénover le droit d'une société en y exprimant les valeurs de son temps[263]. En effet, le droit, via le législateur, apparaît comme la mise en œuvre d'un projet politique ; il exprime une conception de la vie sociale[264]. Le droit est la semence des mœurs[265]. On aura donc remarqué que le droit des sociétés OHADA doit faire face aux défis de la mondialisation. Il s'agit là de la reprise de l'intitulé de l'article de P. BEZARD[266]. Selon M. BEZARD, le terme « mondialisation » fait en permanence « la Une » de tous les médias et apparaît dans les titres de nombreux

---

[258] ARNAUD André-Jean, *Dictionnaire encyclopédique de théorie et de sociologie du droit*, p.526.

[259] V. (Dir), LYON-CAEN Antoine, URBAN Quentin, *La crise de l'entreprise et de sa représentation*, Dalloz, 2012, 137 pages.

[260] SALLES Maryse, Présentation, in Dossier « Représentations, modèles et normes pour l'entreprise, Droit et société, n° 65/2007

[261] KESSLER Denis, « Raisonner en termes d'optimalité », LPA 10 janvier 1996, n°5, p.26.

[262] RODRIGUEZ-GARAVITO César, « Business and human rights. Beyond the end of the beginning », RCDIP, 2019, p.291

[263] CORNU Gérard, « Codification contemporaine : valeurs et usage », in L'art du droit en quête de sagesse, p. 361.

[264] AUBERT Jean-Luc, SAVAUX Eric, Introduction au droit et thèmes fondamentaux du droit civil, 12e édtion, Sirey, collection « U », 2008, pp.36-37.

[265] LEQUETTE Yves « Le droit est la semence des mœurs », in Le discours et le code, Litec 2004, pp.391 et s.

[266] BEZARD Pierre, « Le droit des sociétés français face aux défis de la mondialisation » Rev. sociétés 2000. 55

ouvrages. Il recouvre une réalité très forte : celle de l'économie de marché qui se traduit par un mouvement irrésistible des capitaux, des idées, des hommes, par-delà les frontières naturelles et juridiques, facilité par l'apparition de moyens d'information et de communication révolutionnaires. Les résultats brillants obtenus par les États-Unis, qui sont les promoteurs de cette démarche et apportent une contribution essentielle à son développement, conduisent nombre d'analystes économiques et politiques à considérer que cette voie est la seule susceptible de créer la richesse, d'établir le plein emploi et d'apporter le bonheur aux peuples[267]. Les caractéristiques de la mondialisation sont la concurrence normative[268], multiplication des lieux de production normative

A. Les options fondamentales d'un nouveau droit des sociétés sont culturelles, économiques et sociétales[269].

71. Ce propos du professeur J. Paillusseau emporte notre adhésion si nous partons de l'idée selon laquelle il existe une culture juridique francophone[270]. Pour la doctrine, la culture juridique est un ensemble de présupposés qui orientent le raisonnement, les valeurs et les perceptions d'un groupe social avec des symboles et des non-dits sous-jacents de la vie juridique (le Code civil, *l'habeas corpus*)[271]. C'est un ensemble de pratiques et de déterminants sociaux, religieux, historiques et linguistiques qui contribuent à l'émergence d'un

---

267 BEZARD Pierre, *Ibid*

268 SEFTON-GREEN (R), USUNIER (L), BERGE Jean-Sylvestre, *La concurrence normative. Mythes et réalités*, RTD eur. 2014, p.II. Selon ces auteurs, il existe des domaines traditionnels de concurrence normative (mobilité des sociétés, concurrence fiscale et sociale, arbitrage international) et de nouveaux territoires (contrat et principe d'autonomie en droit international privé, droit commun de la vente, utilisation thérapeutique d'éléments et de produits du corps humain)

269 PAILLUSSEAU Jean, « L'Efficacité des entreprises et la légitimité du pouvoir », LPA 19 juin 1996, n°74, page 17, n°60.

270 Michèle GRENDREAU-MASSALOUX parle de « co-dépendance entre les ordres juridiques étatiques et les ordres sociaux. Selon elle, l'adjectif « francophone » pose la question de la langue française comme vecteur d'approche juridique propre V. GRENDREAU-MASSALOUX Michèle, in Existe-t-il une culture juridique francophone ?, Conférence internationale des Facultés de droit ayant en commun l'usage du français, Presses de l'Université Toulouse 1, sciences sociales, 2007, p.14.

271 De GAUDUSSON Jean du Bois, Propos introductifs, in Existe-t-il une culture juridique francophone ?, Presses Universitaires de Toulouse 1, sciences sociales, 2007, p.28.

système juridique[272]. On sent à travers cette dernière définition, une sorte d'identité ou d'assimilation entre la culture juridique et le système juridique, la tradition ou famille juridique[273]. Pour discuter du propos de Jean-Paillusseau, il faudrait considérer les objectifs de la mise en place du droit des sociétés. Dans un article intitulé « *L'Acte uniforme sur le droit des sociétés* »[274], le professeur J. PAILLUSSEAU les a mis en évidence. Ils consistent en la simplification, adaptation et sécurisation du droit des sociétés. Le droit des sociétés est simplifié parce que relativement unifié[275]. Ce droit vise la protection de plusieurs intérêts catégoriels que sont ceux des tiers, associés, etc. En effet, la protection des tiers s'articule autour de l'attribution de la personnalité juridique à la société, de l'aménagement du régime de la nullité, des pouvoirs des dirigeants (inopposabilité des clauses statutaires,)[276]. Quant aux droits des associés sont préservés à travers l'alerte, l'expertise de gestion, l'approbation des comptes annuels.

72. Le droit OHADA lutte contre la pauvreté et les pères fondateurs ont affirmé dans le préambule du Traité que ce droit doit s'adapter à la situation de leurs économies[277]. Cette adaptation peut passer par l'attirance vers le secteur formel des personnes qui évoluent dans celui informel traditionnellement présenté comme vecteur d'évasion fiscale, représentant 50 à 60 % de l'activité économique de l'Afrique (part du PIB), 50 à 80 % de la main-d'œuvre employée et foulant au pied les règles gouvernant l'entreprise (enregistrement, sécurité)[278]. En regroupant sous une réglementation unique et simplifiée les petits commerçants, les artisans, les agriculteurs, les détaillants et les prestataires de services divers qui évoluent essentiellement en marge

---

272 GENDREAU-MASSALOUX Michèle, Discours d'ouverture, *Cultures juridiques*, Dossier, Revue ASPECTS, 2008, n°1, p.4.

273 DE GAUDUSSON Jean du Bois, *op.cit.*, pp.27-28.

274 PAILLUSSEAU Jean, « L'Acte uniforme sur le droit des sociétés », LPA, 13 octobre 2004, n°205, p.19.

275 Nous pensons non seulement aux lois nationales non contraires, mais également au droit pénal des sociétés commerciales.

276 BOULOC Bernard, « L'objectif de sécurité dans la loi du 24 juillet 1966 », Rev. sociétés 1996. 437

277 GATSI Jean, « Droit OHADA et la lutte contre la pauvreté en Afrique », Janus, Revue camerounaise de droit et de science politique, 5e année, n° 3, mars 2011, pp.61 et s.

278 MORTIER Stéphane, *Au cœur de l'unité africaine en 40 pages, harmonisation du droit des affaires et intelligence économique*, Uppr, 2017, p.51

du circuit officiel, l'OHADA s'attaque à un mal fondamental dont souffrent les économies africaines[279]. L'institution de ce statut est une preuve de la prise en compte de l'entreprenariat par le droit[280].

73. On pourrait, au-delà, se poser la question suivante : qui a rédigé l'AUSCGIE de 1997 ? Selon quel modèle ?

Pour répondre à la première interrogation, relevons que ce sont les cabinets FIDAFRICA-PRICEWATERHOUSE et ERSNST AND YOUNG. Cette implication est une manifestation du rôle de la pratique comme source du droit[281] et donne certainement raison à Pierre Bourel selon qui le droit OHADA est un droit imposé (venu d'en haut), importé (venu d'ailleurs), mythique (déconnecté du milieu socio-professionnel pour lequel il a été prévu)[282]. L'auteur en question écrit que le législateur est un homme pressé vu qu'il a légiféré sous la contrainte des bailleurs de fonds et le peuple n'a guère participé à l'élaboration des textes. D'autres critiques sont formulées telles que le fait que les commissions de l'OHADA, si tant est qu'elles existent, ne travaillent pas en réseau, la perte de souveraineté en raison de l'exclusion du pouvoir législatif dans l'édiction des normes. On pourrait légitimement se demander si l'auteur est certain que les députés feraient le job surtout lorsqu'on entend parler de majorité mécanique et ce, même en France[283]. Dans tous les cas, les travaux d'Etienne Le ROY pourraient servir d'appoint aux propos de Pierre Bourel[284].

---

[279] MORTIER Stéphane, *Ibid*

[280] BEYNEIX Isabelle, HEBERT Sylvie, « La prise en compte de l'entrepreneuriat par le droit », RTDcom 2012, p.671. Pour ces auteurs, lorsque l'on parle d'entreprenariat, on fait allusion à la PME.

[281] V. Le rôle créateur de la pratique dans la formation des juristes, GAZ.Pal, 18 Avril 2013, n°108. Dans ce dossier, les auteurs ont mis en évidence la complémentarité entre la théorie et la pratique

[282] BOUREL Pierre, « A propos de l'OHADA : libres opinions sur l'harmonisation du droit des affaires en Afrique », D.2007, p.969

[283] VIOLA André, « Vers des députés plus représentatifs, responsables, efficaces et probes ? », Revue de Recherche juridique, Droit prospectif, PUAM, 2018-2, p.709

[284] Selon Etienne Le Roy, ce qui est tenu pour le « Droit » en Europe est ignoré au Sud sans que l'hypothèse du non-droit soit recevable. LE ROY Etienne, *La face cachée du complexe normatif en Afrique Noire francophone, Normes, normes juridiques, normes pénales*, L'harmattan, 2000 ; Le droit africain a été défini comme l'ensemble de modèles de conduites et de comportements sanctionnés principalement par la pression sociale. Les auteurs contre l'existence d'un droit qui serait typiquement africain sont les adeptes du droit transnational. V. SAUVE Jean-

74. Le modèle en droit renvoie à une œuvre législative dont la valeur exemplaire fait une source d'inspiration en législation comparée[285]. Par modèle, on entend une représentation schématique d'un processus, d'une démarche raisonnée. Le modèle sert de référence afin de déterminer comment les choses doivent être[286]. Le modèle est ce que l'on imite ou qui mérite d'être imité[287].

L'AUSCGIE s'est largement inspiré du modèle français et plus particulièrement de la loi du 24 juillet 1966 dont on a décrié la rigueur en ce qu'elle comportait maintes dispositions d'ordre public[288]. Le second modèle est le Code des activités économiques de la Guinée. Les manifestations de l'influence de cet instrument juridique sont : la possibilité de créer une société unipersonnelle, le choix du mode de gouvernance ou d'administration de la SA, la dissociation au sein de celle-ci des fonctions de président du conseil d'administration et de directeur général. On pourrait d'ailleurs se demander si le législateur guinéen n'a pas inspiré sur ce plan son homologue français (Loi sur les nouvelles régulations économiques)[289].

75. Qui sont les véritables bénéficiaires du droit des sociétés ? Pour PAILLUSSEAU, ce sont les entrepreneurs africains qui vont bénéficier de ces règles, au-delà des groupes de sociétés. La raison tient au fait que ces deux catégories d'acteurs utiliseront la forme unipersonnelle, les premiers pour leur propre compte, les second pour celui de leurs filiales.

Marc, « Les acteurs français dans la mondialisation du droit », Paris, 2011, conseil-état.fr

[285] CORNU Gérard, *Vocabulaire juridique*, PUF, 6e édition, 2004, p.585 ; JEAMMAUD Antoine, « La règle de droit comme modèle », Recueil Dalloz, 1990, chroniques, p.199-200.

[286] MOMO Claude, A la recherche d'un modèle de justice administrative en Afrique subsaharienne francophone, Revue de recherche juridique, PUAM, 2013, n°1, p.448

[287] DUPUY Jean-Pierre, Aux origines des sciences cognitives, La Découverte, collection Poche, 1999, p.18.

[288] Il lui a également été reproché la codification de textes dispersés sans véritable cohérence d'ensemble. V. GODON Laurent « L'éclatement des formes sociales », Rev. sociétés 2017. 267

[289] V.PAILLUSSEAU Jean, *op.cit.*, n°4. L'auteur écrit que la simplicité du droit guinéen a rendu non nécessaire l'adoption de la SAS. Il nous faudrait néanmoins relativiser la teneur de cette opinion en raison de la permanence des éléments caractéristiques du droit guinéen des sociétés sans pour autant néanmoins que la réforme de 2014 ait passé sous silence la SAS.

76. Le changement de paradigme est intervenu en 2014 avec la réforme de l'AUSCGIE. Ce texte pourrait être qualifié de loi des investisseurs institutionnels, du capital investissement[290] . Il ne fait l'ombre d'aucun doute que le droit des sociétés a évolué. Celle-ci se manifeste à travers la diversification des structures, libéralisation (capital social minimum, recul de l'ordre public), sécurité (CAC, transparence par la multiplication des rapports. Certains auteurs ajoutent à cette liste le gouvernement d'entreprise, la dépénalisation, la réduction du formalisme de création d'entreprise ainsi que des déclarations sociales et fiscales[291]. A. SUPIOT écrivait que la loi se fait règle à validité limitée, ou bien elle s'efface devant les marchés et les conventions[292].

77. En effet, dans l'espace OHADA, la réforme de 2014 a entendu instituer un droit plus simple, plus sûr et mieux adapté aux réalités économiques et au contexte international[293]. Il faut dire qu'en 2014, parmi les objectifs du législateur de l'OHADA, on peut citer les velléités de promotion de l'esprit d'initiative. Ce faisant, il fallait abandonner dans certaines formes de sociétés telles que la SARL et la SAS, l'exigence d'un capital social minimum. Cet abandon constitue une remise en cause des fonctions traditionnelles du capital social que sont le financement de l'exploitation et la protection des créanciers[294]. On pourrait également ajouter une autre fonction du capital à savoir un instrument de mesure du pouvoir au sein de la société. Les autres mécanismes de promotion sont : l'autorisation des apports en industrie sauf dans la SA, l'atténuation de la distinction entre les différentes formes de sociétés.

78. La diversification des techniques de financement constitue également une manifestation du changement de paradigme. Celle-ci s'apprécie par l'émission de valeurs mobilières composées, d'actions de préférence (l'émission de ces actions constitue une remise en cause du principe de proportionnalité et subséquemment d'égalité visé à l'article 754 AUSCGIE)

---

290 V.COURET Alain, « L'état du droit des sociétés, 50 ans après la loi du 24 juillet 1966 », BJS Juillet 2016, n°7-8, p.433.

291 GROSCLAUDE Laurent, *Droit des sociétés*, DUNOD, 2009, p.5.

292 SUPIOT Alain, *Homo juridicus*, Edition du Seuil, 2005, p.172.

293 BLACK Lionel Yondo, Droit des sociétés commerciales OHADA rénové : un atout pour les investissements en Afrique, Droit et Patrimoine, N° 239, 1er septembre 2014.

294 GODON Laurent, « L'éclatement des formes sociales », Rev. sociétés 2017. 267.

B-La SA, fonctionnement démocratique ou technocratique ?

79. Il est habituel, depuis plus d'un demi-siècle, de critiquer le caractère prétendument démocratique des sociétés anonymes, qui ne serait en réalité, qu'une apparence, une illusion, voire une tromperie[295]. Le professeur Y. GUYON cite des auteurs tels que J. PAILLUSSEAU, Philippe Merle et G. Ripert pour qui la société aurait plutôt un fonctionnement technocratique que démocratique en raison du fait que les dirigeants sont les véritables détenteurs du pouvoir au détriment des associés, réunis en assemblée. Avec la gouvernance d'entreprise, ce débat connaît un renouveau[296]. Relevons que l'étude d'Yves Guyon a pour finalité, entre autres, de prendre le contre-pied des auteurs précités en ce sens que pour lui, la société anonyme est bel et bien démocratique et ce, partant de la définition de la démocratie à savoir le gouvernement du peuple par le peuple et pour le peuple. Le peuple en question renvoie aux organes délibérant à savoir les différentes assemblées générales. Le concept de démocratie actionnariale, substitut au principe de souveraineté des actionnaires est en vogue[297]. Il en est de même de celui de démocratie actionnariale numérique[298]. S'il est vrai que les associés sont impliqués dans la désignation des dirigeants, reçoivent des comptes-rendus des travaux du conseil d'administration[299], leur relative exclusion quant à cette prérogative dans certaines sociétés telles que les SA notamment avec conseil d'administration fait douter de la légitimité démocratique[300] des organes ainsi choisis que peuvent être le PDG, le DGA, PCA et DG.

---

[295] GUYON Yves , « La société anonyme, une démocratie parfaite ! », in Mélanges C. GAVALDA, p.133

[296] GUYON Yves, *Ibid*

[297] CARREAU Dominique, LETREGUILLY Hervé, *Offres publiques : OPA, OPE, OPR, Répertoire de droit commercial,* juin 2012, Actualisation 2019, n°395

[298] CONAC Pierre-Henri, « Pour une véritable démocratie actionnariale numérique », Rev.sociétés 2017.457

[299] Article 546 AUSCGIE

[300] ROBE Jean-Philippe, *Le temps du monde de l'entreprise*, op.cit., p.106

C. La gouvernance d'entreprise est un syncrétisme. Le fonds culturel est anglais et américain[301]

80. Le gouvernement d'entreprise c'est la façon dont une société est dirigée[302]. Il se manifeste entre autres par les rapports fournis par le PCA, le droit à l'information des administrateurs, la transparence des rémunérations. En effet, alors que le schéma classique voudrait que ce soit les actionnaires qui choisissent les administrateurs et ceux-ci les dirigeants, les choses ont évolué dans la mesure où les dirigeants choisissent les nouveaux actionnaires qui sont susceptibles de les soutenir et fidélisent d'autres. Ils font également coopter des administrateurs au conseil d'administration. C'est le « road shows »[303]. Nous examinerons les origines, objectifs et sources de la gouvernance d'entreprise.

81. Ce sont des économistes tels que Berle et Means qui ont fait le constat selon lequel les actionnaires, propriétaires de la société, ne sont pas ceux qui en réalité contrôlent celle-ci, mais plutôt les *managers*. Ainsi, en 1932, ils ont publié un ouvrage intitulé « *The modern corporation and private property* »[304]

L'approche originelle de la *corporate governance* entendait donc asseoir un régime de pouvoir sociétaire qui puisse contrecarrer l'impérialisme managérial de la fin des années 1970 aux États-Unis. Elle signifiait un retour en force de l'actionnaire, avec comme idée

---

301 COURET Alain, In 39e Colloque de Droit et Commerce sur « La gouvernance et le droit des affaires », Gaz. Pal 28 août 2014, n°240. Sur l'origine du gouvernement d'entreprise, V. B. DONDERO (cependant, pour ce dernier, la gouvernance d'entreprise concerne l'entreprise dans son for intérieur et non dans ses rapports avec ses partenaires) ; J. SIMON, « La gouvernance dans les systèmes de common law » dans le même dossier n°39. V. Contra sur le point de vue de B. DONDERO, C. DAVID, droit des sociétés au service de la gouvernance d'entreprise : perspectives européennes et comparée Le droit des sociétés au service de la gouvernance d'entreprise : perspectives européennes et comparée (colloque organisé par le DESS de droit des affaires et fiscalité de l'Université Paris I, avec le concours de l'ACE-JA) – Introduction, GAZ. Pal, 29 novembre 2003, n°333, p.7.

302 BISSARA Philippe, « Les véritables enjeux du débat sur la corporate governance », Rev.sociétés, 1998, p.5 ;

303 SCHMIDT Dominique, Actualité du droit des sociétés : synthèse 2007-2008, Dalloz actualité 28 avril 2008.

304 BERLE Adolph, MEANS Gardiners, *The modern corporation and private property*, 1932, Transaction Publishers, Piscataway, 2005, p. 7.

directrice la *shareholder primacy* ou primauté actionnariale[305]. Cette approche s'appuie sur la théorie de l'agence qui sous-tend que la *corporate governance* renvoie à l'idée selon laquelle les dirigeants sont les mandataires des actionnaires[306]. Avec les scandales financiers Maxwell[307], Polly Peck[308] et ENRON, l'éclatement de l'actionnariat par le passage de l'actionnariat individuel à l'actionnariat collectif, l'étude portant sur la gouvernance d'entreprise a connu un regain d'intérêt. Les scandales financiers tels que l'affaire ENRON, Wordlcom, ont eu pour conséquence la perte de confiance dans les marchés financiers. Pour y remédier, le congrès des États-Unis a promulgué la loi Sarbannes-Oxley en 2002. Cette loi a inspiré la loi française n°2003-706 de sécurité financière du 1er août 2003[309]. Elle comprend trois volets :

-modernisation des autorités de contrôle (surtout la création d'une autorité des marchés financiers) ;

-renforcement de la protection des épargnants et des assurés ;

-rénovation du contrôle des comptes et du gouvernement d'entreprise.

---

305 BEHAJA Jerry, « La portée juridique et l'efficacité de la corporate governance, Revue des sociétés 2019 p.155

306 COURET Alain, « Les commandements de la gouvernance », op.cit., p.157. V. opinion contraire de la théorie de l'agence SEGRESTIN Blanche, HATCHUEL Armand, *Refonder l'entreprise*, Paris, Éditions du Seuil, 2012, pp.64 et s.Il y a deux approches du gouvernement d'entreprise : une approche qui fait de l'entreprise un outil de maximisation des profits pour les actionnaires (théorie néoclassique ou valeur actionnariale) et une approche qui recherche l'efficacité maximale du pouvoir. C'est cette position qui est adoptée par l'OCDE. V. CONAC Pierre-Henri, « Principes de gouvernance d'entreprise du G20 et de l'OCDE », Rev. sociétés 2015. 612. Si pour ces auteurs les principes de l'OCDE ne sont pas dénués d'une dimension contraignante, tel n'est pas le cas d'A. COURET selon qui : « les principes OCDE ne se veulent pas contraignants et ne contiennent pas de véritables commandements » ; COURET Alain, « Les commandements de la gouvernance », in Regards sur l'évolution du droit des sociétés depuis la loi du 24 juillet 1966. Ce qui demeure certain c'est le danger que représente la valeur actionnariale (p.291).

307 Le groupe Maxwell, par le biais de Maxwell communications fait des acquisitions de plusieurs sociétés tout en se finançant sur les fonds de pension de cette dernière société. Les dettes du groupe étant colossales, il a été mis en faillite.

308 La société a fait comprendre au marché qu'elle avait une bonne santé financière alors que tel n'est pas le cas, son passif s'élevant à 500 millions de livres sterling.

309 V. CONAC Pierre-Henri, « L'influence de la loi *Sarbanes-Oxley* en France », Rev. sociétés 2003. 835

Avant le vote de cette loi, le Ministre de l'Économie français d'alors, Francis Mer a déclaré : « l'éthique ne se décrète pas (...), mais il est de notre responsabilité de mettre en place les règles qui permettent d'atténuer la violence des chocs »[310]. D. PORACCHIA et T.GRANIER avaient pourtant écrit ceci : « une société ne viole pas le droit des affaires, lorsque pour réaliser sa cause juridiquement consacrée, la réalisation de bénéfices, elle pollue, délocalise son activité, ferme des établissements dans le respect des lois et règlements pour créer de la valeur dans l'entreprise »[311]. Ces auteurs s'inscrivent dans la même logique Georges Ripert et Pikens qui ont respectivement écrit que les activistes préfèrent le despote éclairé qui les enrichira par une habile gestion[312] et on a trop tendance à oublier que ce sont les actionnaires qui sont propriétaires des entreprises ; et les dirigeants de simples employés ; le premier devoir des dirigeants est de maximiser la valeur des actions des sociétés qu'ils dirigent[313]. On pourrait se demander d'ailleurs si la *corporate governance*, est perçue comme une menace pour le pouvoir des dirigeants. Poser une telle question n'est pas dénué d'intérêts vu que les concepts et pratiques promus par ce courant ont le mérite de délimiter les responsabilités respectives des dirigeants de sociétés cotées et des gestionnaires d'actifs pour compte de tiers ainsi que de contribuer à l'amélioration du fonctionnement du marché boursier, même si leur impact sur la qualité de la gestion des entreprises est difficile à mettre en évidence[314]. En effet, la philosophie qui sous-tend la gouvernance d'entreprise c'est que l'entreprise est la propriété des actionnaires, les dirigeants les mandataires de ceux-ci. Afin de maximiser la valeur actionnariale, des stock-options. On parle aussi de l'analyse économique du droit ou la théorie du « nœud de contrats ». Selon cette théorie, l'entreprise est un réseau de contrats, le plus souvent des contrats de représentations. C'est pourquoi il faut recourir à la théorie de l'agence[315]. Elle est néanmoins contestée en tout point par des

---

[310] Communication de Francis Mer, Conseil des Ministres, 5 février 2003.

[311] PORACCHIA Didier et GRANIER Thierry, « Des relations entre éthique et droit financier », in Mélanges PH. MERLE, Dalloz, 2013, p.335.

[312] RIPERT Georges, *Aspects juridiques du capitalisme moderne*, LGDJ, 1946, p.105

[313] T. Boone Pikens, Interview dans l'Expansion des 15 avril et 5 mai 1988, p. 206 et s.

[314] BISSARA Philippe, « Les véritables enjeux du débat sur « le gouvernement de l'entreprise », Rev. sociétés 1998. 5

[315] BUCBERGER Matthieu, *op.cit.*, p.189

auteurs tels que J.-PH. ROBE pour qui les actionnaires ne sont pas propriété de l'entreprise et les dirigeants encore moins leur mandataire[316]. De plus, le point de vue de Georges Ripert n'est plus d'actualité en Europe depuis la Directive adoptée le 17 mai 2017. Elle vise à lutter contre le court-termisme des actionnaires ainsi que la prise de risque excessive[317]. Enfin, c'est certainement ignorer l'article de J. MESTRE[318], ainsi que la montée en puissance du concept de RSE[319].

82. Toujours en France, la *corporate governance* s'est implantée à la faveur des facteurs suivants :

-3/4 des chiffres d'affaires des sociétés du CAC 40 sont réalisés à l'étranger ;

-50 % du capital de ces sociétés sont détenus par des investisseurs étrangers notamment les fonds de pension britanniques et américains[320].

83. Quels sont les objectifs de la corporate governance ?. Selon A. COURET, les objectifs de la gouvernance d'entreprise sont la rationalisation de l'exercice du pouvoir et l'éradication des conflits d'intérêts[321].

84. Quelles sont ces sources ? Les sources de la *corporate governance* sont nombreuses. Il y en qui sont inspiratrices (les Principes de l'OCDE et du G20, Principes de gouvernance d'entreprise à l'intention des Banques du Comité de Bâle, les 12 commandements de la bonne gouvernance, là où d'autres n'en voient que dix[322], de l'IFAC, la recommandation de de la commission européenne du 9 avril 2014 sur la qualité de l'information concernant

[316] Pour en finir avec Milton Friedman, in La crise de l'entreprise et de sa représentation, p.11-32.

[317] V. COUPET Caroline, « Révision de la directive Droit des actionnaires », BJB, juillet 2017, n°4, p.276

[318] MESTRE Jacques, « Ethique et droit des sociétés », in Mélanges A. HONORAT, Edition Frison-Roche, 2000, p.291.

[319] V. Également sur la durabilité des investissements, HERBEL Peter, « La responsabilité sociétale de l'entreprise en tant que vecteur pour faire avancer les droits de l'homme par l'entreprise », D., 2013, p.1570.

[320] Selon CAUSSAIN Jean Jacques, « Gouvernement d'entreprise, le pouvoir rendu aux actionnaires ? » LPA 27 juin 2006, n°127 - page 3

[321] COURET Alain, « Les commandements de la gouvernance », *op. cit..* , p.149.

[322] PASTRE Olivier, « Gouvernement d'entreprise : les dix commandements », Épargne et Finance avr./mai/juin 1996, n°2.

la gouvernance d'entreprise), légales et issues des codifications privées.

Parmi les sources légales, une distinction sera opérée selon que nous sommes en dehors de l'Afrique ou en Afrique.

Ainsi, en dehors du continent africain, nous pouvons citer :

-la loi NRE de 2001 qui recommande la dissociation des fonctions de PCA et de DG ;

-la loi sur la sécurité financière du 1e août 2003 ;

-l'ordonnance sur les valeurs mobilières du 24 juin 2004,

-la procédure de contrôle interne ;

-la rémunération des dirigeants ;

-la loi Breton de 2005 sur les *golden parachute* ;

-la loi Sarbannes-Oxley ;

-la limitation du cumul de mandats ;

-l'institution obligatoire du comité d'audit dans les sociétés faisant appel public à l'épargne.

85. Partant du fait que les lois française, anglaise et américaine ont inspiré le législateur de l'OHADA, l'accent sera mis sur le Règlement n°04/08/CEMAC/UMAC/COBAC du 06 2008 relatif au gouvernement d'entreprise dans les établissements de crédit de la CEMAC, qui représente la gouvernance d'entreprise dans les textes. En effet, étant donné que les textes du gouvernement d'entreprise sont épars et qu'on les retrouve dans l'AUSCGIE, la Convention portant Harmonisation de la Réglementation Bancaire dans les États de l'Afrique Centrale, les Règlements COBAC relatifs au contrôle interne dans les établissements de crédit, il fallait les compléter par un texte unique. Le gouvernement d'entreprise vise à instituer des principes directeurs en matière de gestion, de développement et de fonctionnement efficace du secteur bancaire. Son rôle consiste dans la réalisation des performances économiques et la préservation de la confiance des actionnaires et des épargnants. Il a donc paru nécessaire :

-d'élaborer un cadre réglementaire efficient dans le domaine du gouvernement d'entreprise ;

-de définir des chaînes de responsabilités transparentes au sein des établissements assujettis pour que les Conseils d'administration ou les organes y tenant lieu, les directions générales aient une connaissance précise de leurs attributions et assument leurs actes.

86. Les codificateurs privés sont considérés comme la source essentielle de principes de gouvernance. On les retrouve tant en Afrique, qu'ailleurs.

En dehors du Continent africain, nous pouvons citer le Code AFEP-MEDEF, le Code Middlenext, le Code ADAE[323], les recommandations AFG, la charte de l'administrateur de l'IFA, les recommandations de l'ANSA. Ces règles issues de la *soft law* peuvent être complétées par les *principles of corportae governance* aux États-unis, le rapport Cadbury, Vienot 1(1995) et 2 (Décembre 1998), le Rapport Bouton (2002). On peut le constater, il y a un foisonnement des sources de la corporate governance[324].

87. Dans tous les cas, parmi les thèmes de la *corporate governance* nous avons l'impératif de confiance dans les dirigeants (le dirigeant doit être loyal) vis-à-vis des actionnaires), l'exigence de compétence (surtout un dirigeant qui s'est porté caution ne peut ignorer la situation réelle de la société bénéficiaire de cautionnement. De même, président du conseil d'administration doit permettre aux administrateurs de remplir leur mission) et les conditions du bon fonctionnement du conseil d'administration[325]. Au-delà, étant donné que dans le débat sur la *corporate governance*, l'actionnaire qui en est le centre est un investisseur, il faut voir comment gagner sa confiance, comment lui permettre d'intervenir dans la société à travers l'expertise de gestion, la sanction des différents abus (majorité, minorité). Il faudra aussi permettre au commissaire aux comptes de jouer son rôle, en dépit de la présence du comité d'audit. Nous sommes là donc en présence de véritables contre-pouvoirs[326].

88. Quel rapport existe-t-il entre l'éthique, la RSE et gouvernance d'entreprise ? L'éthique des affaires recherche le bien commun de l'entreprise en alliant performance et déontologie. La gouvernance

---

[323] LE CANNU Paul, « Le Code ADAE relatif à la gouvernance des entreprises moyennes françaises », Bull. joly 2016, p.66.

[324] DESFARGES Philippe Moreau, *La gouvernance*, Paris, PUF, 2008, p.64. Selon cet auteur, la société de la gouvernance est verbeuse.

[325] PINIOT Marie-Charlotte, « La corporate governance à l'épreuve de la jurisprudence de la chambre commerciale de la Cour de cassation », in Droit bancaire et financier, Mélanges AEDBF-France, II, p.370.

[326] PINIOT Marie-Charlotte, *op.cit.*, p.278 et s.

d'entreprise est l'ensemble des processus, réglementations, lois et institutions influant la manière dont l'entreprise est dirigée, administrée et contrôlée[327]. Elle inclut aussi les relations entre les nombreux acteurs impliqués (les parties prenantes) et les objectifs qui gouvernent l'entreprise. Ce propos permet d'entrevoir la corrélation qui existe entre l'éthique, la RSE et la gouvernance d'entreprise. La RSE comme l'éthique, impose de se soucier des autres, de ces *stakeholders* définis comme ceux qui sont ou qui peuvent également affecter l'entreprise. Elle conduit au constat (…) que la société ne peut être envisagée indépendamment de ses environnements, humain, naturel, économique, politique, etc[328]. Certains auteurs sont d'avis que la RSE s'inscrit dans le vaste champ de la gouvernance d'entreprise[329]. Dans tous les cas, si nous partons de l'idée selon laquelle les recommandations de la *corporate governance* sont des obligations comportementales[330], il y a là un rapprochement évident avec l'éthique

D-L'actionnaire a un droit contre la société et non un droit dans la société[331]

89. On avait pris l'habitude des catégories en droit des sociétés[332]. Mais cela ne saurait surprendre car comme l'écrit J.L.BERGEL la définition des concepts se prolonge en effet dans leur catégorisation[333]. Ainsi, une distinction a été opérée en droit des sociétés entre les sociétés de personnes et de capitaux avec comme critères la forte prégnance ou pas de l'*intuitu personae*. D'autres critères pourraient certainement être dégagés par d'autres disciplines. Mais avec la réforme du droit des sociétés OHADA de 2014, l'*intuitu*

---

[327] KLEES Pierre, RICHEZ-BAUM Béatrice « Ethique et gouvernance d'entreprise, RMCUE 2006. 509

[328] TREBULLE François, « Les valeurs : la RSE et l'éthique », in Regards sur l'évolution du droit des sociétés depuis la loi du 24 juillet 1966, p.292.

[329] COURET Alain, « Les commandements de la gouvernance », *op.cit.*, p.154 : « On peut élargir le champ de l'action législative si l'on considère que la RSE fait partie du gouvernement d'entreprise ».

[330] V.BEHAJA Jerry, « La portée juridique et l'efficacité de la corporate governance et les codes de gouvernement d'entreprise », Recueil Dalloz 2019, p.155.

[331] RIPERT Georges, *Aspects juridiques du capitalisme moderne*, LGDJ, 1951, p.105.

[332] On peut aussi opérer une distinction entre sociétés cotées et non cotées, private equity et hedge funds.

[333] BERGEL Jean-Louis, *Théorie générale du droit*, Dalloz, 4e édition, 2003, p.219, n°189

personae est devenu prégnant dans les sociétés cotées[334]. De même, pour répondre au besoin de transparence, la présence du commissaire aux comptes a été généralisée dans les différentes sociétés commerciales. Une subtile distinction parfois faite entre investisseur et épargnant, ne saurait occulter le rapprochement fait entre l'associé et le consommateur[335]. L'étude de ce dernier passe forcément par celle de son identification[336].

90. Prenant le contrepied de la théorie classique et moderne des critères de l'associé, A. Viandier en propose deux : les apports et la vocation à intervenir dans les affaires sociales. Avant de discuter le propos de l'auteur, faisons remarquer que l'approche classique s'infère de la définition du contrat de société, alors que celle moderne est relative à l'exercice de prérogatives telles que le gouvernement[337].

L'expression « intervention dans les affaires sociales » doit-elle être perçue de façon restrictive (la participation de l'associé aux décisions collectives comme le prétend un auteur) ou large ? Dans le premier cas, on pourrait donner raison à Viandier dans la mesure où l'associé est celui qui prend part aux décisions collectives que ce soit dans le cadre d'une assemblée générale ou par le biais d'une consultation écrite. Mais la participation suppose-t-elle l'action ? Selon Viandier, le droit d'intervention c'est la possibilité de contrôler la marche de la société et la faculté d'examiner les comptes[338]. L'auteur en question a théorisé le concept de participant pour désigner les personnes qui ne sont ni tiers ni associés ; il n'apporte ni biens ou n'interviennent pas dans la gestion sociale, même s'ils ont une relation

---

[334] Morin Anne, « Intuitus personae et sociétés cotées » RTD com. 2000. 299

[335] GUYON Yves , Actionnaires et consommateurs, Mélanges J.CALAIS-AULOY, Dalloz, 2004, p.481, n°1. L'auteur assimile l'actionnaire au professionnel ; oppose le consommateur qui conclut un contrat commutatif à l'actionnaire qui accepte un contrat aléatoire

[336] A cet égard, la jurisprudence française n'a pas été en reste. C'est ainsi qu'en 1987, elle a opté pour le critère de la compétence ; lequel a été abandonné en 1995 au profit de celui du rapport direct avec l'activité professionnelle. Le législateur quant à lui, en 2014 a plutôt eu un faible pour le critère de la finalité professionnelle ou non. V.LOIR Romain, « Non-professionnel : retour vers le passé ! », La semaine juridique, Entreprise-Affaires, n° 1-2-9, janvier 2020, pp.37 et s ; CAYOT Mathilde, « Le non-professionnel », Revue de la recherche juridique, Droit prospectif, PUAM, 2018-2, pp.663

[337] VIANDIER Alain, *Recherches sur la notion d'associé*, Thèse, Paris, II, 1976, p.13-14.

[338] VIANDIER Alain, *op.cit.*, p.196

privilégiée avec la société[339]. Il s'agit des obligataires, de l'usufruitier et des salariés d'une part et des titulaires de valeurs mobilières composées d'autre part.

En effet, étant donné que ni les obligataires, ni l'usufruitier, ni les salariés ne font des apports, ils ne sont pas associés. Ce temps est pourtant révolu, du moins concernant les salariés avec la consécration de l'actionnariat salarié. En effet, l'actionnariat salarié demeure, malgré son ancienneté dans le paysage économique et juridique, un curieux objet. La coexistence des deux termes qui forment cette dénomination laisse entendre qu'il s'agit d'un compromis pour tenter de rendre compatibles deux mondes qui pourraient bien se trouver dans un rapport d'altérité, si ce n'est d'antagonisme. Reposant sans doute sur l'observation qu'un chien mord rarement la main de celui qui le nourrit, l'accès des salariés à la détention d'une partie du capital de la société qui tient le rôle de leur employeur est un levier régulièrement utilisé, notamment en période de crise sociale, afin de tenter d'en réduire les tensions[340]. Relevons néanmoins que l'attribution gratuite d'actions est strictement encadrée car soumise à une procédure rigoureuse et des conditions drastiques. De même, Florent Masson opte pour une conception large de la notion de participant car selon lui plutôt que de comprendre le participant comme une catégorie intercalaire entre l'associé et le créancier, il faut au contraire l'ériger en notion plus générale, englobant à la fois l'associé, le créancier, et tous les intermédiaires[341]. Au-delà des critères proposés par Viandier, à savoir l'aléa, les apports, il y a l'*affectio societatis*[342]

Toujours selon A. VIANDIER, l'usufruitier n'est pas un associé car il n'apporte ni ne possède un droit d'intervention[343]. Aucun des arguments avancés par l'auteur n'est satisfaisant puisque grâce à l'attribution gratuite d'actions, on peut acquérir la qualité d'associé sans apports[344]. En outre, l'usufruitier intervient bel et bien dans le

---

339 VIANDIER Alain, *op.cit.*, pp.158 et 160.

340 SAINTOURENS Bernard, « La stimulation de l'actionnariat salarié » Rev. sociétés 2019. 594

341 MASSON Florent, « Les métamorphoses de l'associé », Rev.sociétés 2016, p.84.

342 DAMBRE Romain, *Les contrats financiers sur actions, droit français et européen des sociétés*, Larcier, 2016, p.186

343 VIANDIER Alain, *op.cit.*, p.414, n°267

344 MASSON Florent, op.cit., n°1. A en croire Guillaume Wicker, on assiste à un dépassement du débat portant sur la qualité d'associé de l'usufruitier. De plus en

fonctionnement, voire le contrôle de la société vu qu'il a un droit des votes, mais uniquement pour les questions concernant le partage des bénéfices sauf accord contraire du nu-propriétaire et de l'usufruitier[345], un droit de communication des documents[346] et il est convoqué pour participer aux assemblées générales[347]

91. La situation d'actionnaire investisseur n'a pas vocation à la permanence. Les opérations en capital sur le marché des sociétés par actions non cotées sont en effet conditionnées par leur finalité : la réalisation de plus-values[348]. IL existe différentes modalités de sortie : cession des droits, le rachat par la société de ses propres actions. Les différentes clauses matérialisant la sortie de l'investisseur sont : les clauses de sortie conjointe (*tag along*), de sortie forcée (*drag along*), de sortie prioritaire, d'achat vente ou *buy or sell*, de répartition inégalitaire du prix de vente. Remarquons cependant que l'auteur précité traite de la question des associés de passage[349], des investisseurs institutionnels, qui sont la manifestation du changement de visage de l'actionnariat[350] ou l'absence d'homogénéité de la catégorie d'actionnaires[351].

---

plus, l'usufruit est perçu comme un instrument de gestion patrimoniale. A titre d'exemple, la liberté accordée à l'usufruitier et au nu-propriétaire dans la transmission des titres sociaux ; WICKER Guillaume, « L'usufruit des titres sociaux », in L'usufruit, journées nationales, Tome XXII/ Bordeaux, Dalloz, 2020, p.35

345 JULIENNE Frédérique, « Les conventions dans les rapports entre usufruitier et nu-propriétaire », in L'usufruitier, Journées nationales, Tome XXII/ Bordeaux, Dalloz, 2020, pp.53 et s.

346 Article 527 AUSCGIE

347 Article 519 AUSCGIE

348 BONNEAU Thierry, LE DOLLEY Erick, LE NABASQUE Hervé, Propos introductifs, in La sortie de l'investisseur, LexisNexis, 2007, IX. Ces auteurs listent les situations de désinvestissement : cession de l'intégralité du capital, de la prise de participation, cession dans le cadre d'un marché réglementé.

349 GASTAUD Jean-Pierre, « L'associé de passage… ou l'intéressement du créateur d'entreprise et des salariés (*stock-options* et bons de croissance) », in Procédures collectives et droit des affaires, Morceaux choisis, Mélanges en l'honneur d'Adrienne HONORAT, pp.267 et s. Les critères traditionnels de définition de l'associé pour cet auteur sont la participation, le vote, le pouvoir et la propriété des parts. Cependant, constate l'auteur, ces critères ont évolué en raison de la dissociation du pouvoir et de la valeur.

350 Si dans les années 1932 on a assisté à un fort pouvoir managérial, cette situation a évolué en raison de la montée en puissance des investisseurs institutionnels laquelle est favorisée par le développement des marchés financiers et leur globalisation.

92. A la suite de VIANDIER, nous pouvons citer TH. BONNEAU pour qui, un actionnaire sans droit de vote n'est plus un actionnaire ; de même, un obligataire remboursé uniquement en cas de liquidation de la société n'est plus un obligataire[352]. En effet, selon cet auteur, les critères de distinction classique entre l'actionnaire et l'obligataire tiennent au droit au bénéfice, au remboursement en cas de liquidation, au droit de vote. Cependant, cette distinction, du fait de la diversification des valeurs mobilières, est dépassée. Ainsi, si l'action est intangible, tel n'est pas le cas de ses attributs[353]. C'est certainement la raison pour laquelle, Florent Masson a écrit, réagissant à la définition de Coupet en vertu de laquelle l'associé est une personne qui supporte l'aléa social, que l'associé est certes plus exposé aux risques, mais les créanciers supportent aussi une forme d'aléa social[354]

93. Dans tous les cas, on note une métamorphose de la qualité d'associé symbolisée par les ambiguïtés anciennes (l'octroi de droits à l'obligataire[355], des actionnaires sans affectio societatis), la libéralisation des valeurs mobilières (actionnaire sans droit de vote, intervention des titulaires de créance dans la société), l'accroissement des droits et devoirs de l'actionnaire[356], l'absorption des investisseurs dans la qualité d'associé. En somme, il y a un brouillage de la distinction actionnaire et créancier dans la mesure où nous avons des créanciers revendiquants d'une part et des actionnaires timides d'autre part.

L'auteur décèle deux moyens d'actions de cette catégorie d'investisseurs : la puissance financière d'une part et la gouvernance d'entreprise d'autre part.

[351] V.DE CORDT Yves, « Les assemblées générales de stakeholders », in Droit, économie et valeurs, hommage à Bernard Remiche, sous la coordination scientifique d'AUTENNE Alexia et *alli*, LARCIER, 2015, p.99.

[352] BONNEAU Thierry, « La diversification des valeurs mobilières : ses implications en droit des sociétés », RTDCom, 1988, p.597, n°103

[353] BONNEAU Thierry, « La diversification des valeurs mobilières et ses implications en droit des sociétés », RTDCom, 1988, p.597.

[354] MASSON Florent, *op.cit.*, n°30.

[355355] V. Par exemple article 822-20 AUSCGIE

[356] V. LE NABASQUE HERVE, Propos introductifs, in Devoir de l'actionnaire, Gaz. Pal, 6 juin 2016, n° -hors-série 2, p.6.

E-Malheureusement, l'étude de notre droit ne réserve pas une place très favorable à la prise de risque...[357]

94. Il s'agit là d'une invite à passer de la posture du droit sur l'entreprise (le droit tentera de véhiculer des valeurs de justice, d'ordre) à la posture de l'entreprise sur le droit (ainsi, le droit, au même titre que l'économie, serait un environnement. De même, la conformité va être perçue comme un avantage concurrentiel, la notion de risque juridique étudiée. En somme, il s'agira d'instrumentaliser le droit ou de mettre le droit au service de l'entreprise)[358]

La notion de risque a fait l'objet d'une définition tant par la norme ISO, le comité de Bâle que par la doctrine. Elle est diversement appréciée. Pour les dirigeants d'entreprise, le recours au droit et aux juristes est nécessaire pour trois raisons principales : la gestion des conflits, le management des risques et la conformité réglementaire[359]. Quant aux directeurs juridiques, ils utilisent les mots suivants pour qualifier le rôle du juriste : risque et sécurité[360].

La norme ISO 31000 définit le risque comme l'effet de l'incertitude sur l'atteinte des objectifs. Quant au Comité de Bâle II, il précise que le risque juridique inclut, entre autres, l'exposition à des amendes, pénalités et dommages pour faute résultant de l'exercice de surveillance ainsi que de transactions privées[361]. Pour la doctrine, certains estiment qu'une définition du risque juridique n'est pas nécessaire puisqu'il s'agit de tout risque que les juristes aident à identifier ou à gérer[362], d'autres n'ont fait que les classer :

---

[357]TEBOUL Georges, « La prise de risque en droit des affaires », Gaz. Pal, 20 décembre 2014, n°354, p.3

[358] V. DO CARMO SILVA Jean-Michel, in Penser les relations du droit et de la science de gestion, *op.cit.*, p.168. L'auteur écrit ceci : « au-delà, prendre la posture de l'entreprise face au droit, invite à dépasser, sans l'écarter, l'approche technicienne du droit, du moins lorsque l'entreprise place le droit, la science juridique et la fonction juridique en amont de ses décisions, notamment stratégiques

[359] COLLARD Christophe et *alli*, Risque juridique et conformité, Manager la compliance, Lamy conformité, 2011, p.13

[360] V. ROQUILLY Christophe, Chronique sur la performance juridique : la culture juridique d'entreprise, facteur-clè et tacite de la performance juridique, LPA 2010, n°246, p.4.

[361] Comité de Bâle sur le contrôle bancaire, Convergence internationale de la mesure et des normes de fonds propres. Dispositif révisé, Banque des Réglements internationaux, Bâle, 2004, p.131, note 90.

[362] Whittaker A, Lawyers as risk managers, Butterworths Journal of International Banking and Financial Law, janv.2003, p.5 et s.

-risques objectifs qui renvoient à l'environnement juridique de l'entreprise (législation, réglementation, jurisprudence, etc)

-risques subjectifs qui renvoient à l'entreprise elle-même (droits de propriété, contrats, etc)[363].

Enfin, une troisième catégorie d'auteurs estime que le risque juridique est la possibilité, plus ou moins grande pour une entreprise, de devoir modifier son fonctionnement et/ou de subir un préjudice matériel et /ou immatériel du fait d'une situation ou d'un droit ou d'un acte juridique non conforme à ses intérêts[364] ou qu'il résulte de la conjonction d'une norme ou d'un événement, l'un et/ou l'autre frappé (S) d'incertitude, générant des conséquences susceptibles d'affecter la valeur de l'entreprise[365].

Selon la société Aon[366], l'entreprise redoute dix premiers risques :

1-Le ralentissement économique ;

2.Les changements législatifs ou réglementaires ;

3-l'interruption d'activité ;

4-la concurrence accrue ;

5-fluctuation du cours des matières premières ;

6-perte d'image ;

7-risque de liquidité/trésorerie

8-rupture de la chaine de distribution ou d'approvisionnement ;

9.responsabilité civile ;

10-Difficultés à attirer ou retenir les talents

Une autre étude réalisée par la société Protiviti retient cinq risques majeurs :

1-Le marché et son évolution (tendances, globalisation, délocalisation) ;

2-les marchés financiers (investisseurs, actionnaires) ;

---

[363] V. DUPICHOT Jacques, « Regards sur le « nouveau » juriste d'entreprise et la gestion du risque juridique », in Aspects du droit privé en fin du XXe siècle, Etudes réunies en l'honneur de M. de JUGLART, Paris, LGDJ, 1986, p.121 et s.

[364] G. GRAS, Retour d'expérience sur la mise en place d'une démarche de risk management au sein d'une direction juridique, présentation lors de l'atelier de l'ANVIE du 4 avril 2007.

[365] COLLARD Christophe et *alli*, *op.cit.*, p.41.

[366] Aon, Enquête mondiale sur la gestion des risques 2009, www.aon.fr/france/aon-france/presse/etude6mondiale-gestion-des-risques.

3.Les risques de change, taux, matières premières ;

4.Les concurrents ;

5.Les risques de crédit et de contrepartie

NB/ En droit OHADA, l'expression « risque » apparait au niveau de l'article 81-2 AUSCGIE (à ce niveau, le législateur précise que l'investisseur qualifié est celui qui est apte à comprendre les risques inhérents aux opérations sur les instruments financiers), 88 AUSCGIE (à propos du risque d'erreur du fait de l'omission de certaines informations qui devraient être profitable au public investisseur), 829-1 AUSCGIE (selon cette disposition, le comité d'audit a pour mission d'assurer le suivi de l'efficacité des systèmes de contrôle interne et de gestion des risques), 831-2 AUSCGIE (le PCA doit rendre compte de la procédure de gestion des risques mise en place par la société)

95. Avec la cartographie des risques et le statut du lanceur d'alerte, le droit français est de plain-pied dans la *compliance*[367]. Il s'agit de deux dispositifs de la *compliance*[368]. La *compliance* n'est pas seulement la règle de gouvernement d'entreprise de conformité à la loi. Elle est celle de la conformité réglementaire au sens de règlement de l'entreprise. Elle implique en pratique une veille juridique, une identification des risques, leur cartographie et leur traitement[369]

F-Les sociétés de la nouvelle économie évoluent dans le monde virtuel, alors que celles de l'économie traditionnelle vivent dans le monde réel[370].

96. Le développement de l'internet et des outils multimédias a donné naissance à ce qui est traditionnellement appelé la « nouvelle économie »[371] ou dématérialisation[372]. Cette « nouveauté » se

---

[367] VFRISON-ROCHE Marie-Anne, *Pour une Europe de la compliance*, Dalloz, mai 2019, collection « Thèmes et commentaires » ; BORGA Nicolas, MARIN Jean-Claude, RODA Jean-Christophe, Compliance : l'entreprise, le régulateur et le juge, Dalloz, mai 2018, collection « Thèmes et commentaires » ; BRIGANT Jean-Marie, Le risque de corruption, Dalloz, collection, avril 2018, « Thèmes et commentaires », FRISON-ROCHE Marie-Anne, Régulation, supervision, compliance, Dalloz, octobre 2017, collection « Thèmes et commentaires »

[368] FRISON ROCHE Marie-Anne, « Théorie juridique de la cartographie des risques, centre du droit de la compliance », Recueil Dalloz, 2019, p.2432.

[369] G. RABU, *op.cit.*, p.50.

[370] SCHILLER Sophie, « L'influence de la nouvelle économie sur le droit des sociétés », Rev. sociétés 2001. 47

[371] SCHILLER Sophie, *Ibid.*

manifeste par une évolution de l'activité réalisée par les entreprises et de la personnalité des entrepreneurs[373]. Pourtant, dans un de ses articles, le professeur Gérard Farjat se demandait si les technologies de l'information et de la communication étaient pour le juriste un phénomène de même[374]. Partant de l'idée que les TIC constituent un facteur de concurrence, peuvent être manipulées à des fins anticoncurrentielles[375], on doit répondre par la négative.

97. Le législateur de l'OHADA n'a pas été en reste. Il s'est saisi de cette opportunité et a intégré le numérique tant dans son droit matériel[376] que procédural[377]. Mais cette situation juridique a été critiquée par le professeur Mayatta Ndiaye Mbaye notamment relativement à l'usage des TIC pour la convocation, la participation et le vote à distance[378]. En effet, non seulement il n'y a pas selon le professeur, de pratique notariale harmonisée face aux TIC lors de la

---

372 V.L'environnement juridique des start up : les instruments de financement, Droit et Patrimoine, N° 96, 1er septembre 2001

373 V. Nau, Créateur de *start-up* : un profil en évolution, Option finance, 5 juin 2000, p. 17.

374 FARJAT Gérard, Nouvelles technologies et droit économique », RIDE, 1993/3, p.163

375 CHAIEHLOUDJ Walid, « Quels outils efficaces pour les autorités de concurrence dans l'ère numérique ? Contrats-concurrence-consommation, n°3, mars 2020. Les règles actuelles du droit de la concurrence sont-elles suffisamment adaptées à l'utilisation accrue des algorithmes intelligents ? C'est la question que se pose Jean-Christophe RODA. L'étude de l'auteur est plus basée sur les algorithmes de prix non sans donner l'exemple d'amazone qui utilisait un algorithme très performant pour déceler les prix les plus attractifs sur des millions de produits. Pour l'auteur, l'entente algorithmique c'est le scénario dans lequel les entreprises délèguent entièrement le processus de fixation des prix à un algorithme plus ou moins sophistiqué et qu'il en découle un alignement tarifaire stable. RODA Jean-Christophe, « L'entente algorithmique », La semaine juridique, Edition générale, n° 28-15 juillet 2019, pp.1371 et s

376 MBAYE Mayatta, « Le malaise des moyens et procédures numériques de tenue des réunions dans les sociétés commerciales », Bulletin ERSUMA de pratique professionnelle, n ° 027, novembre 2019, pp.4 et s ; ETONAM Sylvie AMEKO, Le fonds de commerce virtuel, Bulletin ERSUMA de pratique professionnelle, n° 024/ août 2019, pp.6 et s.

377 WAMBO Jérémie, « Bref aperçu du règlement de procédure de la cour commune de justice et d'arbitrage tel que modifié le 30 janvier 2014 à Ouagadougou, ohada.com/Actualite/2016, consulté le 07-03-2020, à 7h 38 mn.

378 MBAYE Mayatta, *op.cit*.,. L'auteur a tenu à rappeler la distinction entre le vote par correspondance et le vote à distance non sans raison. Sur V. LHUILLIER Jean-Baptiste, L'assemblée générale dématérialisée dans les sociétés anonymes non cotées et la voie électronique en droit des sociétés, Rev. Sociétés 2018, p.287, n°45

constitution des sociétés, mais également, il existe un mépris des garanties légales de tenue d'une assemblée à distance[379]. Dans tous les cas, au plan interne, le numérique envahit le droit procédural[380] certes, mais la dialectique *blockchain* et droit des sociétés est occultée[381]. Il en est de même du concept de cyber-actionnaire[382]. Les caractères fondamentaux de la blockchain sont : la transparence, sécurité et décentralisation[383]

G-Des oppositions stériles en droit des sociétés ?

98. Stanislas GUERINI est convaincu que : « la société française et son rapport à l'entreprise s'est constituée sur des oppositions stériles. Celles qui opposent le capital et le travail, les actionnaires et les dirigeants, la compétitivité et la responsabilité sociale, le but lucratif et l'intérêt général[384]. En effet, on pourrait cautionner le propos de l'auteur vu que le salarié n'a ni droit d'alerte, ni celui de solliciter une expertise de gestion. Mais c'est sans compter avec le fait que le dirigeant peut conclure un contrat de travail effectif avec la société, que le salarié peut siéger au sein du conseil d'administration ou qu'il peut se voir attribuer gratuitement des actions par les dirigeants.

---

[379] MBAYE Mayatta, *Ibid.*

[380] V. Décret n°2020 sur la communication. Suivant l'article 1er dudit Décret, les envois, remises, notification des actes de procédures, conclusions, pièces, avis, avertissement, convocation, rapports, procès-verbaux, copies et expéditions des décisions de justice revêtues de la formule exécutoire

[381] V. MAGNIER Véronique, BARBAN Patrick, *Blockchain et droit des sociétés*, Dalloz, collection « Thémes et commentaires », novembre 2019. L'objectif de la technologie blockchain est de remplacer le système bancaire et financier actuel. C'est ce qui justifie que ces auteurs, qui s'intéressent aux apports de la blockchain en droit des sociétés. Sous ce rapport, deux idées majeures ont été développées : les titres financiers et la blockchain d'une part, la publicité, registre des sociétés et gouvernance d'autre part. Adde MARMOZ Franck, *Blockchain et droit*, janvier 2019, collection « Thèmes et commentaires

[382] V. LHUILLIER Jean-Baptiste, *Le cyber-actionnaire : adaptation du droit des sociétés à l'évolution des technologies d'information et de communication*, Thèse, Université Paris Ouest Nanterre La Défense, *Universität Potsdam*, 2015, § 407, p. 270.

[383] BETTONI Luca, « Problématiques soulevées par la blockchain en droit de la concurrence », Contrats-concurrence-consommation, n °2, février 2020, p.1. Pour cet auteur la blockchain peut être le support des pratiques anticoncurrentielles

[384]GUERINI Stanislas, Préface de l'ouvrage La société à mission, La loi PACTE : enjeux pratiques de l'entreprise réinventée, Hermann Editeurs, 2019, p.7

Paragraphe 2 Consécration légale des valeurs[385]

99. Tout législateur a des objectifs à atteindre que ceux-ci soient dévoilés[386] ou cachés. On a pu remarquer une pareille situation lors de la réforme du droit français des contrats. Ainsi, les objectifs clairement affirmés sont l'attractivité, la sécurité et la justice[387]. Ils ne sont pas méconnus du droit OHADA. Nous étudierons successivement l'attractivité (A), la sécurité (B) et la justice (C).

A-L'attractivité

100. L'une des valeurs recherchées par le droit c'est l'attractivité. Un droit est attractif lorsqu'il peut servir de modèle ou quand des opérateurs économiques sont prêts par exemple à renoncer au système juridique dont ils relèvent au profit d'un autre jugé beaucoup plus favorable, adapté à leurs activités. Dans le premier exemple on parle d'attractivité politique ou d'exportabilité d'un droit. Le second exemple quant à lui renvoie à la possibilité pour les parties de choisir le droit applicable[388]. C'est là tout le lien qui existe entre le droit OHADA et le droit international privé ou l'intérêt du *forum shopping.* La pratique dénommée forum shopping consiste pour un plaideur à s'assurer l'accès au for le plus favorable à ses intérêts, que ce soit sur le terrain du fond, afin de profiter de l'application de solutions substantielles plus intéressantes, ou plus fréquemment sur le terrain procédural, afin de bénéficier de procédures facilitant l'action en justice telles que la *discovery* (permettant d'obtenir l'accès aux preuves détenues par son adversaire), les conventions de *contingent*

---

385 Sur le rapport principes, valeurs et Droit, V. GUENZOUI Youssef, « Le droit et les débats de société », Revue de la recherche juridique, Droit prospectif, PUAM, 2018-2, p.638

386 L'exposé des motifs, les travaux préparatoires ou les rapports de présentation sont des moyens de perception de ces objectifs.

387 STOFFEL-MUNCK Philippe, Les enjeux majeurs de la réforme « Attractivité, sécurité, justice », in Réforme du droit des contrats et pratiques des affaires, Dalloz, novembre 2015, collection « Thèmes et commentaires ». Au-delà des objectifs de la réforme, nous avons le domaine de celle-ci. Il s'agit des pouvoirs du juge, de la violence économique, des clauses abusives, de l'imprévision et de la sanction de l'inexécution des obligations (exécution forcée, remèdes unilatéraux).

388 V. Sur ces deux dimensions de l'attractivité CHANTEPIE Gaël, LATINA Mathias, *La réforme du droit des obligations, commentaire théorique et pratique dans l'ordre du Code civil*, Dalloz, 2016, 1093 pages ; USUNIER Laurence, « L'attractivité internationale du droit français au lendemain de la réforme du droit des contrats, ou le législateur à la poursuite d'une chimère », RTDCiv, 2017, p.343

fees (ou pactes de *quota litis* permettant d'obtenir le service d'avocats prêts à n'être rémunérés que sur les dommages et intérêts obtenus) ou encore précisément les *class actions*[389].

L'OHADA peut-il devenir un modèle pour l'Europe ? Voici ce qu'écrit un auteur : « L'harmonisation des droits mythe ou réalité ? Le droit de l'OHADA la porte en fronton, dans le respect de la culture des États. L'Europe se donne les moyens d'atteindre cet objectif. L'élaboration d'un code européen des affaires illustre cette volonté »[390]. Mais on en est encore à l'heure des souhaits dans la mesure où si l'initiative du code vient de l'Association Henri Capitant en 2016[391], sa mise en œuvre, auquel s'active la Fondation pour le droit continental n'est pas encore une réalité[392]

B-La sécurité

101. La sécurité est consubstantielle au droit et ce ne sont pas les législateurs d'après indépendance qui nous démentiront. Comme le précise J. Boulois, « la formule sonne en effet comme une sorte de redondance tant il paraît évident qu'un droit qui n'assurerait pas la sécurité des relations qu'il régit cesserait d'en être un. Imagine-t-on un droit qui organise l'insécurité ou même qui la rendrait possible ? »[393]. Concernant les législateurs d'après indépendance, les travaux du Doyen Roger DECOTTIGNIES pourraient nous être d'une aide considérable. Au banc de la sécurité, il cite les mécanismes favorables au créancier tels que l'astreinte, la non rétention de la lésion sauf dans les cas prévus par la loi, l'absence d'effet translatif du contrat ou

---

[389] COHEN Daniel, « Contentieux d'affaires et abus de forum shopping », D.2010, p.975

[390] ROMANI Anne-Marie, « Le droit français de la prévention et la directive « restructuration et insolvabilité » 2019/1023/UE, ou l'enrichissement des droits dans un but commun, Revue de l'Union européenne, 2020, p.53

[391] BERGE Jean-Sylvestre, « Pour un code européen des affaires : de quoi parle-t-on ? », Revue des contrats, 2018, n °4, p.617.

[392] DUTREUIL Renaud, « Nous voulons entrer dans une phase de contribution positive au droit », Gaz.Pal, octobre 2018, n°33, p.12. Pour ce dernier, le code européen de droit des affaires consistera à rassembler 27 législations dans un code simplifié et compréhensible de tous. En outre, le droit continental doit aider les pays émergents à élaborer leurs propres systèmes.

[393] BOULOIS Jean, « Quelques observations à propos de la sécurité juridique », Nomos Verlag, 1987, p.53 cité par HUGLO Jean-Guy, Dossier : Le principe de sécurité juridique, Cah.Cons.const.2001, n°11.

transfert *solo consensus*[394]. Se référant aux travaux de Jean Carbonnier, le professeur Mustapha Mekki précise qu'un droit assure la sécurité juridique lorsqu'il est bien pensé et formulé[395]. Est-ce le cas concernant le droit des sociétés commerciales de l'OHADA ? Il serait présomptueux et même hasardeux de répondre par la négative ou l'affirmative sachant que la conclusion doit être tirée après une étude globale de l'AUSCGIE. Il demeure certain que dans ledit Acte plusieurs intérêts catégoriels sont considérés.

102. On pourrait se poser la question de savoir quels intérêts sont protégés dans la société : celui des associés, des tiers, de la société ? De nos jours, nombreux sont ceux qui estiment que le droit des sociétés doit être au service des entreprises. Le traité de Rome avait mis en avant la nécessité de protéger les intérêts des actionnaires et des tiers (art. 54 (3) g). Cette nécessité n'est pas remise en cause par les nouveaux traités (art. 44) des traités consolidés. On peut dire, néanmoins, que le projecteur est davantage focalisé sur la nécessité de mieux répondre aux besoins des entreprises qui cherchent à développer leurs activités au-delà des frontières nationales, à se restructurer ou à coopérer avec des sociétés d'États membres différents, afin d'améliorer leur compétitivité face aux entreprises américaines ou asiatiques. Dans le même esprit l'accent est mis sur la nécessité d'alléger les contraintes qui pèsent sur les entreprises et laissent peu de place aux initiatives statutaires[396]. L'auteur note trois tendances du droit communautaire des sociétés : l'amélioration de la mobilité, simplification du droit des sociétés fermées, la préservation de la liberté contractuelle des associés.

103. Le droit des sociétés commerciales OHADA est resté très discret relativement aux fusions transfrontalières et plus expansif sur le transfert du siège social dans un État autre qu'un État partie qui requiert l'unanimité dans les SARL[397], dans les SA[398]. Pour rappel, ces deux mécanismes traduisent l'idée de mobilité des sociétés. Pour

---

[394] DECOTTIGNIES Roger, « Réflexions sur le projet de code sénégalais des obligations », p.174. Le régime général des obligations a pour objet les sources, les modalités, opérations sur les obligations et l'extinction de celles-ci.

[395] MEKKI Mustapha, « De l'urgence à l'imprévu du Covid-19 : quelle boîte à outils contractuels ? », in Dossier *Covid-19 et contrat*, AJ Contrat, p.164.

[396] BLANQUET Françoise, Droit communautaire des sociétés de capitaux : quelles tendances générales prévisibles à l'aube du 3e millénaire ?, Rev. sociétés 2000. 73

[397] Article 359 AUSCGIE

[398] Article 554 AUSCGIE. Ici le législateur parle de transfert dans un autre État.

précisions, relevons que le droit des sociétés est une ressource stratégique pour les entreprises et intègre la notion d'investissements.

104. Remarquons que plusieurs acteurs ont leur place dans l'élaboration de la norme d'où l'importance du *lobbying*[399] qui dans certains systèmes juridiques fait l'objet d'un texte. Pour comprendre cette place, il faut partir d'un propos de J. CHEVALLIER :

« L'État n'est plus le seul maître à bord ; il est contraint, sur le plan externe comme sur le plan interne, de tenir compte de l'existence d'autres acteurs, qui sont amenés à participer, d'une manière ou d'une autre, dans un cadre formalisé ou de façon informelle, à la prise de décisions. (…)Les choix seront le résultat de négociations et de compromis, prenant en compte les points de vue des parties en présence ; renonçant à faire prévaloir ses vues, l'État accepte de discuter sur un pied d'égalité avec ses partenaires, dans le processus d'élaboration collective ».

De manière générale, de nouveaux modes de gouvernance impliquant le volontariat des acteurs privés se développent. L'optique est de recueillir l'adhésion des personnes privées et en particulier des entreprises, afin de tenter de concilier non seulement la finalité d'optimisation de ses intérêts par l'entreprise, mais également une régulation harmonieuse de la société dans son ensemble[400]. Au regard de la consécration des pactes d'actionnaires à l'article 2-1 AUSCGIE et dans d'autres dispositions de ce texte, nous pouvons cautionner ce propos de SENECHAL qui consiste à mettre en évidence le volontariat des acteurs privés. Il faut remarquer également que non seulement l'AUSCGIE autorise par moment les associés à trouver des solutions qui lui sont dérogatoires ou substitutives. De même, le législateur de l'OHADA permet le recours au code de gouvernement

---

[399] Selon Stéphane Mortier, le *lobbying* (mais aussi savoir argumenter, convaincre, négocier, agir sur son environnement) constitue le troisième cycle de l'intelligence économique, le premier étant l'information et son traitement, le second sa protection. Toujours selon l'auteur, ces trois temps sont déclinés dans la politique publique française d'intelligence économique : veille stratégique, sécurité économique, soutien à la compétitivité. MORTIER Stéphane, *Au cœur de l'Unité africaine, le droit ohada en 40 pages, harmonisation du droit des affaires et intelligence économique*, *op.cit.*, pp.22-23.

[400] SENECHAL Juliette, De la réception par les juristes des représentations de la norme juridique par le stratège, Réponse à l'article de Joan Le Goff intitulé « Normes juridiques et règles du jeu stratégique », in Normes juridiques et normes managériales, Enjeux et méthode d'une nouvelle internormativité, sous la direction de PEZET Eric et SENECHAL Juliette, L.G.D.J, 2014, p.155.

d'entreprise. Remarquons néanmoins qu'au sein de la doctrine française, ces codes sont diversement appréciés.

En outre, l'implication des acteurs dans le processus d'élaboration des Actes uniformes traduit l'idée d'adhésion. Cependant, on ne saurait oublier le contexte de réforme du droit des sociétés. En effet, celle-ci est intervenue sous la poussée des différents classements *Doing Business* et a été portée par des juristes rompus aux techniques sociétaires américaines.

En tout état de cause, faire du droit des sociétés une ressource stratégique pour les entreprises suppose qu'au-delà de l'exacerbation de la liberté contractuelle à travers les conventions extrastatutaires susmentionnées et la consécration de la SAS, que le législateur de l'OHADA offre aux entrepreneurs des mécanismes d'optimisation de leurs activités. Nous en voulons pour preuve la diversification des mécanismes de financement.

105. S. MANCAUX a écrit qu'il y a une « hémiplégie de l'OHADA en matière d'investissement puisque les actes uniformes n'appréhendent l'opération d'investissement que dans sa dimension qui relève en droit français du droit privé[401]. A la suite de ce propos, un auteur a affirmé que l'OHADA offre certes neuf actes uniformes pour 17 pays, mais ne traite pas de l'investissement. Il s'interroge sur la possibilité pour l'OHADA d'avoir un Acte uniforme sur l'investissement[402].

D'abord relevons que c'est une tendance très accentuée pour certains auteurs, de soutenir la nécessité d'avoir un Acte uniforme entièrement consacré à une situation juridique donnée. Ensuite, nous pouvons partir de la définition du concept d'investissement. Selon Dominique CARREAU, pour la science économique, la notion d'investissement tourne autour de l'idée de formation du capital (…) A cette fin, l'investisseur devra faire un apport[403]. Pour Alain Viandier, le premier signe du financement par apport en capital est que l'apporteur en capital acquiert la qualité d'associé du fait du

[401] MANCIAUX Sébastien, « Que disent les textes OHADA en matière d'investissement ? », Revue de l'ERSUMA, juin 2012.

[402] JEHL Joseph, « Technologie, le triangle impossible : propriété intellectuelle, concurrence et développement », in Droit, économie et valeurs, Hommage à Bernard Remiche, 2015, p.379.

[403] CARREAU Dominique, Investissements-Généralités, Répertoire de droit international, janvier 2020, n°5.

financement qu'il réalise. En conséquence, il ne récupérera les fonds investis qu'à la liquidation de la société-il est alors servi après les créanciers-ou en trouvant quelqu'un pour le remplacer, c'est-à-dire en cédant ses actions correspondant à l'apport qu'il a réalisé[404]. En droit des sociétés, les textes font référence à l'investissement à travers les termes « placement », « participation ». Elle l'est de manière implicite à travers l'apport en société, de manière expresse à travers la société d'investissement[405]. Les mécanismes vecteurs d'investissement en droit des sociétés sont les actions de préférence, les valeurs mobilières composées, les pactes d'actionnaires, les clauses de variabilité du capital, la SAS.

106. Beauclair a établi un lien entre les dirigeants et la sécurité. Ainsi, la gestion de la société peut être optimisée à travers l'aggravation des responsabilités des dirigeants de sociétés. Mais qu'en est-il de la sécurité des dirigeants ?[406] Ne suppose-t-elle pas une stabilité de leur statut ?[407] Qu'en est-il de celle de la société sinon la difficulté à remettre en cause trop facilement le contrat de société ?[408]

C-La justice

107. Il est difficile d'avoir une définition unanime de la justice[409]. Celle-ci est par moment un sentiment et par conséquent un concept subjectif, contingent. Et d'ailleurs pourquoi parler de justice en droit des sociétés en raison de l'*affectio societatis*[410], notion à distinguer des

---

404 COZIAN Maurice, VIANDIER Alain, *Droit des sociétés*, LITEC, 4e édition, 1992, p.336, n°1051

405 LEDAN Jessica, *L'investisseur en droit privé et droit fiscal français*, PUAM, 2009, p.22.

406 Il arrive que pour se protéger les dirigeants concluent un contrat de travail avec la société ou négocient des indemnités de départ assez juteuses ou *golden parachutes*.

407 Nous pensons à la révocation pour justes motifs suivant le respect des règles de quorum et de majorité.

408 La société peut avoir une durée de vie de 99 ans. Toute prorogation de celle-ci est possible.

409 Pour Aristote, il existe deux formes du juste : une forme dans le partage des honneurs, richesses et une forme dans les échanges en contrepartie d'une somme monétaire. Il s'agit respectivement de la justice distributive ou proportionnelle et de la justice commutative ou égalité arithmétique. V. DECOCQ Georges

410 V.SIMON Victor, « L'affectio societatis », RDC 2016, n°2, p.343. L'auteur déplore l'absence d'étude diachronique sur l'affectio societatis. Il relève l'existence de deux conceptions d'*affectio societatis* : unitaire (l'*affectio societatis* serait la cause des obligations issues du contrat de société) et pluraliste (l'*affectio societatis* serait plus forte dans les petites sociétés que dans les grandes). Il faut dire que la

motifs et motivations des parties[411] . Mais, il ne faudrait pas perdre de vue que dans les grandes sociétés surtout, le statut des associés n'est pas homogène ce qui fait qu'il n'y a de volonté de collaborer sur un pied d'égalité que sur le papier. C'est pourquoi Anne-Françoise Zattara-Gros écrivait que l'affectio societatis est une notion protéiforme, souple, variée selon les formes de sociétés et le type de sociétés dont certains auront à cœur de participer, de façon réelle et effective, à la gestion de la société, tandis que d'autres rechercheront un placement sans intention de s'impliquer dans la vie de la société[412]. Le législateur a été très inspiré en prévoyant l'abus de majorité, de minorité ou d'égalité. Il demeure certain que dans ces différentes occurrences, cette fraternité tant proclamée ou affichée au début de la relation s'envole. C'est également le cas en présence d'un abus de biens sociaux. La prise en compte du juste résulte de l'interdiction des clauses léonines. Les situations de faiblesse d'une partie au contrat sont nombreuses et variées

SECTION 2 LA REPRÉSENTATION TECHNIQUE

108. Parler de représentation technique revient à examiner dans la société commerciale, l'organe habilité à agir au nom et pour le compte de celle-ci. C'est dire que les organes ont certes des pouvoirs, mais ceux-ci sont cantonnés. C'est le principe de hiérarchie qui traduit une certaine division du travail et donc annihile toute velléité d'empiétement sur les pouvoirs des autres organes. Il paraît tautologique de parler de dirigeant et de pouvoir. De même, il n'échappe à personne qu'Emmanuel GAILLARD est celui qui, en droit privé, a théorisé la notion de pouvoir[413]. Selon lui, le pouvoir est une prérogative qui permet à son titulaire d'exprimer un intérêt au moins partiellement distinct du sien par l'émission d'actes juridiques contraignants pour autrui[414]. Il permet à une personne, soit de

---

définition que nous connaissons de l'*affectio societatis* est celle fournie par la jurisprudence française. Ainsi, « *les associés collaborent de façon effective à l'exploitation dans un intérêt commun et sur un pied d'égalité, chacun participant aux bénéfices comme aux pertes* » (Cass.com. 3 juin 1986, n° 85-12118 : Bull.civ.IV, n°118)

[411] Cass.com., 10 février 1998, n° 95-21906, BJS juillet 1998, n°7-8, p.767, commentaire de Jean-Jacques DAIGRE

[412] ZATTARA-GROS Anne-Françoise, « Du bon usage de cette mystérieuse locution qu'est l'affectio societatis », Gaz.Pal 17 septembre 2013, n°260

[413] GAILLARD Emmanuel, *La notion de pouvoir en droit privé*, Economica, 1985

[414] E. GAILLARD, *Le pouvoir en droit privé*, Thèse Economica, 1985, p.232.

gouverner d'autres personnes (pouvoir sur les personnes), soit de gérer les affaires d'une autre personne au nom et pour le compte de celle-ci (pouvoir sur les biens)[415]

109. En droit des sociétés, le dirigeant est le représentant de la société. Nous examinerons le statut de ce dernier dans la jurisprudence des juges de l'espace OHADA. Le statut peut être défini comme l'ensemble des règles qui régissent l'organisation et le fonctionnement d'une institution. L'institution dont on parle ici c'est le dirigeant[416].

En effet, un examen de la doctrine, notamment française permet de comprendre que c'est plus les aspects négatifs de cette fonction qui sont traités[417] que ceux positifs. Pourtant, le dirigeant jouit d'une protection qui découle de la loi, jurisprudence et droits fondamentaux (rémunération, qualification de la faute de gestion, droit de réponse aux questions écrites posées, encadrement de la révocation), du contrat (*stock-options,* etc, cumul avec un contrat de travail), des statuts et des délibérations sociales.

Nous tenterons de cerner les contours de certaines notions (Paragraphe 1), de dresser un tableau synoptique sur le statut du dirigeant (Paragraphe 2) et enfin l'analyse de certaines décisions permet de comprendre la position du juge sur le statut du dirigeant. A l'examen, on se rend compte que celle-ci oscille entre traitement de faveur et de défaveur (Paragraphe 3).

Paragraphe 1 L'exploration des contours de certaines notions

Ce paragraphe sera l'occasion d'opérer une distinction entre l'organe et le mandataire (A), d'examiner l'origine des pouvoirs du dirigeant (B) et enfin de percevoir le sens de la notion de représentation (C).

---

[415] P. ROUBIER cité par N. FERRIER, *La délégation de pouvoir, technique d'organisation de l'entreprise*, LITEC, 2005 , p.49, n°29.

[416] Messan Folly, *Le statut des dirigeants sociaux en droit OHADA*, thèse en co-tutelle Lomé et Montpellier, 2014, n°10. La pertinence de cette définition ne doit pas occulter la réticence à avoir vis-à-vis des propos de l'auteur en vertu desquels le législateur OHADA n'a pas employé de façon explicite le terme « statut ». Un examen de l'AUDCG permet d'avoir une opinion contraire.

[417] V.N. BORGA, Introduction, in La protection du dirigeant social, Actes du Colloque organisé par le centre de recherches juridiques de Grenoble, L.G.D.J, 2016, p.1.

A-Distinction entre organe et représentation ou mandat

Nous étudierons deux conceptions : celle qui est défendue par certains auteurs belges (1) et de l'espace OHADA (2).

1-La conception belge

110. Les personnes morales agissent par l'intermédiaire de personnes physiques qui sont leurs organes, qui s'identifient avec elles[418]. Ainsi, la théorie de l'organe se distinguerait de celle de la représentation dans la mesure où cette dernière ne se concevrait que pour les actes juridiques et non les faits juridiques[419].

2-La conception de la doctrine ohadienne

111. L'organe assure le fonctionnement de la société avec ou sans pouvoir de représentation[420]. On pourrait cautionner ce point de vue en se référant à l'article 457, 853-8 AUSCGIE dans la mesure où en général lorsque le législateur de l'ohada en droit des sociétés utilise l'expression « organe », il pense aux organes de gestion, d'administration et de gestion. Dire que le dirigeant est un organe revient à intégrer la thèse institutionnelle. Ce faisant, les pouvoirs du dirigeant sont d'origine légale et celui-ci n'est pas mandataire de la société. Le mandataire social quant à lui agit au nom du mandant. En droit des sociétés, c'est celui qui a reçu le pouvoir de gérer, administrer ou diriger la société. En ceci, il se distingue de l'organe social dont la mission ne suppose pas au fond un mandat[421]

112. Pour certains, l'organe n'est pas forcément un représentant et vice-versa. C'est l'exemple de J. L. Capdeville selon qui : « *La loi ne dit pas ce qu'il faut entendre de la notion de « représentant » envisagée par l'article 121-2 du Code pénal. La doctrine s'accorde néanmoins à qualifier de la sorte celui qui agit au nom et pour le compte de la personne morale en vertu d'un mandat. Parfois, le représentant sera dans le même temps un organe de l'entreprise. Songeons ainsi au gérant de SARL ou encore au directeur général de*

[418] SIMONART, « La théorie de l'organe » Liber Amicorum Michel Coipel, Bruxelles, Kluwer, 2004, n°17, pp.723 et s; P.V. OMMESLAGHE, « Les théories de l'organe : évolutions récentes », Liber Amicorum Michel Coipel, n°2, p.766

[419] (Dir) P.V. OMMESLAGHE, Actualité en droit de la responsabilité, Bruylant, 2010, pp.59-60.

[420] BEAUCLAIR NJoya Nkamga, « Dirigeants sociaux », in Encyclopédie du droit OHADA, Lamy 2011, p.659.

[421] BEAUCLAIR Njoya Nkamga, « Dirigeants sociaux », *op.cit.*, p.659

SA. Mais cela ne sera pas toujours le cas. L'administrateur ou encore le liquidateur sera vu comme un représentant de la personne morale sans pour autant en constituer un organe »[422]

B-La détermination des contours du concept de dirigeant

Qui est dirigeant ? D'où tient-il ses pouvoirs ? De la loi, des associés ? Quelle conception en la doctrine ? Voilà autant de questions à traiter.

1°-Le dirigeant, organe ou mandataire ?

113. Cette question est controversée d'autant que pour les tenants de la thèse institutionnelle de la société, les pouvoirs du dirigeant sont d'origine légale. Le dirigeant est un organe institué (« sans justifier d'un mandat spécial »). De même, vu que la société ne dispose pas de volonté propre, on ne saurait parler de mandat parce le mandat suppose la rencontre de deux volontés.

En revanche, pour un auteur tel que Alain COURET[423], le dirigeant tient ses pouvoirs du mandat. Bien sûr, au-delà de ces différentes théories, il y a la théorie du juste milieu[424]

L'expression « mandat » fait l'objet d'un usage assez important dans l'AUSCGIE. A titre d'exemple nous avons les articles 73, 95, 111 (donner mandat à un ou plusieurs dirigeants de passer un acte au nom et pour le compte de la société), 131 (mandataire *ad hoc* qui représente les associés minoritaires ou égalitaires).

2.Les différentes conceptions de la notion de dirigeant

A une conception stricte du dirigeant (a), s'oppose une conception large (b).

a-La conception stricte ou la distinction dirigeant et contrôleur

Selon M. FOLLY, les administrateurs n'ont qu'un pouvoir de contrôle[425], le PCA a des pouvoirs différents de ceux des dirigeants

---

[422] LASSERRE CAPDEVILLE Jérôme, « La notion d'organe ou de représentant de la personne morale », AJ pénal 2018. 550, Dossier : Les responsabilités pénales dans l'entreprise, AJ pénal 2018. 545

[423] COURET Alain, « Le gouvernement d'entreprise », D.1995, chron. spèc., p.165.

[424] BERTREL Jean-Pierre, « Liberté contractuelle et sociétés », RTDcom, 1996, p.595

[425] FOLLY Messan Agbo, Le statut des dirigeants sociaux en droit de l'OHADA, Thèse en cotutelle, 2018, n°12

puisqu'il préside le conseil d'administration et contrôle les actes des dirigeants. On peut accorder du crédit au regard de l'article 480 AUSCGIE. En outre, le conseil ne dirige pas, mais contrôle. Ainsi, les dirigeants sont les organes qui représentent la société à l'égard des tiers dans la mise en œuvre de leur politique managériale[426].(…) Dès lors, tous les dirigeants sont des mandataires sociaux, mais l'inverse n'est pas vrai.

Ainsi, pour FOLLY, les seuls dirigeants sont les DG, administrateurs généraux, leurs adjoints, les gérants dans les autres sociétés[427].

En France, depuis la loi NRE, le PCA n'a que des pouvoirs internes et non de représentation ; ceux-ci étant confiés à la direction générale[428].

114. Avant la réforme intervenue en 2014, une ressemblance était notée entre l'article 435 (Le conseil d'administration est investi des pouvoirs les plus étendus pour agir en toutes circonstances au nom de la société) et l'article 465 (Le PDG est investi des pouvoirs les plus étendus) AUSCGIE. Ainsi, au regard de cette similitude entre l'article 465 et 438, on s'est demandé si le Conseil d'administration est un dirigeant et si l'article 435 révisé changeait. Concernant la dernière question la réponse négative est de mise vu que l'article 436 AUSCGIE est demeuré inchangé. Cependant, si nous partons de l'idée selon laquelle le CA n'est pas dirigeant, qu'est-ce qui justifie la raison d'être de l'article 740 AUSCGIE ? En effet, à travers cette disposition, le législateur consacre la responsabilité individuelle et solidaire des administrateurs pour infractions aux dispositions législatives et réglementaires applicables aux SA, violation de clauses statutaires, fautes commises dans leur gestion.

Tout compte fait la définition que nous retenons du dirigeant est celle-ci : le dirigeant est celui qui agit au nom de la société (329 AUSCGIE), dans son intérêt (article 328)

---

426 FOLLY Messan Agbo, *op.cit.*, n°14

427 FOLLY Messan Agbo, *Ibid.*

428 E. SCHLUMBERGER, « L'indifférence de l'erreur dans la désignation du représentant légal d'une société dans un acte de procédure », Rev. sociétés 2019. 519.

b-La conception large de la notion de dirigeant

115. Pour Beauclair, le dirigeant exerce un mandat social, c'est-à-dire qu'il n'est pas lié à la société par un lien de subordination par exemple le contrat de travail[429]. En outre, le dirigeant représente la société. En somme, dans l'espace OHADA, les dirigeants sociaux sont pris dans une conception large ; c'est-à-dire une conception où le terme dirigeant s'applique à toute personne investie d'un quelconque pouvoir d'administration, de gestion ou de direction dans toutes les formes de sociétés, sans exclusive : sociétés commerciales, civiles, publiques, parapubliques, société en nom collectif, en commandite simple, sociétés à responsabilités limitées, en participation, sociétés anonymes, sociétés civiles professionnelles, etc[430]. En revanche, assez récemment, la Cour de cassation française a qualifié le dirigeant de représentant et non de mandataire et exclu les dispositions du Code civil relatives au mandat[431]

C-Les contours de la notion de représentation

Agir par représentation, c'est faire un acte au nom et pour le compte d'autrui, en vertu d'un pouvoir[432]. Nous examinerons l'état de la loi d'une part (1°), de la doctrine (2°) et de la jurisprudence d'autre part (3°).

1°-L'approche législative

116. De l'assimilation représentant et dirigeant. Plusieurs dispositions de l'AUSCGIE permettent une assimilation représentant et dirigeant : article 369 (En cas de réduction du capital social d'une société à responsabilité limitée en deçà du capital social minimum exigé. Après une mise en demeure du représentant de la société infructueuse, tout intéressé peut demander la dissolution judiciaire de celle-ci), 746-1 (Chaque société établit des registres de titres nominatifs. Elle peut mandater une personne pour le faire), 818 (Six mois après l'ouverture de la souscription, le résultat de celle-ci est constaté par acte notarié à la diligence du représentant légal de la

---

[429] BEAUCLAIR Njoya Nkamga, « Dirigeants sociaux », in Encyclopédie du droit OHADA, Lamy, 2011, p.634, n°3.

[430] BEAUCLAIR Njoya Nkamga, *op.cit.*, p.635, n°7.

[431] CAN KORAY Zoé, « Le dirigeant d'une EURL ou d'une SAS n'est pas commerçant : la clause attributive de juridiction n'est pas valable même insérée dans un acte portant cession de contrôle », Recueil Dalloz 2020, p.868.

[432] DIDIER Philippe, *De la représentation en droit privé*, L.G.DJ., Paris, 2000, p.4

société émettrice), 821 (les représentants légaux de la société constituent des garanties après l'émission des obligations. Il en est de même du conseil d'administration ou de l'administrateur général. Dans cette dernière hypothèse, il faut que les statuts le prévoient), 834 (le représentant légal certifie conforme une copie du dernier bilan), 843 (le législateur donne pouvoir au représentant légal de certifier une copie du dernier bilan approuvé par l'assemblée générale des actionnaires) AUSCGIE.

117. Tout compte fait, le représentant légal de la société est celui que la loi qualifie comme tel, qui certifie conformes les procès-verbaux des délibérations des associés au sens de l'article 136 AUSCGIE. Il y a ce faisant un renvoi implicite aux articles 343 (le gérant d'une SARL), le président de séance des délibérations du conseil d'administration (article 459), le président-directeur général (536, 465), le PCA (536), DGA (472), DG (487), l'administrateur général (536). Certains représentants sont protégés en cas de révocation. C'est l'exemple de l'administrateur général (509 AUSCGIE)

2°-L'approche doctrinale

118. Les représentants légaux sont qualifiés de dirigeants de droit. L'auteur cite à titre d'exemple le Président de la SAS, les gérants de SARL. Les dirigeants sont ceux qui engagent la société vis-à-vis des tiers[433]. La représentation a trait au pouvoir d'engagement de la société à l'égard des tiers dont la protection des intérêts est directement en jeu[434]. Cette idée est celle partagée par Serge Hadji-Artinian selon qui les pouvoirs de représentation s'apprécient dans les rapports de la société avec les tiers[435].

Pouvoir de décision vs pouvoir de représentation. Moubsit opère une distinction entre diriger et représenter en citant respectivement H. CROZE et CHAZAL. Ainsi, diriger n'est pas représenter[436] et signifie décider, conduire, mener la politique sociale, déterminer la direction,

---

433 Y. MARJAUT, « Les *covenants* dans les opérations de capital investissement à l'épreuve de la gestion de fait », Rev. sociétés 2019. 503

434 GODON Laurent, « Interrogations sur la représentation de la SAS », Rev. sociétés 2012. 169

435 HADJI-ARTNIAN Serge, *La faute de gestion en droit des sociétés, Actualité de la faute de gestion, mécanismes de prévention, sanctions*, LITEC, 2001, p.12, n°33.

436 CROZE Hervé, Note sous cass.com. 2 juillet 2002, Procédures 2002, n °190, p.15

tandis que représenter c'est agir au nom et pour le compte de quelqu'un[437].

Selon l'auteur, le dirigeant cumule les pouvoirs de décision et de représentation. En effet, le pouvoir de décision a pour objet de pallier l'impossibilité pour la société d'arrêter la décision de contracter[438]. Ainsi, le pouvoir de représentation lui est second puisqu'il n'intervient que lorsque la décision suppose la conclusion d'un contrat entre la société et les tiers, mais en plus, le pouvoir de représentation n'est qu'un pouvoir d'exécution des décisions de gestion[439]. Ce faisant, les organes de décisions sont l'Assemblée, le conseil d'administration (ils se réunissent de façon intermittente) et le représentant, organe permanent de la société.

Sur l'assimilation de la gestion et direction, il faudrait consulter l'article de L. GODON[440]. Voir également sur la question M. GERMAIN pour qui la prise de décision englobe la direction et la gestion tandis que la représentation est liée à la capacité d'engager la société[441]. Relevons que le pouvoir de représentation est partagé lorsque la société est sous administration provisoire et lors de l'exercice de l'action *ut singuli.*

3°-L'approche jurisprudentielle

-CCJA, 1e ch., Arrêt n°001/2015, 14 janvier 2015, Société Commission Import Export contre Caisse Nationale de Sécurité Sociale du Congo-Brazzaville (Vu que la COMMISIMPEX n'a pas déposé les états financiers de synthèse, la CNSS l'a cité à comparaître devant le tribunal de commerce de Brazzaville pour le condamner à payer des arriérés de cotisations sociales. Celui-ci, par jugement a

---

437 CHAZAL Jean-Pascal, REINHARD, Note sous Cass.com, 2 juillet 2002, RTDcom 2002, p.689.

438 MOUBSIT Hasna, La représentation en droit des sociétés, L'harmattan, 2013, p.101

439 MOUBSIT Hasna, *op.cit.*, p.108.

440 V. GODON Laurent, « L'exclusivité des statuts et l'organisation de la direction de la SAS », Rev. sociétés 2017. 631. L'auteur vise ce faisant la direction exécutive distincte du Président, des directeurs généraux et directeurs généraux adjoints. Elle n'a que des pouvoirs internes (n°9). Il considère qu'il y a des dirigeants autres que le Président, les directeurs généraux, les directeurs généraux adjoints (n°5). Cependant, toujours selon l'auteur, le conseil d'administration d'une SAS n'est pas identique à celui d'une SA (n°6)

441 GERMAIN Michel, PERIN Pierre-Louis, *SAS, La société par actions simplifiée*, Etudes-formules, 4e édition, Joly Editions, 2010, p.296, n°502.

ouvert une procédure de liquidation des biens estimant qu'elle est en cessation des paiements. En appel, la Cour a infirmé partiellement le jugement rendu. Devant la CCJA, la CNSS a soulevé une exception tirée de la violation des règles de représentation de la société anonyme. La haute juridiction a décidé qu'il résulte de sa jurisprudence que seul le PDG d'une SA avec conseil d'administration a la qualité pour représenter la société. S'il est empêché, la représentation sera assurée par un administrateur délégué par le conseil d'administration. Ce faisant, l'exception soulevée n'est pas fondée.

Leçons de jurisprudence.

- le créancier reproche au débiteur : l'Omission du nom de l'avocat dans l'acte de pourvoi, production d'un extrait du RCCM caduc (La CCJA a précisé que l'examen d'un dossier par elle ne commence que lorsque le dossier est en état, c'est-à-dire lorsque tous les échanges d'écritures et pièces sont clos. Ce faisant, tant que le juge rapporteur n'a pas déposé les projets de résultats d'analyse, les parties peuvent combler toutes les lacunes ;

-Saisine du Tribunal de commerce par simple requête non contradictoire alors que l'article 28 AUPCAP exige l'assignation (pour la CCJA, la violation de cette disposition n'est pas prescrite à peine de nullité)

-assimilation de la mise en société des activités économiques d'une société décidée par l'assemblée générale à une cessation des paiements

CCJA, Assemblée plénière, Arrêt n°63/2014, 25 avril 2014, affaire La Loyale Assurance SA c/ La société COWRIE CORPORATION S.A

Seul le DG a le pouvoir de représentation sur la base de l'article 487 alinéa 1e AUSCGIE ancien. C'est dire que l'article 435 alinéa 1 qui dispose que le Conseil d'administration est investi des pouvoirs les plus étendus pour agir en toutes circonstances au nom de la société ne s'applique pas. Dès lors, ni le conseil d'administration, ni le Président, encore moins ses membres n'ont le pouvoir de représentation.

Leçons de jurisprudence

Dans cette affaire, la CCJA a précisé le rôle du Conseil d'administration. Celui-ci consiste en :

-la précision des objectifs de la société ;

-l'orientation ;

-la surveillance et contrôle de la gestion de la société ;

-arrêté des comptes de chaque exercice.

CCJA, 2e ch., arrêt n°24/2013, 18 avril 2013, société Tropicale des Allumettes contre BICICI

En exécution d'un jugement social du 24 février 2005, Monsieur DRAMA Koffi Jean-Pierre et autres ont servi commandement aux fins de saisie à la société Tropicale des Allumettes (SOTROPA) pour avoir à payer dans les vingt (20) jours, le montant de cent millions de francs, faute de quoi, le commandement sera transcrit à la conservation foncière et vaudra à compter de sa publication, saisie de son immeuble. Le défaut d'exécution de la SOTROPA dans les délais a entraîné dépôt au greffe du TPI d'Abidjan-Plateau du cahier des charges contenant les modalités et conditions de la vente immobilière (la date de l'audience éventuelle et de la vente ont été fixées). La SOTROPAL a déposé ses dires et observations. Mais le TPI a adjugé l'immeuble aux demandeurs. La SOTROPAL s'est pourvue en cassation du jugement rendu en dernier ressort par le TPI d'Abidjan qui l'a débouté de sa demande en annulation du jugement. La question est relative aux prérogatives de l'administrateur à représenter la société

L'administrateur ne représente pas la société sans mandat du conseil d'administration. Par conséquent, le mandat délivré à l'avocat par ce dernier n'ayant pas reçu habilitation à cet effet n'est pas valable.

CCJA, 2e ch., Arrêt n°93/2012, 20 décembre 2012, affaire LEV.CI-SA contre NATHAN PELED, CCJA, 1e ch., arrêt n°42/2008, 17 juillet 2008 (OHADATA-J-09-80, OHADATA J-10-25)

Le sieur Nathan PELED a donné assignation à la société LEV-COTE D'IVOIRE d'avoir à comparaître devant la juridiction des référés du TPI d'Abidjan pour désigner un expert-comptable aux fins d'auditer les comptes de celle-ci et GOLD 2000 ainsi que les décisions et pratiques des dirigeants de la BNI concernant les sociétés

LEV-COTE D'IVOIRE et GOLD 2000. Monsieur Nathan PELED a sollicité son maintien au poste de DG de la société LEV-COTE D'IVOIRE. Par ordonnance, le juge des référés a fait droit à sa requête. Par le biais de son DGA, la société LEV-COTE a relevé appel de l'ordonnance devant la Cour d'appel de commerce d'Abidjan qui a déclaré l'acte irrecevable. La société appelante s'est pourvue en cassation devant la CCJA. La question posée à la CCJA est celle de savoir si le PCA a la qualité pour agir en justice au nom et pour le compte de la société. La haute juridiction, sur la base des articles 465, 480, 487 AUSCGIE et des articles 24.3 et 25.2 des statuts de la LEV-CI SA, a répondu par la négative. Selon elle, seul le PDG ou le DG a la qualité de représentant légal ou statutaire de la société. La deuxième chambre de la CCJA, en sa séance du 20 février 2012 a maintenu sa position, laquelle nous paraît contestable au regard de l'article 136 et 415 AUSCGIE

CCJA, arrêt n°22/2003, 06 novembre 2003, BIAO Côte d'Ivoire contre Nouvelle SCIERIE

BIAO Côte d'Ivoire s'est pourvue en cassation de l'arrêt rendu le 26 juillet 2002 par la Cour d'appel qui a déclaré l'appel irrecevable pour défaut de qualité pour agir de son représentant. Il résulte des pièces du dossier que la BIAO a prêté un milliard à la scierie, garanti par une hypothèque prise l'immeuble du PDG de cette dernière. Le Directeur du risque et du crédit a-t-il qualité pour ester en justice contre des tiers. Telle était la question posée au juge qui a répondu par la négative décidant, sur la base des articles 465, 487 AUSCGIE que seul le PDG ou le DG a compétence pour représenter la société

La jurisprudence n'a pas été en reste lorsqu'il fallait déterminer les pouvoirs des dirigeants de crise que sont l'administrateur provisoire, le syndic et parfois le dirigeant de fait.

-L'administrateur provisoire : Quand est-ce que celui-ci est désigné ? Pour le Tribunal de commerce d'Abidjan (1e ch., jugement n°945/2018, 21 juin 2018), c'est lorsque le fonctionnement normal de la société est rendu impossible. De même, c'est une mesure exceptionnelle qui suppose que l'on rapporte la preuve d'un péril imminent menaçant la société, les circonstances empêchant le fonctionnement normal de celle-ci. Le juge, dans cette décision a mis en évidence en quoi consiste le vice de forme, la violation d'une règle statutaire, l'atteinte au fonctionnement du conseil d'administration, de sa collégialité. Il s'agit du défaut de convocation, de la convocation irrégulière, frauduleuse.

Dans le jugement rendu par le Tribunal de commerce de Cotonou (chambre du jugement de la Section 1, arrêt n°006/19/CJ/SI/TCC, 14 janvier 2019), le tribunal a donné les raisons pour lesquelles le mandat de l'administrateur provisoire doit être prorogé. Il s'agit de l'absence de mise en place des organes sociaux à cause des tensions entre associés, des difficultés ayant marqué l'exercice de sa mission.

-Le syndic : CCJA, 1e ch., arrêt n°39/2016, 29 février (le syndic est un représentant légal de la société en redressement judiciaire)[442]

L'assemblée plénière de la CCJA, dans l'arrêt n°65.2014, 25 avril 2014 a également décidé que le syndic est le représentant légal de la société en redressement judiciaire. A notre avis, ces différentes décisions ne sont pas contraires à l'article 52 AUPCAP qui traite de l'assistance du débiteur. En effet, cette assistance a un domaine précis : les actes d'administration et de disposition du débiteur. Or en l'espèce, la représentation concerne les actes de procédure. Ce faisant, les prérogatives des dirigeants demeurent amoindries. Ce constat peut résulter de l'examen de l'article 57 AUPCAP dont on pourrait d'ailleurs se demander si elle n'est pas en contradiction avec l'article 53 alinéa 1 du même Acte, en tout cas concernant le sort des dirigeants lors de l'ouverture d'une procédure de liquidation des biens.

Dans tous les cas, l'arrêt de l'assemblée plénière maltraite les cautions à travers une interprétation audacieuse de l'article 91 AUPCAP ancien. Cette décision doit être lue à l'aune de la réforme du droit des procédures collectives intervenue en 2015 et qui est très favorable à la caution surtout personne physique.

---

[442] Lorsque la société est en liquidation des biens prévue par l'AUSCGIE, elle est représentée par son liquidateur, arrêt n°235 du 17/05/2018, Société INNSCOR contre Société oléagineux du Sénégal dite OLOESEN, *inédit*. Ce faisant, elle est frappée d'une interdiction d'agir en justice et les actions dirigées contre elles doivent l'être contre son liquidateur. Le juge sénégalais a également tenu à faire savoir que la délivrance d'une assignation à une mauvaise adresse est une cause non d'irrecevabilité, mais de nullité à condition que la partie qui l'invoque excipe d'un grief.

Paragraphe 2-Tableau synoptique du statut des dirigeants

Situations juridiques	**Société en nom collectif**	**Société en commandite simple**	**Société à responsabilité limitée**	**Société anonyme**	**Société par actions simplifiées**
Modes de nomination	-Gérance organisée par les statuts -Désignation de gérants associés ou non, personnes physiques ou morales -Désignation dans un acte ultérieur -Tous les associés gérants si la gérance n'est pas organisée dans les statuts	-Gestion par tous les associés commandités sauf clauses contraires des statuts -Possibilité de désignation par les statuts d'un ou plusieurs dirigeants parmi les commandités dans les mêmes conditions	-un ou plusieurs personnes physiques associées ou non -Nommées dans les statuts ou acte postérieur (associés représentant plus de la moitié du capital)	-PDG désigné parmi les membres du conseil d'administration. C'est obligatoirement une personne physique ; -DG est obligatoirement une personne physique. Il peut être administrateur ou pas. Il est nommé par le conseil d'administration -Administrateur général nommé dans les statuts, l'AGO en cours de vie sociale. Il peut être actionnaire ou pas.	-Le Président est désigné par les statuts (le DG et le DG adjoint). Il peut être une personne morale (Est-il dirigeant au regard de l'article 853-9, 853-10, 853-14, 853-16 ?

Durée des fonctions			-4 ans. Ils sont rééligibles. Cette règle prévaut en l'absence de dispositions	-Durée mandat PDG ne peut excéder celui d'un administrateur. Il est renouvelable. -La durée du mandat du DG est librement fixée par le Conseil d'administration -Durée ne devant pas excéder 6 ans ou 2 ans (nomination dans les statuts)	
Rémunération	-Majorité en nombre et en capital des associés sauf clauses contraires des statuts		-Fonctions gratuites ou rémunérées dans les conditions fixées dans les statuts ou décision collective des associés	-Rémunération du PDG fixée par le conseil d'administration -Rémunération du DG fixée par le Conseil d'administration	
Révocation	-Unanimité si tous les associés sont gérants ou si gérant statutaire associé		-Plus de la moitié des parts si gérants statutaires ou non	-Le PDG peut être révoqué à tout moment par le conseil d'administration	

	-Majorité en nombre et en capital si gérant non statutaire, associé ou non			-Révocation du DG par le conseil d'administration à tout moment mais pour justes motifs -Révocation à tout moment de l'administrateur général mais pour justes motifs	
Démission			-Démission libre mais pour justes motifs		
Pouvoirs	-Rapports entre associés : accomplir tous les actes de gestion dans l'intérêt de la société en l'absence de détermination par les statuts -Rapports avec les tiers : engager la société pour les actes entrant dans		-Rapports entre associés : faire tout acte de gestion dans l'intérêt de la société -Rapports avec les tiers, le gérant est investi des pouvoirs les plus étendus pour agir au	-Le PDG préside le conseil d'administration et les AG **(Pour plus d'infos V. L'article 465 AUSCGIE**) -le DG représente la société dans ses rapports avec les tiers (article 487 AUSCGIE) -L'administrateur général assume les	

	l'objet social (clauses statutaires limitant les pouvoirs des dirigeants inopposables aux tiers de bonne foi		nom de la société (société engagée même en cas de dépassement de l'objet social sauf si le tiers est de mauvaise foi, clauses limitatives des pouvoirs inopposables au tiers de bonne foi)	fonctions d'administration générale et de direction. Il représente la société dans ses rapports avec les tiers (article 498 AUSCGIE)	
Responsabilité			-Responsabilité envers la société ou des tiers soit des infractions aux dispositions législatives, réglementaires applicables aux sociétés à responsabilité limitée, soit violation des		-Règles de la responsabilité des membres du Conseil d'administration

			statuts, soit - faute commise dans la gestion -Action sociale réalisée par les associés représentant le ¼ des parts sociales et le ¼ des associés	-	

Paragraphe III-La jurisprudence de l'espace OHADA et française entre traitement de faveur et rigueur à l'endroit du dirigeant

Nous verrons sans prétendre à l'exhaustivité, à travers la jurisprudence, comment le juge protège (A) ou rappelle à l'ordre le dirigeant (B)

A-.TRAITEMENT DE FAVEUR

1.Cour d'appel de Commerce d'Abidjan, 1e ch., Arrêt n°25/2019, 21 mars 2019

Faits :

La société PALMI, par exploit en date du 08 janvier 2019 a interjeté appel du jugement rendu le 21 juin 2018 par le Tribunal de commerce d'Abidjan qui l'avait condamnée à payer à Monsieur Bernard François le montant de cent millions quatre-vingt-cinq mille au titre de la compensation financière, de soixante-quinze millions et cinquante millions respectivement au titre de préjudice financier et moral.

En appel, la société PALM CI demande à la Cour de dire qu'il n'existe pas de contrat entre elle et Monsieur Bernard François, qu'elle n'a commis aucune faute, par conséquent qu'elle infirme le jugement rendu par le Tribunal de commerce d'Abidjan.

En effet, la société PALM CI est une filiale de la holding[443] SIFCA. Le 15 novembre 2010, suivant une délibération du Conseil d'administration, Monsieur Bernard François a été nommé aux fonctions de directeur général de la société PALM CI. Le conseil a

[443] Une *holding* est une société mère qui joue un rôle exclusivement financier consistant à gérer les diverses participations financières qu'elle détient. V. AZEMA Jacques et *alii*, *Holding*, in Dictionnaire de droit des affaires, Ellipses, Paris, 2007, p.241 ; BERTREL Jean-Pierre, « Ingénierie juridique : les holdings de sociétés d'avocats ou de notaires », Droit et patrimoine, n°103, avril 2002, pp.22-34 ; VABRES Régis, Notion d'holding animatrice, Revue des sociétés 2020, p.188. Il s'infère de la lecture des propos de l'auteur que la société holding vient en concurrence des sociétés dites opérationnelles c'est-à-dire celles qui exercent une activité économique (commerciale, industrielle, artisanale, libérale ou agricole). Dans tous les cas, la particularité des holdings c'est de gérer des participations. Mais, il se pourrait que la holding accorde des services à ses filiales, contrôle celles-ci. Dans ce cas, elle devient une holding animatrice

également décidé de mettre en place un comité de suivi[444] et une trésorerie groupe[445]. Suite à une réorganisation du groupe, les filiales PALM CI et SANIA ont fusionné et le sieur Jean-Louis KODO, directeur général de SANIA a été préféré à l'intimé. Il faut le dire, la restructuration du groupe a donné lieu à une direction unique. Dans tous les cas, à la fin du mandat du Directeur général intimé, le Conseil d'administration, eu égard à son excellent travail, a décidé de lui octroyer un accompagnement financier. Cette volonté du Conseil a été exprimée par correspondance en date du 09 décembre 2015. Mais avant la finalisation de la décision, il est apparu qu'une fraude avait été orchestrée lors du mandat du directeur général. C'est pourquoi, s'estimant flouée, la société a demandé à son conseil d'interrompre tout contact avec l'intimé. Le tribunal de commerce d'Abidjan l'a condamnée sur la base de l'article 1134 du Code civil ivoirien[446].

PJ : l'absence d'apposition de sa signature sur la version finale du protocole qu'elle a elle-même proposé et préparé par une société dont le Conseil d'administration a révoqué son DG exclut-elle l'existence d'un contrat ? La Cour d'appel d'Abidjan a répondu par la négative. Il fallait résoudre deux questions : celle de l'existence d'un contrat et d'un dol.

-Existence d'un contrat sur les conditions et les modalités de la révocation d'un mandat (pour la Cour d'appel d'Abidjan, il s'agit d'un « protocole d'accord transactionnel » en raison du fait qu'en

---

[444] Rappelons que sur la base de l'article 437 AUSCGIE, le Conseil d'administration peut créer des comités spéciaux.

[445] Est-ce à dire qu'en raison de la forte pression concurrentielle dans le secteur du sucre de canne, du caoutchouc naturel et de l'huile de palme, une filiale connaissait des difficultés ? Rien ne permet de l'affirmer.

[446] Le législateur ivoirien s'est inspiré de son homologue français. Mais avec la réforme du droit des contrats en France, on se rend compte que la force obligatoire du contrat a pour siège l'article 1103. Quant à la bonne foi, elle est consacrée à l'article 1104. Remarquons néanmoins que la première disposition citée doit être lue en combinaison avec l'article 1193. Dans tous les cas, comme l'écrivent G. CHANTEPIE et M. LATINA, le principe de la force obligatoire, tout comme la bonne foi, font aujourd'hui l'objet d'articles autonomes situés dans le chapitre premier du sous-titre consacré au contrat, au côté de la liberté contractuelle. Seul le temps permettra de dire si cette réunion aura pour effet de transformer ces trois principes en « sainte trinité contractuelle ». Toujours est-il que l'article 1193 du Code civil traite aujourd'hui des principales conséquences de la force obligatoire du contrat, à savoir l'intangibilité et l'irrévocabilité. V. CHANTEPIE Gaël, LATINA Mathias, *La réforme du droit des obligations, commentaire théorique et pratique dans l'ordre du Code civil,* Dalloz, Paris, 2016, pp.435-436.

contrepartie de la renonciation par le dirigeant révoqué à poursuivre la société, celle-ci lui a fait des concessions. Celui-ci est conforté par l'existence de deux pièces : un courriel et une lettre émanant du conseil de la société PALMCI.

-existence d'un dol ? Le système de fraude signalé par la direction administrative et financière a échappé aux services de contrôle de gestion interne et externe a fortiori au dirigeant.

Leçons de jurisprudence

-La valeur juridique du contrat de transaction : formalisme de validité ou de preuve ? C'est la seconde forme de formalisme qui prévaut ;

-Le juge précise qu'un protocole d'accord transactionnel non signé peut servir de commencement de preuve par écrit ;

-Le juge se prononce sur l'utilité de la signature à savoir l'identification de la personne qui l'appose, le consentement de celle-ci

-En quoi consiste la réticence dolosive ? La partie qui dissimule le fait doit en avoir eu connaissance[447].

-Le juge d'appel rappelle qu'en droit ivoirien le principe est le consensualisme, le seul échange de consentement valant conclusion du contrat sauf s'il s'agit de contrat solennel ou réel.

2.Cour d'appel de Ouagadougou, chambre commerciale, arrêt n°88, 17 novembre 2017, arrêt NT c/ Bailara Mamadou

Le 17 novembre 2017, la chambre commerciale de la Cour d'appel de Ouagadougou a rendu un arrêt dans l'affaire opposant N.T, un militaire burkinabe à la retraite au gérant de la SOGERCOM. En effet, le 14 novembre 2014, N.T a interjeté appel du jugement rendu le 25 septembre 2014 par le tribunal de commerce de Ouagadougou dont le contenu est le suivant : déclare mal fondée la demande de N.T et la rejette. L'objet de l'appel est de condamner Monsieur BALOURE Mamadou, gérant de la SOGERCOM à lui payer des dommages et intérêts. C'est que Monsieur N.T s'était constitué caution hypothécaire

[447] Si la réticence dolosive, à la faveur de l'ordonnance du 10 février 2016 a fait l'objet d'une consécration légale (article 1137 issu de l'ordonnance du 10 février 2016), en droit sénégalais rares sont les auteurs qui soutiennent la thèse, à moins d'interpréter extensivement l'article 63 COCC, de l'existence du concept de réticence dolosive.

pour le compte de la SOGERCOM. En raison de la défaillance de celle-ci, il a été obligé de payer le montant de neuf millions (9.000.000) à la BSIC. Suivant ordonnance rendue en 2012, le juge des référés a condamné la SOGERCOM. Mais lorsqu'il a voulu exécuter le titre exécutoire, il s'est heurté à l'inexistence de la SARL. Par contre, le gérant s'était établi à Bobodioulasso où il exerçait un commerce.

PJ : Responsabilité du gérant à l'égard des tiers pour faute séparable des fonctions

Dans cet arrêt, la Cour d'appel précise que l'appelant, tiers caution hypothécaire ne démontre pas l'existence d'une faute du dirigeant séparable de ses fonctions notamment : faute grave incompatible avec l'exercice normal des fonctions sociales. Il faut dire que le juge burkinabe invoque en l'espèce la doctrine en vertu de laquelle la faute détachable suppose une faute intentionnelle d'une extrême gravité.

3.Cour d'appel de Niamey, chambre commerciale, arrêt n°038/2018, 20 août 2018, Société Quash Service Niger SARLU contre Chédom Thierry Stéphane

Faits : Chédome Thierry Stéphane a été nommé cogérant de la société Quash Service Niger SARLU par l'associé unique de ladite société. Lorsque l'associé unique a constaté des actes de mauvaise gestion, il a mis fin par courrier, aux fonctions du co-gérant , après des demandes d'explications qui lui ont été fournies. Cependant pour le co-gérant, sa révocation est irrégulière. Le tribunal de commerce de Niamey ayant fait droit à sa demande, la société Quash Niger Sarlu a interjeté appel pour violation de l'article 126 AUSCGIE.

PJ : L'article 326 AUSCGIE subordonne-t-il la révocation d'un gérant d'une société unipersonnelle à l'établissement d'un PV ? Le juge a répondu par la négative.

Leçons de jurisprudence

Pour l'intimé, l'article 12 des statuts impose de dresser un PV de révocation. Mais la Cour d'appel de Niamey, se basant sur l'article 326 AUSCGIE rejette cet argumentaire car la disposition précitée ne l'impose guère. En outre, elle est supérieure aux statuts. Le juge précise toujours que l'expression de volonté dans une SURL peut être soit un PV, une lettre, résolution.

Mais on peut discuter la décision de justice en raison des termes équivoques avancés et de son laconisme. En effet, la Cour d'appel a décidé ceci : « qu'il y a lieu de noter que le procès-verbal ne peut être utile ou même nécessaire que lorsqu'il s'agit d'une société ». Est-ce à dire que la société unipersonnelle n'est pas une société ?[448] En outre, le juge s'est simplement contenté de préciser que le nommé Chédom Stéphane a commis une faute de gestion sans dire en quoi celle-ci consiste et a même fait une mauvaise lecture de l'article 326 AUSCGIE qui exige une majorité absolue et non une majorité simple pour révoquer un gérant. Notons le changement de terminologie lorsque la révocation est judiciaire. Désormais, à l'expression cause légitime, s'est substitué celle de juste motif. En revanche, la majorité requise pour révoquer le dirigeant est maintenue.

4.CCJA, 2e ch., arrêt n°92/2012, 20 décembre 2012

Faits :

La société LEV. Côte d'Ivoire a été créée par une société israélienne dite LEC Group LTD et l'État ivoirien à travers la Banque nationale d'investissement. Suite à des soupçons de malversation, le conseil d'administration a suspendu le DG et nommé un DGA. Le DG suspendu a sollicité et obtenu du juge des référés une ordonnance ordonnant un audit financier, son maintien à titre provisoire jusqu'à la clôture des opérations. Appel a été interjeté et pour la Cour d'appel d'Abidjan, l'appel est irrecevable car interjeté par Monsieur Assie Léandre KADJO qui n'a pas la qualité de représentant. Un pourvoi en cassation devant la chambre judiciaire de la Cour suprême a été formé contre cette décision. Le PCA a convoqué une réunion pour statuer sur la révocation du DG suspendu qui a de nouveau saisi le juge des référés du TPI d'Abidjan qui a décidé du sursis à révocation jusqu'à la fin de l'audit financier. Pour rappel, la chambre judiciaire de la Cour suprême a renvoyé l'affaire devant la CCJA.

Soupçonné de malversations, un DG peut proposer au conseil d'administration non seulement sa suspension en attendant les résultats de l'audit de gestion en cours, mais la désignation d'un DG adjoint. Par conséquent, ce dernier peut interjeter appel d'une ordonnance du juge des référés, favorable partiellement au DG. Mais le juge estime qu'il faut surseoir à révocation.

---

[448] V. CHAIBOU SOULEYE Bachere Maman, « La problématique du contrôle de la gouvernance de la société unipersonnelle », Bulletin Ersuma de pratique professionnelle, numéro 22/ juin 2019, p.4

5.Cour d'appel d'Abidjan, chambre civile et commerciale, arrêt n°56, 02 février 2007, Société la Poste Côte d'Ivoire contre Z.

Faits :

Le 11 décembre 2006, appel a été interjeté contre l'ordonnance de référé rendu le 17 novembre 2006 par le vice-président du TPI d'Abidjan qui s'était déclaré incompétent dans l'affaire opposant Z à la Poste de Côte d'Ivoire. Par le même exploit, la Poste a été assignée pour annuler et infirmer l'ordonnance, déclarer irrégulière la convocation du conseil d'administration, pour non-respect des délais, violation de l'ordre du jour. Par conséquent, la révocation est irrégulière.

Les convocations doivent contenir l'ordre du jour de la réunion ; le conseil d'administration ne délibère que sur les questions inscrites à l'ordre du jour. Or, le Conseil d'administration de la Poste Côte d'Ivoire n'a pas respecté ces dispositions. Il y a irrégularités ayant entaché aussi bien la réunion que les délibérations qui en sont résulté. Le DG révoqué doit donc être réintégré.

6.CCJA, 2e ch. Arrêt n°65/2013 du 31 octobre 2013, Affaire Société Zoundi Sibiri Boniface Transport International contre BACI

Faits : Protocole d'accord signé entre la Société Zoundi (SURL) et la Banque Atlantique de Cote d'Ivoire (BACI) ayant pour objet d'apurer les engagements de Monsieur ZOUNDI (gérant et associé unique) dans les livres de la BACI et de transiger les termes de l'arrêt qui condamne la BACI à payer à la ZST 109 millions. Ce faisant, Monsieur ZOUNDI S. Boniface a renoncé au bénéfice de l'arrêt, reconnaissait devoir à la BACI quatre-vingt-dix-neuf millions et consentait une hypothèque sur un immeuble. De son côté la BACI s'est engagée à suspendre la procédure judiciaire de recouvrement engagée à l'encontre du sieur Zoundi. La société ZST a saisi le Tribunal d'Abidjan pour annuler le protocole, liquider l'astreinte résultant de l'arrêt.

Le tribunal ayant fait droit à sa requête, la BACI a interjeté appel. La cour d'appel a infirmé le jugement. Il s'était agi de déterminer la nature du protocole signé par le gérant d'une société unipersonnelle.

Annulation du protocole ? Le protocole signé par le gérant d'une société unipersonnelle sans aucune implication de celle-ci ayant pour objet de réaménager sa dette personnelle n'est pas une convention interdite ; la liste de cette espèce de conventions étant limitative.

7.Tribunal de commerce d'Abidjan, X Jugement n°RG260/2016 du 19 mai 2016

Faits : La Banque pour le Financement de l'Agriculture a été mise en liquidation des biens par le Ministre chargé de l'économie et des Finances en exécution d'une décision rendue par la commission Bancaire de l'UEMOA.

Les demandeurs convaincus que c'est à cause des dirigeants qu'une telle mesure a été prise, ont demandé l'extension de la procédure à ceux-ci. Cependant, le juge a décidé que la juridiction commerciale n'est autorisée à étendre la liquidation des biens aux dirigeants à condition qu'elle ait été celle qui a ouvert contre cette personne morale la procédure de liquidation de ses biens.

Leçon de jurisprudence

Le Tribunal de commerce était-il compétent pour statuer sur la question de l'extension de la procédure de liquidation des biens étant entendu que nous sommes ici en présence d'un établissement de crédit ? Le juge, se basant sur l'article 1-1 AUPCAP répond par l'affirmative en ces termes : « *Le Tribunal de commerce, connaissant de l'ouverture de ces procédures et de leurs suites, aux termes de l'article 7 de la loi n°2014-424 du 14 juillet 2014 portant création, organisation, et fonctionnement des juridictions de commerce, l'exception d'incompétence soulevée est inopérante en la cause ; il sied donc de la rejeter* ». A notre avis, cet argument est loin d'être convaincant au regard de l'article 1-1 AUPCAP qui consacre un particularisme des règles des procédures collectives.

8.Tribunal de commerce d'Abidjan, 1e ch., n°671/2018 du 17 mai 2018

Faits : La Société de coordination et d'ordonnancement Afrique de l'ouest, créancière de la société CONSTRUCTIONS METALLIQUES IVOIRIENNES a saisi le juge sur la base des articles 25 et 28 pour le prononcé de la liquidation des biens de sa débitrice et l'extension de cette procédure aux biens personnels de Monsieur BERNARD DERRIEN (gérant) qui aurait agi avec négligence dans les opérations de paiement et poursuivi abusivement son activité alors qu'il se savait en état de cessation des paiements.

Pour le juge, il s'infère de l'article 189 AUPCAP que la liquidation des biens de la société ne peut être étendue à son gérant que si des faits fautifs visés par ce texte lui sont imputables. Or, en l'espèce, la demanderesse n'en apporte aucune preuve.

Leçon de jurisprudence

-Pour le juge, la preuve de la cessation des paiements dans cette affaire tient à la cessation d'activité par la société depuis longtemps, aux nombreuses décisions de justice ayant condamné le débiteur à payer diverses sommes d'argent à ses partenaires.

9.Tribunal de commerce d'Abidjan, X Jugement n°RG155/15 du 02 avril 2015

Faits :

La BIAO-Côte d'Ivoire a assigné la société DJAMANAN Tour, la société groupe KONECO, Monsieur KONE Cheikh Oumar à comparaître devant le tribunal de commerce d'Abidjan en vue de prononcer la liquidation des biens de la première et de l'étendre aux deux autres ainsi qu'aux associés du groupe KONECO. Le juge n'a pas manqué de relever que la société DJAMANAN est une société anonyme unipersonnelle et n'appartient pas à la catégorie des sociétés dans lesquelles la responsabilité des associés est indéfinie et solidaire. De plus, l'extension des procédures collectives aux dirigeants obéit à des conditions de fond et de forme au même titre que l'action en comblement de passif. Ces deux actions sont indépendantes de la procédure initiale de redressement judiciaire ou de liquidation des biens. Toujours selon le tribunal de commerce d'Abidjan, l'action en responsabilité civile prévue à l'article 183 AUPCAP suppose, tout comme l'action en responsabilité de droit commun, la preuve d'une faute, d'un préjudice et d'un lien de causalité entre ceux-ci. En l'espèce, la créancière n'a pas établi la faute du dirigeant, ni celui des associés, se contentant de soutenir qu'il avait « *indéniablement participé à la dégradation de la situation financière de la société DJAMANAN TOUR* ».

Leçons de jurisprudence

-L'action en comblement de passif et extension de la procédure ne peuvent être introduites que par le syndic ou par saisine d'office de la juridiction qui a prononcé la procédure collective concernée

-La cessation d'activité équivaut à la fermeture des locaux depuis longtemps.

Le juge en l'espèce considère que l'action en comblement de passif et l'action en extension sont des actions attitrées vu qu'elles ne peuvent être exercées que par le syndic et le juge compétent. Peut-on rapprocher cette jurisprudence d'avec celle du Tribunal de commerce d'Abidjan du 19 juillet 2018 ?[449] Dans cette affaire, le juge a simplement précisé qu'il ne s'agissait pas d'une action en comblement de passif, mais de l'extension d'une procédure collective à un dirigeant. Ce faisant, l'article 183 ne saurait s'appliquer et la fin de non-recevoir soulevée par le dirigeant doit être rejetée.

10.Cour d'appel de commerce d'Abidjan, 1e ch. Arrêt N°322/2018 du 20 juin 2019, Société GIMAT contre Banque Sahélo-Saharienne pour l'investissement et le commerce de Côte d'Ivoire.

Faits : La Banque Sahélo-Saharienne pour l'investissement et le commerce de Côte d'Ivoire sollicite l'ouverture de la procédure de liquidation des biens contre le débiteur et son extension à la caution solidaire de celui-ci pour avoir laissé se poursuivre une activité déficitaire qui ne pouvait aboutir qu'à la cessation des paiements de la société. Du PV de la réunion de l'AGE, il ressort que la caution solidaire, dirigeant de son état, savait que la société affichait des capitaux propres négatifs depuis 2010. Malgré cette situation, il a sollicité et obtenu de la BSIC en 2013 un crédit, créé une société concurrente de la GIMAT. Cependant pour qu'il y ait extension, il faudrait que le créancier démontre que ces agissements sont justifiés par l'intérêt personnel que celui-ci trouvait ou recherchait dans l'exploitation déficitaire de la société GIMAT. Or, la société créancière s'est contentée d'affirmer que le gérant de la GIMAT a « *laissé poursuivre une activité déficitaire qui ne pouvait qu'aboutir à la cessation des paiements* »

Leçon de jurisprudence

-Le juge donne le sens de ce qu'est une créance certaine, liquide et exigible. Il s'agit selon lui d'une créance qui est incontestable tant dans son existence que dans son montant, dont le montant en argent est connu et déterminé et dont le paiement peut être immédiatement réclamé.

[449] Tribunal de commerce d'Abidjan, 19 juillet 2018, affaire BSIC Côte d'Ivoire contre GIMAT.

11.CCJA, 3e ch., arrêt n°79/2018, 29 mars 2018, Société Congolese Wireless contre FERUZI KALUME NYEMBWE

Faits

La société RESOTEL détenait 40 % de la société congolese Wireless. L'un des co-gérants de cette société, estimant ses intérêts menacés, a saisi le Tribunal de commerce de Kinshasa Gombe pour être nommé en qualité de gérant de la société congolese Wireless. Le Tribunal a fait droit à sa demande. Par ordonnance rendue le 4 Avril 2014, le Président du Tribunal de commerce a constaté l'indisponibilité de Monsieur ALLEU BADARA condamné à une peine privative de liberté et autorisé ce faisant à titre provisoire, le sieur FERUZI KALUME NYEMBWE à gérer et représenter la Société Congolese Wireless (CWN) dans le capital de la Société VODACOM où elle avait une participation. C'est fort de cette ordonnance que le sieur FERUZI KALUME NYEMBWE a convoqué une assemblée générale de la CWN à l'issue de laquelle il fut désigné unique gérant de ladite société. Entre temps, le sieur ALLEU BADARA a saisi le Tribunal de commerce de Kinshasa Matete qui a rendu exécutoire en RDC une décision du Juge américain annulant ayant constaté son indisponibilité. Les ordonnances ayant été rétractées, le sieur ALIEU BADARA a assigné la société VODACOM CONGO et le sieur FERUZI KALUME devant le tribunal de commerce de Kinshasa Gombe

PJ : Seul le gérant statutaire d'une SARL est habilité à donner mandat aux avocats pour représenter en justice la société

<u>Leçon de jurisprudence</u>

-L'exception ne s'applique qu'à la saisine du juge et non le fond de l'affaire qui n'implique aucune violation d'un Acte uniforme, du Traité et de ses règlements. Par conséquent la CCJA est incompétente. Tels sont les arguments du défendeur au pourvoi. Pour la CCJA cependant, cette exception est intimement liée au litige relatif à l'assignation en dissolution d'une société commerciale sur le fondement de l'article 147 et 200 AUSCCGIE dont l'interprétation et l'application sont de sa compétence.

12.CCJA, 1e ch., Arrêt n°33/2007, 22 novembre 2007, COTRACOM, dame Youssouf contre BIAO-CI

Faits :

La COTRACOM et dame Aminata YOUSSOU se sont pourvu en cassation du jugement rendu le 23 mai 2005 par le TPI d'Abidjan qui a certes reçu les dires et observations des défendeurs, mais les a dit mal fondés et par conséquent rejetés, constaté que toutes les formalités requises par la loi pour parvenir à la vente de l'immeuble litigieux ont été accomplies par la BIAO-CI. Les 8 et 16 septembre 1987, un acte d'ouverture de crédit a été passé en l'étude d'un notaire, par lequel, la BIAO-CI avait accordé à la COTRACOM un crédit à court terme d'un montant de 45.000.000. Pour garantir l'exécution de l'ouverture de crédit, la dame Aminata YOUSSOUF s'est portée caution solidaire et hypothécaire. Le débiteur principal ne s'étant pas exécuté, la banque a mis à contribution la caution, procéder la saisie immobilière de l'immeuble hypothéqué, fixé l'audience éventuelle devant le TPI d'Abidjan Plateau. Dans leurs dires et observations le débiteur et la caution ont sollicité la nullité de la saisie pour irrégularité des actes de procédures.

L'article 487 AUSCGIE n'interdit ni au PDG, ni au DG de déléguer ses pouvoirs à un collaborateur pour agir au nom de la société. En l'espèce, le collaborateur n'est personne d'autre que le directeur du risque et du crédit.

Faut-il nécessairement signifier le commandement à la personne du débiteur ? Pour la CCJA, l'important c'est de respecter les formes de signification prévues par les textes en vigueur

B-TRAITEMENT RIGOUREUX

119. Petite mise au point. Il faudrait s'interroger sur la finalité de la gestion de la société par le dirigeant. On s'intéressera au contenu et au destinataire des fonctions du dirigeant[450].

L'assujettissement du dirigeant à des devoirs. Ces différents devoirs sont le devoir de loyauté (devoir de fidélité, de non-concurrence), respect de l'intérêt commun (valeur actionnariale), de l'intérêt social, l'intérêt collectif (devoir de vigilance des sociétés

[450] V. GROSSI Isabelle, qui s'interroge si c'est dans l'intérêt des associés, de la société et des tiers. GROSSI Isabelle, « Réflexions sur les fonctions du dirigeant social », in Mélanges J. MESTRE, p.513.

mères, devoir de vigilance anti-corruption), devoir de compétence, d'anticipation (l'information comptable et financière constitue un outil de détection des difficultés de l'entreprise)[451]

1.Cour d'appel de commerce d'Abidjan, 1er ch., Arrêt n°299/2019, 13 juin 2019

Faits :

La SIRES a interjeté appel du jugement rendu par le tribunal de commerce d'Abidjan la condamnant à payer la somme de cinquante millions à Pierre KIN Stanislas (ce dernier avait reçu mandat pour gérer les restaurants lui appartenant). Pour l'appelante, la gestion du gérant était mauvaise (abus de biens sociaux, non-paiement des charges sociales, fiscales, factures des fournisseurs accumulées). Pourtant malgré cette mauvaise gestion et les tentatives pour avoir le point de la gestion de Monsieur KIN, le gérant a préféré saisir le tribunal de commerce d'Abidjan d'une action en paiement de dommages et intérêts[452]

PJ : le fait d'empêcher physiquement un dirigeant d'exercer ses fonctions, l'accès à la société lui ayant été interdit n'est pas une révocation au sens du droit des sociétés commerciales

Leçons de jurisprudence

-Ne pas confondre voie de fait et révocation (Ne pas confondre procès-verbal d'interdiction d'accès aux lieux de travail et acte de révocation) ;

-Dans une SARL, la révocation est décidée soit par décision des associés représentant plus de la moitié des parts sociales ou par le juge (Or en l'espèce aucune AG ne s'est tenue) ;

-Le juge a relevé une contrariété de motifs de la part du tribunal de commerce qui a retenu qu'il n'y avait pas de révocation mais a pourtant condamné la société pour révocation illégale ;

-Le juge rappelle que le droit d'agir en justice est un droit primordial.

---

[451] V.HEINICH Julia, « Le devoir d'anticipation du dirigeant », in Mélanges J. MESTRE, pp.523 et s.

[452] V.(Dir), CAYROL Nicolas, *La notion de dommages-intérêts*, Dalloz, 2016, collection « Thèmes et commentaires ».

2.Cour d'appel de commerce d'Abidjan, 1e ch., Arrêt n°218/2019, 09 mai 2019

Faits :

La juridiction présidentielle du tribunal de commerce ayant suspendu les délibérations du conseil d'administration de la société STAR AUTO jusqu'à ce que la CCI de Paris statue définitivement, celle-ci a interjeté appel de l'ordonnance. Selon l'appelante, la mésintelligence entre associés a entrainé une crise qui a nécessité de désigner un mandataire judiciaire pour convoquer une AG. Après l'AG, une réunion du conseil d'administration s'est tenue. Selon la société, le sieur Jean-Louis, bien que régulièrement convoqué n'a pas daigné se présenter et les a assignés aux fins d'obtenir la suspension des délibérations du conseil d'administration. Cependant, malgré le fait qu'elle ait soulevé des fins de non-recevoir tirées de l'irrégularité de la saisine de la CCI et du défaut de qualité du représentant légal de la STAR AUTO, le juge a fait droit à la demande du requérant.

PJ : Nomination et publication des noms du dirigeant au JAL sont-elles un motif pour dénier à celui-ci la qualité de représentant légal d'une société ?

Pour la Cour d'appel de commerce d'Abidjan, la déclaration de modification des noms du dirigeant est intervenue après saisine du juge. Il fallait procéder à une publication au RCCM et non au JAL.

La juridiction présidentielle du Tribunal de commerce d'Abidjan a rejeté les fins de non-recevoir des appelants qui précisent que l'action intentée par l'intimée est irrecevable vu que la nomination du représentant légal a été faite au JAL. Le rejet de cet argumentaire tient au fait que l'article 124 AUSCGIE dispose que la désignation, la révocation ou la démission des dirigeants sociaux doit être publiée au RCCM. D'ailleurs, la modification au RCCM a été faite après assignation ou saisine du juge.

Leçons de jurisprudence

-Le défaut de mention du nom et prénom du représentant légal, cause d'irrecevabilité de l'assignation ? Pour l'intimé aucune disposition ne le précise (le juge n'a pas répondu à cette question)[453] ;

---

[453] Si nous prenons l'exemple du Décret n° 2001-1151 du 31 décembre 2001 modifiant le code de procédure civile sénégalais, il convient de préciser que ni l'article 33 encore moins l'article 821 CPC auquel il renvoie ne le précisent.

-Pour le juge, il y a trois conditions de recevabilité de l'action en justice.

3.Tribunal de commerce de Cotonou, Arrêt n°3978/2018, 22 février 2019, affaire Gisèle ADJIBI ADOTEVI contre Société Atlantic Business International

Faits

La société Banque Atlantique Bénin (son siège social se trouve à Cotonou), filiale du Groupe Atlantic Business International et cette dernière (société mère ayant son siège social à Abidjan) ont été attraites devant le Tribunal de commerce de Cotonou par ADOTEVI ADJIBI Gisèle, ex-directeur général pour constater que sa révocation n'est pas légitime, est brutale, ne respecte pas le principe du contradictoire[454] ; par conséquent, condamner la Banque Atlantique Bénin solidairement avec sa société-mère, à lui verser le montant d'un milliard deux cent quarante-trois millions (1.243.000.000) de francs CFA à titre de dommages-intérêts. En effet, suivant délibération du 08 octobre 2012, ADOTEVI ADJIBI Gisèle a été nommé directeur général de la société Banque Atlantique Bénin pour un mandat de trois ans renouvelables[455]. Le mandat a été renouvelé le 08 octobre 2015. Cependant, le 20 juillet 2017, le conseil d'administrateur a révoqué le directeur général et cinq jours plus tard, la société-mère a décidé d'en faire une chargée de mission auprès de son directeur général.

PJ :Le conseil d'administration peut-il invoquer comme juste motif de révocation d'un DG, le fait que celui-ci ne parvienne pas à maîtriser la situation financière de la société ?

Résultat net du premier semestre de 2017 : perte de 210.000.000 Francs CFA contre un budget de 527 millions. Quant au résultat net déficitaire de l'exercice clos le 31 décembre 2017, il est de 3.980. 092.654 FCFA.

---

[454] Sur un point de vue doctrinal contre l'application du principe du contradictoire en droit des groupements, V. LUCAS François-Xavier, « Le principe du contradictoire en droit des sociétés », in Libertés et droits fondamentaux, Dalloz, Paris, 19e édition, 2013, pp.831 et s

[455] Suivant l'article 485 AUSCGIE , le conseil d'administration nomme le directeur général. Il faut dire que le mutisme de l'article précité concernant la durée du mandat du directeur constitue une illustration de la liberté accordée au conseil d'administration dans la fixation de celle-ci. En revanche, si le directeur général est un administrateur, les articles 420 et 433 AUSCGIE pourraient être invoqués.

Les motifs invoqués par le Conseil d'administration sont la détérioration de la qualité du portefeuille ou situation financière de la société, la gestion ayant mis gravement en péril l'intérêt social, la violation de la réglementation relative aux conditions d'octroi de crédit

Leçons de jurisprudence

-Le Tribunal du commerce rappelle le domaine du contrôle juridictionnel de la révocation *ad nutum* : l'exercice n'est pas atteint, mais plutôt les circonstances de la mise en œuvre ;

-Le pouvoir de révocation ad nutum n'est assorti d'aucune procédure spéciale surtout lorsque la personne concernée était présente à la réunion du conseil d'administration prenant cette décision (la requérante, devant le Tribunal de commerce avait dit que c'est le jour de l'ouverture du conseil d'administration que l'ordre du jour a été modifié et la question de sa révocation évoquée).

-Dans cette affaire, la société-mère avait voulu être mise hors de cause. Mais, le juge en a décidé autrement en raison du fait que c'est elle l'employeur de l'ex-directeur général et qui a mis celui-ci à la disposition de sa filiale.

4.CCJA, 1e ch., arrêt n°003/2019, 24 janvier 2019 affaire HUAWEI contre Groupe HVK INTERNATIONAL

Faits :

La société HUAWEI TECHNOLOGIES s'est pourvu en cassation contre l'arrêt confirmatif n°20 rendu le 1er février 2017 par la Cour d'appel de Brazzaville dans l'affaire l'opposant au Groupe HVK INTERNATIONAL. Des faits, il résulte que le groupe en question avait donné à bail l'hôtel Exaunel à la société HUAWEI Technologies SAU. Ce contrat a été renouvelé pour une durée ferme de six mois. A la fin du bail, le preneur a manifesté son intention de quitter les lieux. A cet égard, un état des lieux a été réalisé par deux huissiers requis par les parties et consigné dans un procès-verbal. Les deux sociétés s'étaient retrouvées pour déterminer à l'amiable les modalités des réparations des dommages relevés. Malheureusement, aucun accord n'a pu être trouvé. C'est ainsi que le bailleur a signifié au preneur l'ordonnance portant injonction de payer la somme de 165.271.000 rendue par le président du Tribunal de grande instance de Brazzaville correspondant au coût de la remise en état des lieux. Devant le même tribunal, la société condamnée a formé opposition contre ladite ordonnance. Celui-ci a déclaré le recours irrecevable et la Cour d'appel l'a suivi.

La question majeure tournait autour du défaut de publicité du changement de dirigeant de la société ayant formé le pourvoi en cassation à la date de la procédure d'opposition d'injonction de payer

PJ : une société n'est pas habilitée à former opposition à injonction de payer si elle n'a pas procédé à la publication de la nomination de son administrateur général avant cette opposition.

La CCJA s'est basée sur l'article 61 AUDCG qui dispose « *Toute personne assujettie à l'immatriculation au Registre du Commerce et du Crédit Mobilier ne peut, dans l'exercice de ses activités, opposer aux tiers et aux administrations publiques, qui peuvent toutefois s'en prévaloir, les faits et actes sujets à transcription ou mention que si ces derniers ont été publiés au Registre du Commerce et du Crédit Mobilier.*

Cette disposition n'est pas applicable si l'assujetti établit qu'au moment où ils ont traité, les tiers ou administrations en cause avaient connaissance des faits et actes dont s'agit »

Leçons de jurisprudence

-Les conditions du droit au renouvellement étaient-elles réunies ? On pourrait en douter lorsqu'on sait que le bail a été conclu le 1er septembre 2014 et renouvelé le 20 février 2015

-On pourrait se demander s'il y a eu tentative de conciliation des parties comme le prévoit l'article 12 AUPSRVE après quoi le tribunal a déclaré le recours irrecevable.

-Pourquoi la CCJA relate le fait que c'est l'AGE qui le 02 février 2015 a nommé CHEN ZHI JUN en qualité d'administrateur général ? Est-ce une erreur de rédaction ?

Cette décision doit être rapprochée de celle de la première chambre de la Cour d'Appel de Commerce d'Abidjan, n°218/ 2019 du 09 Mai 2019[456]

5.CCJA, 3e ch., Arrêt n°216/2018, 22 novembre 2018

Faits : La société Afriland First Bank, le 02 octobre 2017 a sollicité de la CCJA, la liquidation des dépens suite à l'arrêt rendu par ladite le 27 avril 2017 dans la cause l'opposant à la Société Castor

[456] Legiafrica.com/categorie-4431-dirigeants-sociaux/ p-2, consulté le 15-03-2020

Bâtisseur SARL et le sieur ACHINDATI Etienne. Dans leur mémoire en réponse, les parties ont conclu à l'irrecevabilité de la requête aux motifs que le mandat spécial présenté par l'avocat de la demanderesse est irrégulier parce que le directeur général adjoint n'a pas pouvoir pour agir seul au nom de la société et ce, en vertu de l'acte notarié n°8313 du 30 juin 2014 portant délégation de pouvoirs de signature pour le compte de Afriland First Bank. En effet, il était bien spécifié dans l'expédition de l'acte notarié que les pouvoirs délégués par le Président de la société Afriland First Bank ne peuvent être valablement mis en œuvre que par deux responsables agissant conjointement, conformément à un tableau préétabli annexé audit acte.

PJ : irrecevabilité d'une requête en liquidation des dépens en raison d'un mandat spécial donné à l'avocat par la seule personne du directeur général adjoint contrairement au contenu de l'acte notarié portant délégation de pouvoirs de signature qui exigeait une action conjointe.

<u>Leçon de jurisprudence</u>

-La troisième chambre de la CCJA a utilisé une expression « Président de la société », sans dire à quoi elle correspond. S'agit-il du PCA ? Tout porte à croire qu'il s'agit de cet organe.

6.Tribunal de Première instance d'Eseka, chambre correctionnelle, arrêt n°625, 26 septembre 2018

Faits : Le 16 août 2017, suivant procès-verbaux d'interrogatoire au Parquet en cas de flagrant délit de Monsieur le Procureur de la République près les Tribunaux d'Eseka, le Directeur général de CAMRAIL, le chargé du trafic-voyageur, le responsable du poste de commandement et de contrôle, le directeur du matériel par intérim et autres ont été traduits devant le Tribunal de Première Instance d'Eséka statuant en matière correctionnelle pour y répondre des faits qualifiés d'activités dangereuses, homicide et blessures involontaires, punis par les articles 74, 228, et 289 du Code pénal. Par exploit du 07 Septembre 2017, la société CAMRAIL a été citée à comparaître devant cette même juridiction en qualité de personne morale pour y répondre des mêmes faits

PJ : DG déclaré coupable d'activités dangereuses, d'homicides involontaires entrainant en même temps la responsabilité pénale de la société

Leçon de jurisprudence

Outre le fait qu'elle met en évidence l'articulation entre les règles de droit pénal et de droit civil, cette décision pose la question de l'identité de la personne morale. En effet, on se pose la question de savoir si CAMRAIL est un démembrement de l'État. Le juge a répondu par la négative. Par conséquent, l'exercice par une entreprise d'une mission d'intérêt général n'est pas exclusif de l'application des règles du droit OHADA.

7.Tribunal de commerce d'Abidjan, 1e ch., arrêt n°1636/2018, 28 juin 2018, affaire Rémi A. Marie D. SPRIET contre SITAB

Faits : Par exploit du 23 avril 2018, Monsieur Rémi Antoine Marie Didier SPRIET a assigné la société ivoirienne des Tabacs d'avoir à comparaître le 03 mai 2018 devant le Tribunal de commerce d'Abidjan pour la voir condamner à lui payer un montant abusivement retenu (la SITAB aurait payé 19 jours de salaire au directeur général et retenu le montant de deux millions quatre cent quatre-vingt-onze mille) sur sa rémunération et ses droits sociaux, révocation abusive et vexatoire. Selon ce dernier, le conseil d'administration lui ayant reproché d'avoir violé les procédures internes à la SITAB en accordant des ristournes à un client, il a été révoqué par exploit d'huissier du 6 août 2015

Pj : Doit-il être révoqué un dirigeant qui accorde une ristourne à un client sans respect des procédures internes de la société et qui tente de la dissimiler ? Le Tribunal de commerce d'Abidjan répond par l'affirmative en ce sens que le demandeur a modifié des paramètres informatiques effectués sur des logiciels exploités par la société en violation des règles de contrôle interne. En effet, le directeur général a accordé une ristourne exceptionnelle à un client de la société sans informer le directeur général adjoint ainsi que celui des affaires financières, co-validateurs.

Leçons de jurisprudence

-Compétence du tribunal de commerce d'Abidjan : droits relatifs au contrat de travail que le demandeur prétend avoir sur la société : pas de preuve de l'exercice d'une fonction différente de celle d'un mandat de directeur général, litige relatif au mandat social. Toujours selon le tribunal de commerce d'Abidjan, la rémunération alléguée de même que les avantages invoqués par le demandeur n'ont pas été fixés par le conseil d'administration de la SITAB

-Ne peut prétendre être révoqué abusivement de son mandant d'administrateur le représentant permanent d'une société au conseil d'administration dont le mandat a été révoqué (le 23 juillet 2015) avant la tenue de la réunion du conseil d'administration (6 août 2015).

8.Tribunal de commerce d'Abidjan, X jugement n°RG1792/2016, 14 juillet 2016, Epouse ATTIAAYA contre BGFIBANK Côte d'Ivoire

Faits :

Madame YAO épouse ATTIAAYA a attrait devant le Tribunal de commerce d'Abidjan la BGFI Bank Côte d'Ivoire pour la condamner à lui payer le montant de huit cents millions (800.000.000) à titre de dommages et intérêts pour procédure d'éviction abusive du poste de directeur général adjoint. La demanderesse expose qu'elle était embauchée en août 2011 par la BGFI Bank Côte d'Ivoire en qualité de Directrice commerciale. En raison de son dévouement, sa qualité de travail, elle a été nommée directeur général adjoint de ladite société. Le directeur général, en vue de gérer un projet de financement d'un immeuble R+2, l'a mis en rapport avec une cliente. Que celle-ci ayant régularisé sa situation avec la banque est passée lui remettre une enveloppe d'un million de francs, qu'elle a refusé de prendre. Lors d'une réunion du Conseil d'administration à laquelle elle a participé pour présenter les résultats de fin d'année, le directeur général a réclamé sa révocation du poste de directeur général adjoint. C'est quelques jours plus tard que le directeur général l'a informée par lettre de son licenciement du poste de directeur général adjoint pour faute lourde pour avoir accepté des libéralités sans en informer sa hiérarchie. Cette révocation est abusive puisqu'émanant du directeur général n'ayant aucune compétence pour la révoquer, ne respecte pas le principe du contradictoire

PJ : révocation d'un DG adjoint d'une banque qui s'est fait remettre le montant d'un million par une cliente sans respect de la procédure interne en matière de cadeaux reçus par les salariés de la clientèle est-elle abusive ? La réponse négative s'impose.

Il y a eu en l'espèce violation manifeste du règlement intérieur et du code de déontologie de la banque (un formulaire de demande d'autorisation relative aux cadeaux et avantages devrait être renseigné, un courrier signé du directeur général transmis à la cliente pour matérialiser le refus de son cadeau).

9.CCJA, 1e ch., arrêt n°48/2016, 18 mars 2016, ANON SERA contre ESCG

Faits

Anon SERA a été désigné par le juge administrateur séquestre des biens immobiliers de la communauté des ex-époux Gaoussou Dramane Ouattara-Nicolas Liliane Juliette. Un des immeubles était loué par la GECOS formation. Celle-ci n'ayant pas payé les loyers entre ses mains, l'administrateur séquestre a saisi le Tribunal de première instance d'Abidjan, qui par jugement rendu le 15 juin 2009 a condamné la locataire à payer la somme de dix-huit millions, prononcé la résiliation de son bail, ordonné son expulsion. La société GECOS FORMATION a interjeté appel devant la Cour d'appel d'Abidjan qui a confirmé la décision du Tribunal de première instance

Le défaut d'inscription de certaines mentions telles que le capital pourrait être source de responsabilité pénale.

Leçons de jurisprudence

-La nature de la sanction du non-respect des articles 61, 66 et 311 AUSCGIE par une société commerciale. Pour le juge, il ne s'agit guère de la nullité, mais de la responsabilité civile de la société et de ses dirigeants concernés. Par ailleurs, l'article 891 issu de la réforme de l'AUSCGIE met en jeu la responsabilité pénale des dirigeants ;

-Inopposabilité à un tiers exécutant en l'occurrence ANON SEKA d'un accord conclu entre le locataire et l'Etat ivoirien (l'appelant avait brandi un argument selon lequel, il y avait un accord entre lui et le bailleur en vertu duquel celui-ci ne recevrait paiement qui si l'État ivoirien règle le preneur. De même, il entend céder sa créance qu'il détient sur l'État)

10.CCJA, 1e ch., Arrêt n°39/2016, 29 février 2016 COMMISIMPEX contre CNSS (Caisse Nationale de Sécurité Sociale)

Faits : Le 19 septembre 2013, la société Commisimpex a formé un pourvoi en cassation de l'arrêt n°19 rendu le 13 mai 2013 par la Cour d'appel de Brazzaville dans le différend qui l'opposait à la Caisse Nationale de sécurité sociale et qui l'avait condamné aux dépens

PJ : Le recours en révision devant la CCJA introduit par un PDG d'une société en liquidation des biens n'est pas recevable[457]

Leçon de jurisprudence

-Fin des pouvoirs du PDG en présence d'une décision prononçant la liquidation des biens. Cette fin fait suite à l'article 53 alinéa 1e de l'AUPCAP de 1998

11.Tribunal de commerce d'Abidjan, X, jugement n°RG622/2015, 19 mars 2015, Mademoiselle A. N. OKA et autres contre BROU K. DENIS

Faits : Par exploit en date du 6 février 2015, les associées de la société NADE EXPERTISE-PRO SARL ont assigné le gérant à comparaître le 19 février 2015 devant le Tribunal de Commerce d'Abidjan pour entendre prononcer sa révocation de son poste de gérant statutaire. Selon les demanderesses, le gérant a utilisé à des fins personnelles l'argent de la société et refuse de rendre compte de sa gestion. Ces agissements nuisant gravement aux intérêts de leur société, constituent une faute de gestion et partant, la révocation du gérant s'impose

PJ : Le gérant statutaire qui accomplit à sa guise des retraits fréquents dans les différentes caisses des agences de la société au point de mettre à mal la trésorerie de celle-ci commet une faute de gestion.

Leçon de jurisprudence

-Pour le Tribunal de commerce d'Abidjan, il est de jurisprudence constante que les fautes de gestion constituent un juste motif de révocation du gérant

[457] Le recours en révision, au même titre que les recours en interprétation, en rectification et en tierce opposition sont des voies de recours extraordinaires devant la CCJA. V. WAMBO Jérémie, « Bref aperçu de règlement de procédure de la Cour commune de justice et d'arbitrage tel que modifié le 30 janvier 2014 à Ouagadougou », ohada.com/actualite/2016/bref-aperçu, consulté le 17-03-2020, à 8H 48 mn.

12.Tribunal de commerce d'Abidjan, jugement n°RG3226/2014, 05 février 2015, Kouassi K. Jean Jacques contre Banque pour le financement de l'Agriculture

Faits

Le 06 novembre 2014, Monsieur Kouassi Kodjo Jean Jacques a assigné la Banque pour le financement de l'Agriculture à comparaître devant le Tribunal de commerce d'Abidjan pour s'entendre condamner à lui payer la somme de 59.000.000 au titre d'arriérés d'indemnités de fonction d'administrateur et de prime de bilan, condamner en outre à payer la somme de 50.000.000 pour non-respect du contradictoire. En effet, Monsieur Kouassi Kodjo explique qu'il a été nommé directeur général et coopté comme administrateur de la BFA. Deux ans après, le conseil d'administrateur lui notifie par une note de service n°034/2008 sa décision de révocation au poste d'administrateur, de directeur général de la BFA avec effet immédiat

Il est constant que la liberté de révocation du DG reconnue au Conseil d'administration implique le respect du contradictoire qui veut que celui-ci puisse être entendu, ou en tout cas mis en position de faire valoir ses arguments. Par conséquent, ce principe ayant été respecté, le DG révoqué ne peut prétendre aux versements de dommages et intérêts. En l'espèce, le procès-verbal de la réunion du conseil d'administration constitue une preuve de ce respect

13.Cour d'appel d'Abidjan, chambre civile et commerciale, arrêt n°226, 19 mai 2011, w contre Z.

Faits

Suivant exploit d'huissier en date du 12 novembre 2010, W a relevé appel de l'ordonnance de référé n°1939 rendu le 07 septembre 2010 par la juridiction présidentielle du Tribunal de première instance d'Abidjan (le Président du Tribunal avait fait injonction à W d'avoir à rendre compte de sa gestion durant son mandat de gérant sous astreinte comminatoire de 100.000 par jour de retard à compter du prononcé de la présente décision). Selon W, Z nouveau gérant de la société CRDI SARL l'a assigné en référé aux fins d'avoir à rendre compte de sa gestion depuis sa nomination statutaire jusqu'à sa révocation le 22 juin 2010. Pourtant, selon lui, les pièces et documents afférents à sa gestion ont été communiqués à l'audience de référé

PJ : Un ancien gérant qui ne rend pas compte de sa gestion au nouveau gérant peut être assigné par ce dernier

Leçon de jurisprudence

-L'insuffisance d'informations reçues par les associés de la part de l'ancien dirigeant ne justifie pas le déclenchement de la procédure d'alerte vu qu'il n'y a aucun risque sérieux de cessation de l'exploitation, ni celle de l'expertise de gestion

14. Cour d'appel d'Abidjan, 2e chambre civile B, Arrêt n°83, 06 février 2009

Faits : Par exploit en date du 1er février 2008, Monsieur D a relevé appel du jugement civil rendu le 11 juillet 2007 par le Tribunal de première instance d'Abidjan qui a déclaré nulle l'Assemblée générale du 13 décembre 2005 ainsi que tous les actes et résolutions qui en ont découlé parce que l'administrateur général, au moment des faits avait démissionné.

PJ : Un administrateur général qui ne rapporte pas la preuve du renouvellement de son mandat n'est pas habilité à ester en justice pour le compte d'une société

Leçon de jurisprudence

-La nullité des actes sociaux d'une société commerciale n'est pas automatique

15. CCJA, 1e ch., Arrêt n°32/2007, 22 novembre 2007, T. C. E. WIELEZYNSKI contre COFIPA INVESTMENT BANK

Faits :

Thomas Christophe Emmanuel WIELEZYNSKI s'est pourvu en cassation de l'arrêt n°462 rendu le 18 avril 2003 par la Cour d'appel d'Abidjan qui l'a débouté de son action. Il ressort des pièces du dossier que le 18 février 2000, le Conseil d'administration de la BIAO INVESTISSEMENT devenue COFIPA INVESTMENT BANK COTE D'IVOIRE a désigné Monsieur WIELEZYNSKI directeur général. Le 27 avril 2000, l'assemblée générale l'a nommée administrateur. Estimant que l'actionnaire majoritaire de la COFIPA INVESTMENT BANK COTE D'IVOIRE n'était pas représenté, Monsieur WIELEZYNSKI a démissionné de ses fonctions d'administrateur. Malgré cette démission, des comptes de sa gestion lui ont été demandés. Ce dernier a refusé jugeant non nécessaire la présence d'un huissier chargé d'établir un procès-verbal de son compte-rendu de gestion d'autant qu'un document y relatif était déjà rédigé par écrit à l'attention du conseil. Le Conseil d'administration, suite à cet incident l'a suspendu du 14 mai au 7 juin. Par délibération du 22 juin 2001, le conseil d'administration mettait fin à son mandat de directeur général. L'ex-directeur général a assigné la société COFIPA INVESTMENT BANK devant le Tribunal de première instance d'Abidjan Plateau pour révocation abusive de son mandat. Celui-ci l'a déclaré mal fondé et l'a débouté. En appel, la Cour d'appel d'Abidjan a confirmé le jugement.

PJ : Possibilité pour le conseil d'administration de suspendre d'abord le DG de ses fonctions, ensuite de le révoquer. Cette mesure conservatoire n'est pas interdite par l'article 492 AUSCGIE

16. CCJA, 3e ch., Arrêt n°210/2017, 23 novembre 2017, AERCO contre Société duty Free shop ALIMA

Faits :

Le 16 mai 2000, l'Agence Nationale de l'Aviation Civile a signé avec la Société DUTY FREE SHOP ALIMA la convention n°020/00/ANAC/BZV autorisant cette dernière a occupé temporairement le domaine public. Cette convention a été renouvelée par tacite reconduction jusqu'au 9 août 2008. Le même jour, un protocole de préfinancement assorti d'un délai d'amortissement qui portait son terme à fin 2019 a été signé par les parties. Lorsqu'en 2010, la Société AERCO a pris la gérance de l'Aéroport de Brazzaville suite à une concession signée avec l'État et approuvée par Décret, elle a invité la société DUTY FREE SHOP ALIMA a quitté les lieux. Cette situation n'a pas été admise par la société précitée qui a assigné la société AERCO devant le Tribunal de commerce de Brazzaville parce qu'estimant être titulaire d'un bail à usage professionnel. Le 28 mai 2013, ledit Tribunal a fait droit à sa demande et ordonné sa réintégration faute de paiement d'une indemnité réparatrice d'un milliard

PJ : Le directeur administratif et financier d'une société anonyme est-il habilité à donner mandat de représentation à un avocat ?

La CCJA a répondu par la négative.

17. CCJA, 2e ch., Arrêt n°130/2017, 18 mai 2017, Madame AZA NGU OTAY contre Ecobank Cameroun.

Faits : Madame Aza Ngu OTAY s'est pourvu en cassation contre n°362 rendu le 14 novembre 2012 par la Cour d'appel du Centre à Yaoundé qui a confirmé le jugement n°825 du 17 novembre 2008.

Il résulte des pièces du dossier que par contrat en date du 14 octobre 1998, Dame Aza Ngu OTAY avait été recrutée par la société Ecobank Transnational Incorporated. A la création de la filiale Ecobank Cameroun, elle y a été nommée directeur général adjoint et continuait néanmoins à bénéficier du même salaire jusqu'à sa démission le 22 août 2001. Qu'à cette date, elle a transigé après avoir encaissé une indemnité forfaitaire de cinquante millions contre renonciation à toute action ou réclamation ultérieure en relation directe ou indirecte avec le contrat de travail dont s'agit. Pourtant, le 23 mars 2007, l'ex-directeur général a assigné Ecobank Cameroun devant le Tribunal de grande instance de Mfoundi aux fins de fixation et paiement de sa rémunération de mandataire social. Par jugement n°825 du 17 novembre 2008, le Tribunal se déclarait incompétent

PJ : Est frappé par la prescription un dirigeant qui, cinq ans après sa démission d'un groupe n'a pas réclamé le paiement des indemnités liées à son statut de mandat. Pour le juge, le point de départ de la prescription c'est le jour de la démission.

18. CCJA, 3e ch., Arrêt n°76/2018, 29 mars 2018, AIMABLE MPORE contre Société MTN Côte d'Ivoire

Faits :

Aimable MPORE, ex-directeur général de la société MTN Côte d'Ivoire s'est pourvu en cassation contre l'arrêt n°265 rendu le 18 avril 2014 par la deuxième chambre commerciale de la Cour d'appel d'Abidjan qui a non seulement infirmé le jugement contradictoire n°1545 rendu le 12 décembre 2013 par le Tribunal du Commerce d'Abidjan, mais également décidé que sa révocation est régulière. Il résulte des pièces du dossier que ce dernier avait été expulsé et a quitté la Côte d'Ivoire. Le lendemain, excipant de l'impossibilité pour ce dernier de remplir ses fonctions, le Conseil d'administration a mis fin à son mandat. Cette décision lui a été notifiée par courrier électronique. Quatre années plus tard, l'ex-directeur général a assigné en paiement de la somme d'un milliard la société pour révocation abusive

PJ : révocation d'un DG justifiée par une mesure d'expulsion imposée à celui-ci et à la société

<u>Leçons de jurisprudence</u>

-L'omission du contenu des PV prévu à l'article 458 n'est pas sanctionnée par la nullité selon la CCJA ;

-Le délai de prescription de l'action en nullité court à compter du jour où la nullité est encourue et non celui du jour où celui qui s'en prévaut en a eu connaissance.

19. TGI du Wouri, Chambre commerciale, Jugement n°287/COM 04 juillet 2019,

Faits :

Un polygame avait acheté un immeuble pour le construire et y installer une société (société commerciale du Wouri). Il s'est associé avec deux de ses épouses et cinq de ses enfants. Un parmi (OUAMBO RICHARD) ces derniers a été nommé gérant. A son décès, les associés ont été surpris de constater que l'immeuble a été hypothéqué pour garantir une dette personnelle du gérant contractée auprès de la société BAYSTONE IMMO COMPANY. Ils ont assigné cette société, le sieur OUAMBO Richard de même que le notaire en annulation de l'acte n°8795 des 17 avril et 18 mai 2015 portant reconnaissance de dette avec affectation hypothécaire entre la société BAYSTONE IMMO COMPANY et la société commerciale du Wouri.

La question posée est celle de savoir s'il est frauduleux le fait pour un gérant d'une SARL de faire hypothéquer un immeuble commun à l'insu des autres associés et ayant droit. Le juge a répondu par l'affirmative. D'abord pour lui, la fraude corrompt tout. Ensuite, les tiers étaient de mauvaise foi (valeur de l'immeuble minorée, montant de l'hypothèque correspondant à celui du capital social

20. TGI Ouagadougou, jugement n°860 du 10 janvier 2000, Ministère public contre YAMEOGO Jean Vivien Alfred, Ohadata J-05-225

UAB assigne M. YAMEGO jean Vivien Alfred précédemment DG de ladite structure par la voie de la citation directe en qualité de prévenu pour délit d'abus de biens sociaux.

Les griefs dirigés contre l'ancien dirigeant :

-Fait débloquer une somme de 19.200.000 pour régler un prêt personnel sans autorisation du conseil d'administration (il a bénéficié d'un prêt indûment) ;

-Fait débloquer des sommes d'argent pour régler des honoraires d'avocats qu'il a engagés pour défendre ses intérêts dans les affaires le concernant contre d'autres associés, soit certains associés contre d'autres.

Pour sa défense, M. YAMEOGO, soulève l'irrecevabilité de la citation au motif que le DG par intérim n'a pas la qualité pour agir au nom de l'U.A.B au regard de l'article 306 du Code CIMA (tout changement de titulaire concernant les fonctions de Président et de DG est soumis à l'approbation du Ministre en charge du secteur des assurances après avis conforme de la Commission). Le juge n'a pas fait droit à son moyen précisant que la nomination d'un DG par intérim ne peut s'analyser qu'en des mesures d'urgence provisoires attendant la nomination d'un DG titulaire (Néanmoins y a-t-il changement ?). Toujours selon le juge, il y a une violation flagrante de l'article 450 alinéa 1 de l'AUSCGIE. Ce faisant, le délit d'abus de biens sociaux est bien avéré.

En outre, les avocats payés avec les fonds de la société n'ont défendu que les intérêts des actionnaires et non ceux de celle-là ; l'affrontement entre deux groupes d'associés dans une société anonyme ne saurait s'analyser en une action sociale. Ce faisant, l'article 171 AUSCGIE ne s'applique pas.

21. CCJA, 2e ch. Arrêt n°48/2012 du 07 juin 2012, affaire Salia Mohamed Lamine contre Société d'Assurances « Lafia-S.A »

Faits : Pour garantir le paiement d'une créance évaluée en principal à vingt-sept millions, les Assurances « Lafia SA » obtenaient du Président du Tribunal de première instance de la Commune V du District de Bamako, l'ordonnance n°21 du 31 décembre 2002 les autorisant à faire inscrire une hypothèque provisoire sur le titre foncier appartenant à leur débiteur. Cette hypothèque a été validée par le Tribunal de première instance. Sur appel de Salia Mohamed Lamine et de la société d'Assurances « LAFIA-SA », la Cour d'appel de Bamako a rejeté l'exception soulevée par Salia Mohamed Lamine, l'a condamné à payer les Assurances LAFIA SA la somme de vingt-sept millions

PJ : Nullité de la convention par laquelle une société a accordé des séries de prêts à un administrateur

Afin de garantir le paiement d'une créance, les assurances obtenaient du Président du TPI de la Commune V du District de Bamako l'ordonnance les autorisant à faire inscrire une hypothèque provisoire sur le titre foncier appartenant à leur débiteur Salia M. Lamine. L'hypothèque a été validée par le Tribunal P.I de la Commune V et la Cour d'appel de Bamako.

-Monsieur Salia M. Lamine est administrateur et il y a une convention de prêt entre lui et la société Lafia-SA et par conséquent, les juges du fond devraient déclarer la convention nulle.

Leçons de jurisprudence

-La CCJA précise la raison d'être de l'article 450 AUSCGIE à savoir la protection des intérêts des associés, des créanciers sociaux, la moralisation de l'administration des sociétés par l'interdiction de pratiques risquant de ruiner d'une manière générale au crédit de celles-ci et aux rapports commerciaux ;

-La nullité prévue à l'article 450 AUSCGIE est d'ordre public ; absolue, pouvant être invoquée par tout intéressé.

-Retour au *statu quo ante* après le prononcé de la nullité.

22. Tribunal de commerce d'Abidjan, 1e ch. Jugement n°1230/2018, 26 juillet 2018, affaire Enfant mineur NIOBLE Z.S. LAURELLE contre DOUKOURE A. BRAUD

Faits : Par exploit en date du 23 mars 2018, monsieur NIOBLE GISLAIN agissant au nom et pour le compte de son enfant mineur a fait servir assignation à monsieur DOUKOURE ABDOULAYE BRAUD d'avoir à comparaître devant le Tribunal de commerce d'Abidjan pour prononcer la révocation de ce dernier de son mandat de gérant de la société ALSACE IMMOBILIER, dire et juger que les associés prendront toutes les dispositions nécessaires pour pourvoir à son remplacement. En effet, selon le demandeur, son enfant mineur est associé dans une SARL dénommée ALSACE IMMOBILIER avec monsieur DOUKOURE ABDOULAYE BRAUD. Cependant, ce dernier a prélevé sur les comptes de la société un montant pour financer des projets immobiliers appartenant aux sociétés ALSACE CONSTRUCTION et ARCEEN GROUP avec lesquels la société ALSACE IMMOBILIER n'entretient aucun lien juridique. En outre, le gérant a mis gracieusement à la disposition de la société ALSACE

CONSTRUCTION une bétonneuse électrique appartenant à la société ALSACE IMMOBILIER

PJ : justes motifs de révocation d'un gérant qui ne parvient pas à démontrer que les contrats conclus avec des sociétés dont il a contribué au financement avec les ressources de la société sont profitables à celle-ci (pas de trace de remboursement de prêt, ni de paiement de loyers) et que des décisions ont été prises dans le cadre d'une AG

L'existence de fautes de gestion : utiliser les ressources financières et matérielles de la société pour réaliser des travaux de sociétés concurrentes dont le gérant est associé ; le fait de ne pas tenir d'assemblées générales(le défendeur ne produit ni PV d'AG ni compte rendu de réunion qui prouvent qui prouvent que la société fonctionne normalement). Le dirigeant, en l'espèce a mis à la disposition d'une société qui avait un projet immobilier et dont il a participé au financement avec les ressources de la société (pour le dirigeant, il s'agit d'un placement, d'un prêt. Sauf qu'il n'a pas apporté la preuve de cette situation juridique comme il l'a fait pour le contrat de location de la bétonneuse), une bétonneuse électrique appartenant toujours à la société qu'il dirige ;

-L'article 326 AUSCGIE ne pouvait pas s'appliquer pleinement et plus précisément l'alinéa 1er dans la mesure où les deux associés avaient chacun 25 % des parts. C'est plutôt le dernier alinéa de ladite disposition qui mérite d'être cité avec beaucoup de pertinence.

23. Paris, 22e ch.A, 26 janvier 1994, Soc. Forseti c/ Langlois (RTDcom.1994, p.522)[458]

Faits : A l'occasion de la prise de contrôle d'une société française, un contrat de travail unissait la nouvelle société mère hollandaise à l'ancien actionnaire majoritaire. Il aura désormais comme charge la supervision, la coordination des différentes filiales du groupe. Parallèlement, il a été investi des fonctions de PCA de la nouvelle filiale. L'intéressé a été révoqué et moins de neuf mois plus tard, la Cour d'appel a estimé, contrairement à la juridiction sociale saisie en première instance, que le contrat de travail devrait être annulé parce que fictif et frauduleux. La Cour de cassation lui a donné raison parce que :

[458] PETIT Bruno, REINARD Yves, « Dirigeant de filiale. Contrat de travail avec la société mère », RTDCom, 1994, p.522.

-Les fonctions salariées n'ayant jamais été ni rémunérées, ni effectivement exercées. La fraude quant à elle a été appréciée à l'aune du principe de la libre révocabilité du PCA.

24. Chambre commerciale de la Cour de cassation, arrêt du 22 février 2005, n°03-12.902 (n°269 F-P+B)

Faits : Entre M. X et M. Y, il a été constitué une société à responsabilité limitée. Ce dernier a été désigné gérant. Le 04 janvier 2002, il a exprimé sa volonté de démissionner et un courrier a été envoyé en ce sens à la société et à M. X. Le 20 mars de la même année, il a informé M. X de sa volonté de revenir sur sa décision. M. X a fait état de son incapacité de convoquer une AG ainsi que de la démission du dirigeant, a obtenu du juge la désignation d'un administrateur provisoire chargé de convoquer une assemblée générale et d'en fixer l'ordre du jour. M.Y a demandé la rétractation de l'ordonnance sans succès

La démission du dirigeant produit ses effets une fois notifiée à la société. Celle-ci n'a pas besoin de l'accepter ; la rétractation n'est pas envisageable. Seulement, si sa volonté n'est ni libre ni éclairée, le dirigeant peut en contester la validité

25. Versailles, 5e ch. B, 1er avril 1994, Bansard c/ Becheret es qualité, RTDcom, 1994, p.519[459]

Faits : Une personne prétendait exerçait ses attributions de directeur général au titre d'un contrat de travail. Selon le juge, il appartient au DG de prouver qu'il a exercé des fonctions techniques ou commerciales distinctes de celles de son mandat social.

NB/ Les commentateurs[460] de cette décision de justice

Leçon de jurisprudence

Le commentateur de cette décision, le Pr Y. Reinhard a tenu a précisé que le DG est différent du directeur technique, simple salarié supérieur uni à la société par un contrat de travail et dépourvu du pouvoir de représentation.

---

[459] PETIT Bruno, REINHARD Yves, « Directeur général salarié. Exigence de fonctions techniques distinctes », RTDCom, 1994, p.519

[460] Il s'agit de Bruno Petit et de Yves Reinhard.

26. Versailles, 19 mai 2011, n°10/01523, D. 2011, p.1479, RTDcom 2011, p.368

Faits : Condamnation de M. Z, ancien PDG de la société Vinci pour abus de pouvoirs. Ce dernier a modifié la composition du comité des rémunérations de la société afin de mieux respecter les principes de gouvernement d'entreprise dit-il (trois anciens membres hostiles au déplafonnement de la part variable des rémunérations sont partis et remplacés par d'autres favorables au PDG)[461]. Ainsi, il s'est fait attribuer une rémunération entièrement variable et déplafonnée.

Leçons de jurisprudence

-En droit français, ce délit est moins connu que celui d'abus de biens sociaux ;

-Le délit consiste en un usage abusif du statut de dirigeant d'une société anonyme. Il sanctionne un comportement des dirigeants contraire à l'intérêt social ;

-La seule preuve de décisions prises dans l'intérêt personnel du dirigeant suffit.

27. Crim., 10 juillet 1995, Bull.crim., n°253.

Faits : Une société est devenue concessionnaire de la majorité du capital d'une autre laquelle lui avait avancé soixante millions pour financer l'acquisition de ses propres actions. Le prévenu est devenu président de la société achetée et a pris la décision d'organiser la fusion-absorption par cette dernière de la société acquéreuse et de ses filiales.

Commet un abus de pouvoir à l'égard d'une opération de fusion de la société cible et de la holding, le dirigeant des sociétés impliquées qui use de ses pouvoirs de PCA pour organiser une fusion-absorption contraire à l'intérêt de la société et avantageuse pour lui-même et d'autres sociétés dans lesquelles il était intéressé directement ou indirectement

Leçon de jurisprudence

-Le PCA assimilé par le commentateur à un dirigeant (RTDcom, 2011, p.368)[462]; V. Également RTDcom 1994, p.520[463].

---

[461] V.Revue sociétés 2012, p.697.

[462] LE CANNU Paul, DONDERO Bruno, « L'abus de pouvoir du PDG qui compose le comité des rémunérations », RTDcom, 2011, p.368

Bibliographie sélective

AUBRY (H), La responsabilité des dirigeants dans la société par actions simplifiée, Rev. sociétés 2005. 793

BERTREL (J.-P), Liberté contractuelle et sociétés, RTD com. 1996. 595

BEZARD (P), Le droit des sociétés français face aux défis de la mondialisation, Rev. sociétés 2000. 55

BEYNEIX (I), HEBERT (S), La prise en compte de l'entrepreneuriat par le droit, RTD com. 2012. 671.

BERTREL (J.-P). et JEANTIN (M)., Le portage d'actions, RJDA 1991, chron., p. 683 ;

BOMPOINT (D), DAIGRE (J.-J) et BASDEVAUT (F), Les pactes d'actionnaires dans les sociétés cotées, Dr. sociétés, Actes pratiques, 2002, n° 64 ;

BOURGEOIS-BERTREL (M) BERTREL (J.-P), Portage de droits sociaux, novembre 2015 (actualisation : Janvier 2017), Répertoire des sociétés

BROCHIER (E)., L'exécution en nature des pactes entre actionnaires : observations d'un praticien, RDC 2005, p. 125 ;

CHAMPAUD (C), DANET (D), Introduction d'une société par actions simplifiée unipersonnelle, RTD com. 1999. 872

CHARVERIAT (A) et COURET (A), Droit des affaires, Mémento Lefebvre Sociétés commerciales ;

COZIAN (M), VIANDIER (A) et DEBOISSY (F), Droit des sociétés, Litec, 18e éd., 2005, n° 683 ;

COURET (A) et LE NABASQUE (H), Valeurs mobilières, augmentations de capital, F. Lefebvre, 2004 ;

COURET (A), La sécurité des pactes des signataires à l'épreuve des tendances contradictoires, Droit et patrimoine, n°186, 1e novembre 2009

DAIGRE (J.-J), BENEDICTE (F), Commentaire de l'ordonnance du 22 janvier 2009 relative à l'appel public à l'épargne, Rev. sociétés 2009. 3

---

[463] PETIT Bruno, REINHARD Yves, « Président du conseil d'administration, révocation abusive, intérêt personnel des administrateurs majoritaires », RTDcom, 1994, 520.

DAIGRE (J.-J), PAILLER (P), Commentaire de l'ordonnance du 8 janvier 2009 relative aux instruments financiers, Rev. sociétés 2009. 37

DECKERT (K),Le devoir de loyauté du dirigeant envers les associés dans le cadre de cessions de droits sociaux : confirmations et interrogations, Rev. sociétés 2016. 509

DELORME (TH), Réflexions sur la distinction de l'associé et de l'actionnaire, D. 2002. 1330

DEMARIA Cyril, Introduction au private equity, Les bases du capital-investissement France, Belgique, Luxembourg et Afrique Francophone, Revue Banque, 2018, 6e édition, 123 pages.

DONDERO (B), Le pacte d'actionnaires signé par la société, Rev. sociétés 2011. 535

Dossier : La « réforme de la réforme » du droit des obligations : (I) Le contrat – AJ contrat 2018, p.251

Dossier : La loi Pacte : le nouveau visage du droit des sociétés – Rev. sociétés 2019. 565

DUBOUT (H), Les clauses de durée dans les pactes extrastatutaires entre actionnaires, Bull. Joly Sociétés 1997, p. 5 ;

DUPICHOT (PH), SAS en zone OHADA, BJS novembre 2014, n°11, p421

DUPUIS (L) et HUSSON (C), Formules commentées de clauses de pactes entre actionnaires, Gaz. Pal. 2004, doct., p. 1664 ;

GERMAIN (M), La contractualisation du droit des sociétés depuis le 24 juillet 1966, Rev. sociétés 2019. 295

GODON (L),

-L'exclusivité des statuts et l'organisation de la direction de la SAS, Rev. sociétés 2017. 631

-La condition juridique de l'associé de SAS : une originalité contenue, Rev. sociétés 2016. 580

GUYON (Y), Preuve de la qualité d'associé, Rev. sociétés 2001. 81

HEINICH (J), Le sort du pacte extrastatutaire d'associés lors d'un événement affectant l'un de ses signataires, Rev. sociétés 2014. 475

HOPT (K.J), Le gouvernement d'entreprise, Rev. sociétés 2001. 1

KENDERIAN (F), La contribution aux pertes sociales, Rev. sociétés 2002, p. 617 ;

KESSLER (G),La validité des promesses unilatérales d'achat d'actions à prix plancher, D. 2005, p. 973 ;

KILGUS (N), Les clauses de *break-up fees* dans les accords de négociation, AJ contrat 2018, p.273

KLEIN (J), SAS : point de salut en dehors des statuts, D. 2017. 892

KOUHAIZ (S), La compatibilité des sanctions dans les pactes d'associés, Rev. sociétés 2019. 87

-LACHMANN (J), Capital-risque et capital-investissement, Economica, 1999, 108 pages ;

LACROIX-DE SOUSA, (S), Le rayonnement de l'affectio societatis, Rev. sociétés 2016. 499

LARRIEU (P), L'interprétation des pactes extra-statutaires, Rev. sociétés 2007. 697

LE CANNU (P),

-Les dirigeants de la société par actions simplifiée, Rev. sociétés 1994. 239

-Qu'est-ce qu'un actionnaire ? Rev. sociétés 1999. 519

LECOURT (A), Statuts et actes annexes – Annexes aux statuts, juillet 2015 (actualisation : Octobre 2015), Répertoire des sociétés

LEGEAIS (D), Droit commercial et des affaires, Sirey, 20e édition, 2012, 595 pages ;

LE mémento de la SAS/SASU, Groupe Revue Fiduciaire, 8e édition, 2015, 415 pages ;

LE NABASQUE (H) et TERRIER (G), L'exécution forcée des pactes d'actionnaires, Dr. sociétés, Actes pratiques, 1994, n° 14 ;

MARAIN (G), L'opposabilité des pactes d'actionnaires, Rev. sociétés 2017. 542

MARTIN (D). et FAUGEROLAS (L), Les pactes d'actionnaires, JCP G 1989, I, n° 3412 ;

MEDUS (J.-L), Conventions de portage et information comptable et financière, Rev. sociétés 1993. 509

MEKKI (M), Les incidences de la réforme du droit des obligations sur le droit des sociétés : rupture ou continuité ?, Rev. sociétés 2016. 483

MOULIN (J-M), Le droit de l'ingénierie financière, Gualino, 4e édition, 2013, 576 pages ;

NURIT-PONTIER (L), Des pactes d'actionnaires au service de la RSE ?, D. 2010. 2081

OHL (D), Les pactes d'actionnaires à l'épreuve du droit boursier, D. 2011. 323

PAILLUSSEAU (J),

-La modernisation du droit des sociétés commerciales « Une reconception du droit des sociétés commerciales », D. 1996. 287

-La société par actions simplifiée, CNCC, janvier 2002, 132 pages.

-La nouvelle société par actions simplifiée. Le big-bang du droit des sociétés ! D. 1999. 333.

PARIENTE (M), Les groupes de sociétés et la loi de 1966, Rev. sociétés 1996. 465

PARLEANI (G),

-Les pactes d'actionnaires, Rev. sociétés 1991, p. 1 ;

-Qu'est-ce qu'un actionnaire ? Rev. sociétés 1999. 715

POLLAUD-DULIAN (F), Qu'est-ce qu'un actionnaire ? L'actionnaire dans les opérations de portage, Rev. Sociétés 1999, p. 765

PRAT (S), Pactes d'actionnaires relatifs au transfert des valeurs mobilières, Litec, 1992 ;

-RAVISY (N.-L) et LEVESQUE (M.-I), Les accords conclus entre actionnaires dans les opérations de LBO, Gaz. Pal. 2004, doct., p. 1627 ;

REINHARD (Y),

-Exécution en nature des pactes d'actionnaires, RDC 2005, p. 115 ;

-La nouvelle société par actions simplifiée est arrivée, RTD com. 1999. 898

-La convention de portage d'actions ne contrevient pas à la prohibition des clauses léonines, Rev. sociétés 1994. 708

ROUTIER (R), Pactes extra-statutaires et contribution aux pertes, Rev. sociétés 1996. 774

SCHILLER (S),

-L'influence de la nouvelle économie sur le droit des sociétés, Rev. sociétés 2001. 47

-Pactes, statuts, règlement intérieur : quelle hiérarchie ? Rev. sociétés 2011. 331

-Pactes d'actionnaires et droit des entreprises en difficulté, Rev. sociétés 2016. 75

STORCK (M), Les associés de la SAS, LPA 15 sept. 2000, n°185 - page 42

STOUFFLET (J), Aménagements statutaires et actionnariat de la société par actions simplifiée, Rev. sociétés 2000. 241

TAP (J.-B), Les clauses de conciliation et de médiation face aux conflits sociétaires, Rev. sociétés 2017. 615

TREBULLE (F.-G), Appréciation des modalités de rupture unilatérale d'un pacte entre actionnaires, Dr. sociétés mars 2005, comm. 41 ;

URBAIN-PARLEANI (I), Le statut de l'associé de SAS : une originalité affirmée, Rev. sociétés 2016. 572

VIANDIER A.,

-OPA, OPE et autres offres publiques, F. Lefebvre, 2e éd., 2003 ;

-Les actions de préférence, JCP E 2004, n° 1440, p. 1528 ;

ZARIFIAN (C), A la recherche de l'efficacité perdue des pactes de préférence extrastatutaires, Gaz. Pal. 2004, doct., p. 1622.

CHAPITRE 2

LA CONTRACTUALISATION DU DROIT DES SOCIÉTÉS

Elle se manifeste à travers la consécration de la SAS (Section 1) et la conclusion de pactes d'actionnaires (Section 2)

SECTION 1 LA SAS

119. La SAS est la nouvelle société commerciale par la forme, apparue dans le droit OHADA à la faveur de la réforme du droit des sociétés, intervenue en 2014. D'elle, presque tout a été dit et on écrit et lance de façon triviale que c'est une société qui traduit la liberté contractuelle en droit des sociétés. Cela n'est pas faux eu égard à sa définition et à bien d'autres dispositions ; mais c'est une vision assez panoramique, générale, voire simpliste. Etait-ce une mise en garde ou un simple constat lorsque Philippe DUPICHOT écrivait ceci : « L'avenir dira si la jeune SAS, ivre de liberté, sera à l'origine d'un SOS en zone OHADA pour la SARL et la SA... » ? Ce qui est certain c'est que l'originalité de la SAS vis-à-vis des autres sociétés commerciales par la forme est loin d'être absolue. Pour mieux appréhender son régime, nous traiterons des généralités sur la SAS (Paragraphe 1), de l'organisation interne (direction, décisions collectives) (Paragraphe 2) et questions pratiques soulevées par la SAS (Paragraphe 3).

Paragraphe 1-Généralités sur la SAS

Pourquoi la SAS ? Relevons que la SAS constitue une structure d'accueil d'entreprises communes telles que les coentreprises, les *joint-ventures*, filiale commune[464]

120. Ainsi, en droit français, la SAS a été instituée comme structure d'accueil ou d'organisation des entreprises communes telles que les coentreprises, les joint-ventures[465]. Il en est de même pour les

[464] La SAS, bilan et perspectives, Droit et patrimoine n°74, 1e septembre 1999

[465] C'est parce que le droit français était considéré comme rigide que des joint-ventures ou holding ont été délocalisés dans des pays tels que la Hollande. V. sur ce point BAUDEU Guy, « La société par actions simplifiée, S.A.S », LPA 9 mai 1994, n°55.

groupes de sociétés[466]. C'est certainement la raison pour laquelle en 1994[467], la SAS n'était réservée qu'aux personnes morales. Depuis la loi n° 99-587 du 12 juillet 1999, la SAS a été ouverte à toute personne, la formule de SAS unipersonnelle[468] a été consacrée au point où on s'est demandé s'il fallait banaliser cette forme de société[469]. Bien sûr, l'adoption de cette loi n'a pas eu que des adhérents[470]. La loi sur les Nouvelles régulations économiques a permis la constitution d'une société d'exercice libéral par actions simplifiée ou SELAS. Quant à la loi de modernisation de l'économie, elle a largement ouvert la SAS aux PME à travers l'admission des apports en industrie, la libre fixation du capital social par les statuts, la désignation facultative d'un commissaire aux comptes sauf lorsque sa présence est obligatoire[471]. La SAS peut être utilisée dans le cadre de la transmission du contrôle d'une entreprise par effet de levier. Dans ce cadre, la *holding* revêtira la forme précitée[472].

121. Avec la réforme du droit des sociétés commerciales et du GIE de l'OHADA en 2014, on se rend compte que la plupart des évolutions législatives françaises ont été prises en compte. C'est ainsi que :

-l'on peut être en présence d'une SASU (article 853-1[473], 853-11 alinéa 3 AUSCGIE) ;

-le montant du capital social ainsi que celui du nominal des actions est fixé par les statuts, la société par actions simplifiée peut émettre

[466] Compagnie nationale des commissaires aux comptes, *La société par actions simplifiée*, janvier 2002, p.2, n°1.

[467] Loi n° 94-1 du 3 janvier 1994

[468] C'est le lieu de préciser que les groupes de sociétés mettaient en place avant la loi de 1999 précitée et usant des possibilités qui leur était offerte par la loi n° 94-1 du 3 janvier 1994, la filiale unipersonnelle.

[469] DAIGRE Jean-Jacques, « Faut-il banaliser la société par actions simplifiée ? », *JCP,* éd. E, 1999.977

[470] Voir les critiques de J. PAILLUSSEAU sur la méthode législative. PAILLUSSEAU Jean, « La nouvelle société par actions simplifiée. Le big-bang du droit des sociétés ! », D. 1999, chron. 333. Eu égard au fait que le texte n'a fait l'objet que d'une seule lecture par chaque assemblée, le tout s'étant fait en un mois sans que les commissions de lois aient eu à se prononcer, le professeur PAILLUSSEAU a parlé de réforme à la sauvette.

[471] Le CANNU Paul, SAS, Répertoire des sociétés, n°3

[472] La SAS, outil de transmission d'entreprise ? BJS, janvier 1999, n°1, p.28 ; La SAS, bilan et perspectives, Droit et patrimoine, n °74, 1er septembre 1999

[473] Aux termes de cette disposition « lorsque cette société ne comporte qu'une seule personne, celle-ci est dénommée « associé unique »

des actions inaliénables résultant d'apports en industrie (article 853-5 AUSCGIE)[474] ;

-la désignation d'un commissaire aux comptes est exercée collectivement par les associés dans des conditions prévues par les statuts (article 853-11 AUSCGIE)[475].

122. Il est bon de préciser qu'étant donné que la SAS est une société commerciale par la forme[476], dont le régime juridique est désormais consacré, et que toute personne, quelle que soit sa nationalité désirant exercer en société, une activité commerciale sur le territoire des États parties est dans l'obligation de choisir parmi les formes de sociétés prévues par l'AUSCGIE[477], il n'y a plus d'obstacle juridique à ce que la SAS soit utilisée comme une filiale commune[478].

L'occasion nous a été donnée de traiter des caractéristiques (A), de la constitution, des règles applicables (C) et du financement de la SAS (D)

---

[474] Il appartiendra aux statuts d'en déterminer les modalités de souscription et de répartition de ces actions

[475] Cette disposition permet de dissocier l'obligatoriété de la prise de décision collective, même si les conditions sont librement déterminées dans les statuts, de l'obligation de désignation d'un commissaire aux comptes. C'est ainsi que lorsqu'à la clôture de l'exercice social deux des conditions tenant au total du bilan (supérieur à 125.000.000), au chiffre d'affaires annuel (supérieur à 250.000.000), à l'effectif permanent (supérieur à 50) sont réunies, la désignation d'un commissaire aux comptes est obligatoire. Les SAS qui contrôlent d'autres sociétés ou qui sont contrôlées sont tenues de désigner au moins un commissaire aux comptes. La nomination judiciaire d'un commissaire aux comptes peut être demandée par un associé représentant au moins le 1/10 du capital malgré le fait que les conditions précitées ne soient pas réunies. En revanche, si pendant deux exercices précédant l'expiration du mandat du commissaire aux comptes, la SAS n'a pas rempli deux des conditions de désignation d'un commissaire aux comptes, elle ne sera plus tenue de le faire.

[476] Article 6 AUSCGIE

[477] Article 3 AUSCGIE. Faisons remarquer donc que rien n'empêche un investisseur de jeter son dévolu sur une société sans personnalité juridique.

[478] Pour les critères de la filiale commune, V. L'article 180 AUSCGIE. On peut dire que ceux-ci tiennent à l'existence d'une participation financière suffisante de sorte qu'aucune décision ne puisse être prise sans l'accord des sociétés mères en relation et à la participation de la gestion. La filiale commune peut revêtir la forme d'une joint-venture. V. sur ce point *La SAS, bilan et perspectives,* Droit et patrimoine, n°74, 1e septembre 1999. Dans tous les cas, la joint-venture peut concerner aussi bien les groupes localisés dans des États différents que sur le territoire national. V. BAUDEU Guy, « La société par actions simplifiée, S.A.S. », LPA, 9 mai 1994, n°55.

A-Les caractéristiques de la SAS

123. Au même titre que les autres sociétés commerciales[479], la SAS est commerciale par la forme. C'est une société à fort *intuitu personae* ; ce qui la rapproche des sociétés de personnes. C'est la raison pour laquelle, le terme « associé » est utilisé même dans la définition de ladite société. La SAS se distingue de la SA par sa souplesse. Relevons néanmoins que ces différentes caractéristiques, en raison de l'évolution constatée, méritent d'être relativisées[480]. L'organisation ainsi que le fonctionnement de la SAS sont librement déterminés par les statuts[481]. Ceux-ci sont néanmoins limités par les dispositions impératives du Livre 4-2 de l'AUSCGIE.

B- La constitution de la SAS. Nous traiterons ici des conditions de constitution d'abord, et de la transformation d'une société en SAS ensuite.

124. La SAS, pour les besoins de sa constitution est soumise à trois catégories de règles : les règles communes à toutes sociétés commerciales, les règles de la SA et ses règles propres. Concernant les règles communes à toutes les sociétés commerciales, nous pouvons citer celles tenant à l'immatriculation, à l'avis de constitution au journal d'annonces légales, à la présentation aux associés de l'état des actes et engagements, à l'action en régularisation, etc. Pour ce qui est des règles de la SA, il n'est pas inintéressant de rappeler que si les articles 414 à 561 AUSCGIE ne s'appliquent pas à la SAS, tel n'est pas le cas des articles 388 à 413 du même Acte uniforme par exemple

La constitution d'une SAS obéit à des conditions relatives aux associés, à l'objet, au but, aux apports, au capital social.

125. Concernant les associés, relevons que toute personne peut être associé dans une SAS (donc on peut avoir une SAS entre époux, entre personnes qui exercent une profession libérale, un mineur peut être associé dans une SAS) et il n'existe ni nombre minimum, ni maximum d'associés exigé par la loi.

---

[479] Nous pensons bien évidemment à la SA, SNC, SCS, SARL.

[480] MORIN Anne, « Intuitus personae et sociétés cotées », RTDCom, 2000, p.299.

[481] Sur cette liberté V. LE CANNU Paul, « La SAS, un cadre légal minimal », Revue des sociétés, 2014, p.543 ; RAKOTOVAHINY Marie, « Liberté statutaire dans la SAS et révocation d'un organe de direction », Revue des sociétés, 2016, p.38.

126. La SAS peut être constituée pour toutes sortes d'activités à condition qu'elle soit licite[482]. De même, il n'est pas inutile de rappeler que la SAS est une société commerciale par la forme compte non tenu de la nature des activités civile ou commerciale. Ainsi, une société à objet civil peut être constituée sous forme de SAS[483]son objet.

Le but évident de la SAS est la recherche de profit ou de l'économie, comme d'ailleurs toute société commerciale. Mais ce peut être un but stratégique ou économique. Elle sera, pour eux, selon le cas, le moyen d'un développement, d'une expansion, d'un accroissement de part de marché, d'un partage de risques industriels ou commerciaux, d'une implantation sur un nouveau marché, d'une délocalisation avec association avec un partenaire local, etc. C'est en fonction de la raison pour laquelle ces associés constituent la SAS, et de leurs objectifs stratégiques, qu'ils la conçoivent et qu'ils lui donnent une organisation particulière[484]

127. Toute forme d'apports est admise dans une SAS, même l'apport en industrie. Cette situation est de nature à éloigner la SAS de la SA. Il appartient à statuts de déterminer les modalités de souscription et de répartition de cette catégorie d'apports. Remarquons également que les dispositions de droit commun s'appliqueront dans la mesure où les statuts ne peuvent l'emporter sur l'Acte uniforme.

128. Si le montant du capital social est librement fixé par les statuts, qu'en est-il de la souscription et de la libération ? Concernant la souscription, elle doit avoir lieu avant la signature des statuts. Les actions de numéraire quant à elles sont libérées, lors de la souscription du capital, d'un quart au moins de leur valeur nominale ; la libération du surplus devant intervenir dans un délai qui ne saurait excéder trois ans à compter de l'immatriculation de la société au RCCM.

Les actions d'apport (article 748 AUSGIE) sont à intégrer de même que les apports en industrie. Enfin, terminons en précisant que la SAS peut avoir un capital variable et qu'elle ne peut faire appel public à l'épargne.

---

482 V.BAUDEU Guy, « La SAS : pratiques statutaires », LPA 9 Avril 1997, n°43, p.10. L'auteur distingue les SAS à objet généraliste, spécifique, déterminé mais non spécifique.

483 CNCC, *La société par actions simplifiée*, janvier 2002, p.22

484 CNCC, *La société par actions simplifiée, op.cit.*, p.22, n°40.

129. Les conditions de forme de constitution sont relatives aux statuts. Il faut dire que les dispositions de droit commun peuvent s'appliquer. Ainsi, les statuts peuvent revêtir la forme d'un acte authentique ou sous seing privé

130. La constitution de la SAS peut se faire par transformation. Elle constitue le second mode de création d'une SAS[485]. La transformation d'une société en société par actions simplifiée est prise à l'unanimité. La question qui mérite d'être posée est celle de savoir si tous les groupements d'affaires tels que le GIE sont visés. La réponse négative s'infère de l'examen de l'article 882 AUSCGIE.

Les conditions de la transformation tiennent à la forme de la société à transformer, à la durée d'existence, aux conditions financières. Il faudrait dans ce cas se référer aux dispositions spécifiques de l'AUSCGIE.

C-Règles applicables à la SAS

131. Les règles applicables à la SAS sont au nombre de trois :

-Les dispositions spécifiques ou particulières. Il s'agit des dispositions du Livre IV-2 AUSCGIE. Elles tiennent à la constitution, à la direction de la SAS, à la prise de décisions, désignation d'un commissaire aux comptes, aux conventions réglementées, aux différentes clauses statutaires

-Les dispositions non spécifiques ou règles de la SA compatibles avec les dispositions spécifiques. Dans ce cas, et à défaut de clauses statutaires spécifiques, le président de la SAS exerce les attributions du conseil d'administration ou de son président ou par le ou les dirigeants statutaires. En outre, les règles de responsabilité des administrateurs de la SA s'appliquent au président et dirigeant statutaire de la SAS.

Qu'est-ce que la compatibilité ? Trois réponses :

- Pour Jean Paillusseau, la compatibilité doit s'apprécier non pas en fonction des seules règles légales, mais en fonction du profil de

---

[485] GERMAIN Michel, PERIN Pierre-Louis, *SAS, La société par actions simplifiée, Etudes-Formules*, Joly, 2010, p.106, n°219.

société que les associés ont adopté dans les statuts[486]. Périn et Michel GERMAIN penchent pour un modèle abstrait de SAS[487] ;

-Dans sa réponse à Mme Grosskost, le Ministre de la Justice française d'alors a déclaré que : « ces règles ne s'appliquent que dans la mesure où elles ne sont pas contraires aux règles spécifiques de la SAS ».

-Les règles exclues. Il s'agit des articles 387 alinéa (exigence d'un capital social minimum), 414 à 561(mode d'administration de la SA, AG). Donc de 561 à 690, (modification du capital, attribution gratuite d'actions), 691 à 751 (transformation, contrôle, valeurs mobilières et titres émis) les textes de la SA s'appliquent. Il s'agit aussi des articles 751 à 753 AUSCGIE. C'est dire qu'il faut vérifier le rôle du conseil d'administration et de son Président dans les textes de la SA applicables à la SAS.

132. Il faut dire qu'il y a des normes permissives (articles 853-7, 853-11 alinéa 1er AUSCGIE) certes, mais l'unanimité vient remettre en cause cette permissivité. Il en est de même, de l'obligatoriété de prise de décisions en assemblées générales ordinaire ou extraordinaire (article 853-11 AUSCGIE)

D.Le financement de la SAS

133. Le financement de la SAS s'apprécie à travers les différents apports effectués, les comptes courant d'associés, l'impossibilité pour la SAS de faire appel public à l'épargne certes, mais du recours aux investisseurs qualifiés, au cercle restreint de moins de cent ou placement privé et de l'augmentation du capital social

Paragraphe II- L'organisation interne de la SAS

134. Trois questions seront abordées : celle de la direction (A), de la prise de décisions (B) et du statut des associés de la SAS (C)

A-La direction de la SAS

Deux questions seront traitées : celle de l'identification des dirigeants de la SAS (1) d'une part et des clauses concernant la direction d'autre part (2).

---

[486]PAILLUSSEAU Jean, « L'alerte du commissaire aux comptes dans la SAS - La notion de compatibilité dans le droit de la SAS », JCP 2000. I. 262.
[487] GERMAIN Michel et PERIN Pierre-Louis, *La SAS*, Joly-éditions, 5e éd., n° 111.

1. L'identification des dirigeants de la SAS

Qui assure la direction de la SAS ? Il s'agit du président désigné dans les conditions prévues par les statuts, ainsi que des directeurs généraux et directeurs généraux adjoints statutaires). En France, la jurisprudence exige que la désignation statutaire des dirigeants soit publiée au RCS par défaut des statuts modifiés le cas échéant et de le mentionner sur l'extrait[488]

2. Les clauses concernant la direction[489].

135. Lorsque l'on s'imprègne de l'article 853-8 AUSCGIE, on se rend compte que si la présence d'une présidence est obligatoire dans les SAS, les conditions de sa désignation sont prévues par les statuts. Ce faisant les clauses concernant la direction peuvent concerner la présidence (a) et les directeurs généraux (b).

a-Le Président

L'existence de ces clauses est justifiée par l'article 853-8 qui dispose que le président est désigné dans les conditions prévues par les statuts. Ainsi, les clauses statutaires peuvent porter sur : nomination, les pouvoirs, la rémunération et la révocation.

-La nomination du président

Les statuts peuvent prévoir que le président sera désigné par l'actionnaire majoritaire, la collectivité des associés statuant à une majorité bien définie, à l'unanimité, par un comité de nomination dont la composition est fixée par les associés, un conseil d'administration[490]. Le président peut être désigné de façon alternative par chacun des associés ou un groupe d'associés pour une période déterminée[491]. Il peut être le représentant d'un groupe précis). De

---

[488] Kbis v. Cass. com., 3 juin 2008, n° 07-14457 : BJS nov. 2008, p. 876, n° 186, note LE CANNU Paul, Cass. com., 14 déc. 2010, n° 09-71712 : Dr. sociétés 2012, comm. n° 52, note D. Gallois-Cochet.

[489] Les clauses qui vont suivre sont mentionnées en annexe de l'ouvrage de CHARVERIAT Anne et COURET Alain, Société par actions simplifiée, Nouveau régime, Dossiers pratiques Francis Lefebvre, p.307 et s. Des compléments à ces clauses sont mentionnés dans l'ouvrage de GERMAIN Michel, PERIN Pierre-Louis, SAS, *La société par actions simplifiée*, Joly Editions, 2010, pp.509 et s.

[490] V. Pour cette dernière possibilité GERMAIN Michel, PERIN Pierre-Louis, SAS, *La société par actions simplifiée*, Lextenso, 2010, p.515.

[491] Ce faisant, la présidence va être tournante. Mais, il ne saurait y avoir collège de présidents de SAS.

même, il appartiendra aux associés, dans les statuts de prévoir les personnes qui peuvent avoir la qualité de président (personne physique ou morale), parmi lesquelles le président peut être choisi (les associés, les membres d'un conseil de gestion, les associés d'un groupe majoritaire, les salariés[492]), la durée de la présidence (cette durée peut correspondre ou pas à la durée de la société).

-Les pouvoirs du président

Les statuts doivent préciser que le président est investi des pouvoirs les plus étendus pour agir en toutes circonstances au nom de la société dans la limite de l'objet social conformément à l'article 853-8 AUSCGIE.

NB/ Il est possible de prévoir en plus que les pouvoirs du président sont exercés sous réserve des attributions exercées collectivement par les associés. Cette clause peut avoir comme fondement l'article 853-8 AUSCGIE en vertu duquel « *Les clauses des statuts, les décisions des organes sociaux limitant les pouvoirs du président, du directeur général ou du directeur général adjoint sont inopposables aux tiers* ». En outre, les statuts peuvent prévoir la délégation de pouvoir du président à un préposé ou à toute autre personne. Le tout dans les limites légales et statutaires. Enfin, les associés peuvent mentionner dans les statuts que les directeurs généraux et directeurs adjoints disposent des mêmes pouvoirs que le président

-La rémunération du président

Elle peut être fixée par la collectivité des associés statuant à une majorité déterminée, l'associé majoritaire ou un comité de rémunération. Rien n'empêche également les associés dans les statuts, de fixer le montant des rémunérations, de dire si elle va être soumise à la procédure des conventions réglementées. Enfin, les associés peuvent convenir de la gratuité des fonctions de président. Le fondement textuel de cette situation est l'article 853-11 AUSCGIE.

-La révocation du président

Libres aux associés de prévoir si le président ou les dirigeants sont révocables à tout moment ou pour justes motifs par :

-l'associé majoritaire ;

-décision collective des associés ;

---

492 GERMAIN Michel, PERIN Pierre-Louis, *Ibid*

-le tribunal de commerce pour cause légitime à la demande de tout associé.

NB/ Les statuts peuvent prévoir les conditions de démission du président ou directeur général (préavis donné au conseil d'administration trois ou quatre mois à l'avance). De même, les fonctions du président ou du directeur général, directeur général adjoint peuvent prendre fin par le décès, l'incapacité ou l'interdiction de gérer.

b-Les directeurs généraux

Les pouvoirs de représentation des directeurs généraux et directeurs généraux adjoints sont prévus par les statuts. Il peut donc être mentionné dans ceux-ci que le ou les directeurs généraux sont nommés par les associés ou par le président, auquel cas, il sera chargé de l'assister et partant se trouverait dans un lien de subordination.

B-La prise de décisions. Ici, il y a deux catégories de décisions : celles qui sont prises collectivement et ce de façon obligatoire (1), et les décisions prises collectivement parce que prévues par les statuts (2).

1.Décisions obligatoirement prises en assemblée

136. Ce sont les statuts qui déterminent les décisions devant être prises collectivement par les associés. Dans ce cas, les formes et conditions dans lesquelles ces décisions sont prises sont déterminées. Cependant, la liberté de choix des associés demeure limitée vu qu'il existe des décisions qui sont obligatoirement prises collectivement ; les statuts n'en fixant que les conditions. Le non-respect de ces prescriptions légales est sanctionné par la nullité. Les décisions en question sont :

-l'augmentation, l'amortissement, la réduction de capital ;

-la fusion, scission, l'apport partiel d'actif, la dissolution, la transformation en une société d'une autre forme ;

-la nomination des commissaires aux comptes ;

-les comptes annuels et bénéfices

2.Décisions prises collectivement par autorisation statutaire

137. C'est une situation visée à l'article 853-11 AUSCGIE. Les formes et conditions desdites décisions sont prévues dans les statuts et toute décision prise en violation des clauses statutaires est nulle.

3-Prise de décisions dans une SASU

138. Une lecture de l'article 853-11 permet de se rendre compte de l'existence du président et de l'associé unique dans la SASU, chacun ayant un rôle précis. C'est le président qui arrête le rapport de gestion, les comptes annuels, les comptes consolidés le cas échéant, l'associé unique quant à lui approuve les comptes après rapport du commissaire aux comptes s'il en existe un et ce, dans un délai de six mois de la clôture de l'exercice. Dans tous les cas, l'associé unique ne peut déléguer ses pouvoirs et ses décisions sont répertoriées dans un registre spécial[493].

139. Mais ne peut-on pas être en présence de trois acteurs à savoir l'associé unique, le président et le commissaire aux comptes ? La réponse affirmative s'impose au regard de l'article précité[494]. Cela suppose également que les conditions de désignation du commissaire aux comptes soient réunies : total du bilan supérieur à 125.000.000, chiffre d'affaires annuel supérieur à 250.000.000, effectif permanent supérieur à 50. Les autres conditions sont la détention au moins d'un 1/10e du capital, contrôler (il s'agit de la SAS) d'autres sociétés ou se faire contrôler (nous faisons toujours allusion à la SAS) par d'autres.

140. Mais on peut se retrouver dans la situation où l'associé unique est en même temps président de la SAS. Dans ce cas, le dépôt dans les six mois de la clôture de l'exercice de l'inventaire et des comptes annuels dûment signés au RCCM vaut approbation.

C.Le statut des associés

141. Les associés jouent un rôle majeur au sein d'une SAS à travers la désignation d'un commissaire aux comptes lorsque les conditions prévues à l'article 853-13 sont réunies, l'approbation des conventions réglementées[495]. L'accent sera mis sur les clauses de maîtrise du

---

[493] Se trouve également mentionnée dans le registre spécial la convention conclue entre le dirigeant et la société. Par contre, si la convention est conclue entre la société et l'associé unique, aucune mention n'a à figurer sur le registre et le commissaire aux comptes n'a pas à établir de rapport.

[494] Selon cette disposition, l'associé unique approuve le rapport de gestion, les comptes annuels, les comptes consolidés après rapport du commissaire aux comptes s'il en existe un.

[495] Il appartiendra dans ce cas au président de la SAS ou au commissaire aux comptes de présenter un rapport sur les conventions réglementées intervenues directement entre la société et son président, l'un de ses dirigeants, de ses associés ayant une participation de plus de 10 % ou la société associée la contrôlant au sens de l'article 174 AUSCGIE. Dans ce cas, les associés statuent sur ce rapport. Pour

capital (1) et les clauses concernant les décisions collectives (2). Peut-il y avoir des pactes d'actionnaires ? Des conventions de management ? Rien ne semble l'exclure puisque la loi n'a pas accordé d'exclusivité aux statuts[496] .D'ailleurs, tout dépend de la conception que l'on pourrait avoir des pactes d'actionnaires ; certains les distinguant des statuts[497], d'autres opérant une distinction entre les pactes d'actionnaires statutaires et extra-statutaires

1.Les clauses organisant les rapports entre associés ou clauses de maîtrise du capital[498]

Il s'agit des clauses d'inaliénabilité (a), d'exclusion (c), d'agrément et de préemption (b).

a-Les clauses d'inaliénabilité

142. En lisant l'article 853-17 de l'AUSCGIE, on se rend compte que le législateur prévoit non seulement le domaine des clauses, mais également leur durée. Ainsi, les clauses portent sur les actions ou les valeurs mobilières donnant accès au capital (il s'agit ici des valeurs mobilières composées. Il faudrait donc se référer aux articles 822 et suivants de l'AUSCGIE pour appréhender le régime juridique des valeurs mobilières donnant accès au capital). Concernant la durée des clauses en question, elle ne saurait excéder dix ans. Le point de départ de cette inaliénabilité peut être la date d'immatriculation de la société.

L'inaliénabilité signifie ne pas vendre, céder, transférer, nantir ou céder en garantie.

b-Les clauses d'agrément et de préemption.

143. Le législateur de l'OHADA est assez généreux relativement au domaine des clauses d'agrément et de préemption vu qu'elles portent sur « toute cession d'actions ou de valeurs mobilières donnant accès au capital.

---

rappel, à côté des conventions réglementées, nous avons les conventions interdites et les conventions conclues à des conditions normales.

[496] GODON Laurent « L'exclusivité des statuts et l'organisation de la direction de la SAS », Rev. sociétés 2017. 631, n°9. Selon l'auteur, l'existence des actes extrastatutaires ne compromet pas la sécurité des tiers vu que la direction exécutive n'a que des pouvoirs internes et non de représentation.

[497] SAINTOURENS Bernard, « Articulation d'un pacte d'actionnaires avec les statuts : une avancée de la Cour de cassation ? », Revue des sociétés 2019, p.762.

[498] Cette formule est empruntée à M. GERMAIN

La cession peut avoir lieu entre associés, à titre gratuit, onéreux, par apport, fusion, scission.

Pour rappel, les articles 754 et suivants de l'AUSCGIE s'appliquent à la SAS. Il s'agit principalement de l'affirmation du principe de proportionnalité et de sa remise en cause par les actions de préférence (article 754, 755 AUSCGIE), du droit préférentiel de souscription, de la négociabilité des actions[499], de leur transmission, du nantissement d'actions, des actions de préférence, des obligations, valeurs mobilières composées.

Relativement aux clauses de cession, il peut être prévu dans les statuts que les actions sont librement cessibles et leur transmission s'opère par virement de compte à compte conformément à l'article 744-1 AUSCGIE, sur instruction du cédant ou de son représentant qualifié[500].

144. Il appartient aux statuts de fixer les conditions d'agrément. Cela dit, la procédure suivante peut être prévue : notification au président, convocation de l'AG par le président, situation en cas d'agrément, de refus d'agrément, situation de rachat d'actions. Une seconde formule peut consister en ceci : notification du projet de cession à la société, délai donné au président pour faire connaître la décision de la société. Ces deux cas de figure peuvent s'envisager en présence d'une clause de préemption.

c-Les clauses d'exclusion.

145. Les causes d'exclusion peuvent être prévues dans les statuts. Il peut s'agir d'un changement de contrôle. La procédure peut être la suivante :

-le président est au courant de la survenance de la cause d'exclusion, il convoque les associés pour se prononcer sur cette exclusion. Une fois la décision prise, elle est notifiée à l'associé. Si l'exclusion est prononcée, les associés restants doivent :

---

[499] Les actions sont négociables après immatriculation de la société au RCCM, inscription de la mention modificative à la suite d'une augmentation de capital et entière libération pour les actions de numéraire (Voir respectivement les articles 759 et 761 AUSCGIE)

[500] V. CHARVERIAT Anne, COURET Alain, *Société par actions simplifiée, Nouveau régime*, Dossiers pratiques Francis Lefebvre, 1999, p.290.

-acheter ou faire acheter les actions de l'associé exclu dans un délai précis. Le législateur de l'OHADA a prévu un délai de six mois (article 853-21 AUSGIE).

Un droit de préemption sur les actions de l'associé exclu peut être accordé. Et à l'expiration du délai précité, le président peut en proposer le rachat à un associé de son choix. A défaut pour les parties de s'entendre sur le prix et en cas de silence des statuts sur les modalités du prix de cession, celui-ci peut être déterminé par un expert désigné par les statuts, les parties ou à défaut le juge statuant à bref délai du siège social de la société.

146. Justement, le législateur précité traite de deux situations : une prévue à l'article 853-19 AUSCGIE et une autre à l'article 853-20 du même Acte uniforme. Dans la deuxième situation, il faut que le contrôle de la société associé soit modifié et dans ce cas, la société concernée doit immédiatement en informer la SAS qui peut suspendre les droits pécuniaires de son associé et l'exclure. Cette suspension des droits pécuniaires demeure également possible dans l'hypothèse visée à l'article 853-19.

147. Les autres clauses prévues. Il s'agit de la clause d'audit des sociétés associées, de confidentialité, non-concurrence, conciliation, arbitrage.

2.Les clauses concernant les décisions collectives

Deux situations seront examinées : l'information des associés (a) et leur consultation (b).

a.Information des associés

148. Il peut être prévu qu'avant toute décision, certains documents doivent être mis à la disposition des associés. Ces documents peuvent être cités dans les statuts.

Ce droit à l'information peut profiter aux commissaires aux comptes ou aux associés titulaires d'actions d'une catégorie précise.

Une clause en vertu de laquelle avant la réalisation de toute opération susceptible de modifier la nature et les conditions d'exercice de l'activité de la société, l'étendue de ses engagements peut être insérée dans les statuts. Il peut s'agir de la vente, de l'acquisition ou de la location-gérance du fonds de commerce, de la prise de participation, de l'octroi de prêts à des tiers, de garanties sur l'actif social

b.Modes de consultation

149. Il peut s'agir de la consultation écrite, de la convocation par le président d'une assemblée. Dans l'AUSCGIE, la consultation écrite est consacrée par les articles 133, 134, 284, 287, 302, 304, 333, 340, 342, 349[501] et 367. L'article 302 AUSCGIE permet d'avoir une conception large de l'expression « consultation ». Pourtant, on pourrait se demander si les dispositions applicables à la SARL pourraient être transposées dans la SAS. De notre point de vue, si toute transposition s'avère impossible en raison de la différence de nature des sociétés en question, il n'en demeure pas moins vrai que les associés de la SAS pourraient s'inspirer des règles de la SARL et les appliquer aux décisions qui ne doivent pas être prises collectivement. Dans tous les cas, il peut y avoir consultation sans délibération en réunion[502].

Paragraphe III- QUESTIONS PRATIQUES SOULEVÉES PAR LA SAS

Les questions en question sont relatives au rapport entre le président et les dirigeants (A) et à l'existence d'un conseil d'administration dans une SAS (B).

A-Rapport entre le président et les dirigeants statutaires

150. Un examen de l'article 853-8 AUSCGIE permet de se rendre compte que le président de la SAS est le seul organe obligatoire, l'existence des autres dirigeants étant conditionnée par leur mention dans les statuts. Dans l'hypothèse où ces organes co-existent, quelle doit être la nature de leurs rapports ? Des égaux, des auxiliaires, des organes tutélaires ? Pour Paul Le Cannu, toutes ces situations demeurent envisageables[503]. Quant à E. Dailly, il rappelle que « le projet de loi[504] n'impose aucune des structures de direction du droit

---

[501] Ce texte parle de consultation ordinaire écrite. C'est dire que l'on peut avoir recours à celle-ci dans la prise de décision qui entraîne la modification des statuts.

[502] DELVALLEE Julien, « La collégialité dans les sociétés par actions simplifiées », Rev.sociétés, 2020, p.75

[503] LE CANNU Paul, *Société par actions simplifiée -Organisation de la SAS*, Répertoire des sociétés, n°122

[504] Il s'agit du projet de loi instituant la SAS en 1994. Débat parlementaire rapporté par

commun et ne définit aucune hiérarchie entre les différents organes sociaux »[505].

151. Le président peut déléguer ses pouvoirs de représentation de la SAS à l'égard des tiers à un dirigeant statutaire. La délégation de pouvoirs doit-elle être matérialisée par un écrit ? La Cour de cassation française répond par la négative décidant qu'aucune disposition légale n'exige un écrit.

152. Ces différentes situations constituent une remise en cause de la jurisprudence française de 2002, qui, avant la loi sur la sécurité financière, avait décidé que : « *la société par actions simplifiée est représentée, à l'égard des tiers, par son seul président* » [506]. Cette jurisprudence n'a pas fait long feu puisque le Ministre de la Justice d'alors a déclaré ceci « *« [...] la SAS peut être dirigée par une ou plusieurs autres personnes [...] lorsque ces dirigeants sont [...] investis du pouvoir de diriger, de gérer ou d'engager à titre habituel la société, ils doivent également être déclarés au RCS et figurer sur l'extrait du registre du commerce et des sociétés, en plus du président. »*

C'est pourquoi, il a été ajouté à l'article L. 227-6 du Code de commerce un troisième alinéa de cette teneur « les statuts peuvent prévoir les conditions dans lesquelles une ou plusieurs personnes autres que le président, portant le titre de directeur général ou de directeur général délégué, peuvent exercer les pouvoirs confiés à ce dernier par le présent article ». Cette disposition a pour pendant l'article 853-8 de l'AUSCGIE.

Mais pour être opposable aux tiers, la délégation de pouvoirs doit-elle être publiée au RCS ? Le juge précise que la délégation n'a pas besoin d'être écrite[507]. Dans tous les cas, la délégation de pouvoirs obéit à des conditions tenant à la personne (préposé compétent, ayant de l'autorité et les moyens nécessaires[508].

---

[505] Voir GERMAIN Michel, PERIN Pierre-Louis, SAS, op.cit., p.305, note de bas de page 12

[506] Cass. com., 2 juill. 2002, Bull. civ., IV, n° 112.

[507] LE CANNU Paul, « La délégation de pouvoir dans la SAS (et au-delà), Rev.soc, 2011, p.34 ; DONDERO Bruno, « SAS et délégation du pouvoir de licencier et d'embaucher », RTDCom, 2011, p.130

[508] CHAMPAUD Claude , DANET Didier , *Stratégies judiciaires des entreprises*, Dalloz, 2006, p.30

Concernant la désignation statutaire des dirigeants, en droit français, il faut non seulement la prévoir dans les statuts, mais également la publier au RCS. De même, il existe une possibilité pour une SAS de confier sa direction à une société tierce via une convention de prestation de services spécifiques. Cela ne remet pas en cause l'article L227-6 du code de commerce[509].

B-La problématique du conseil d'administration dans la SAS

153. Avant de répondre à la question de savoir si dans une SAS on pourrait envisager la présence d'un conseil d'administration ou pas (2), il faudrait d'abord mettre en évidence la question de l'utilité de cet organe collégial (1). Rappelons néanmoins que tout est parti d'une décision de justice relative à la transformation d'une SA avec conseil d'administration en SAS alors que les statuts de cette société n'avaient pas mentionné l'existence de cet organe où la Cour de cassation a décidé que la modification de la forme juridique de la société a fait perdre à M.X, actionnaire majoritaire et PCA, sa qualité d'administrateur[510]. L'arrêt rendu le 20 novembre 2019, par la chambre commerciale de la Cour de cassation démontre à suffisance que le juge suprême français s'inscrit dans la constance[511].

1. L'utilité d'un Conseil d'administration dans une SAS

154. Pourquoi le conseil d'administration ? Pour Paul Le Cannu, tout dépend du type d'affaires confié à la SAS (holding ;Finance, industrie) et de son actionnariat[512]. Les autres raisons relevées par Le Cannu ou raisons liées à la collégialité sont :

- disposer d'une instance de réflexion et de concertation,
- contrôler le ou les dirigeants,
- collectiviser les décisions stratégiques (voire de détail !),
-associer des compétences externes, etc[513]

---

[509] MOULIN Jean-Marc, « Management *fees* et direction générale d'une SAS », Gazette du Palais, n°05, page 59

[510] GODON Laurent, « L'exclusivité des statuts et l'organisation de la direction de la SAS », Rev.sociétés, 2017, p.631.

[511] HEINICH Julia, « Direction de la SAS : toujours les statuts ! », Rev.sociétés, 2020, p.238.

[512] LE CANNU Paul, « Le conseil d'administration d'une société par actions simplifiée : quelques données de base », RTD Com 2014, p.473, n°2.

[513] LE CANNU Paul, *op.cit.*, n°3.

2. Les arguments excluant toute idée d'existence d'un conseil d'administration dans une SAS

155. Plusieurs éléments militent en faveur d'une réponse négative. Il s'agit d'une interprétation stricte de l'article 415, 224, 853-3 AUSCGIE, de la nature de l'Acte uniforme précité, de la position de la CCJA, de l'évolution des articles 435 et 465 AUSCGIE.

En effet, l'article 415 dispose que la société anonyme avec conseil d'administration est dirigée soit par un PDG, soit par un PCA et un DG. A travers cette disposition, le législateur de l'OHADA prévoit deux systèmes de gouvernance dans une société anonyme avec conseil d'administration : un système où les pouvoirs d'administration et de direction sont concentrés entre les mains d'une seule personne, et un autre où la dissociation est opérée. Pour revenir à la question qui nous préoccupe le plus, relevons avec Paul Le Cannu que « *tous les organes ne sont pas faits pour diriger. (...) De même, les organes de contrôle ne dirigent pas* »[514]. Pour faire simple, nous pouvons dire que si le PCA est un dirigeant, tel n'est pas le cas aux destinées desquelles il préside. Quant aux articles 224 et 853-3, ils opèrent respectivement une distinction entre conseil d'administration, dirigeants sociaux et excluent certaines dispositions de la SA, parmi lesquelles celles du conseil d'administration, des règles applicables à la SAS.

156. Les dispositions de l'Acte uniforme relatif au droit des sociétés commerciales et GIE sont d'ordre public. Ce caractère transparaît à l'article 2 qui interdit aux statuts de déroger aux dispositions de l'AUSCGIE sauf si celui-ci l'autorise par le biais de la substitution ou du complément. Toute clause statutaire contraire à l'AUSCGIE est réputée non écrite.

157. L'examen de l'arrêt n°63/2014 du 25 avril 2014 rendu par l'Assemblée plénière de la CCJA a permis de distinguer la représentation, prérogative du DG, de la précision des objectifs, l'orientation, la surveillance, le contrôle, l'arrêté des comptes, apanage du conseil d'administration[515]. La CCJA est assez constante sur ce point puisqu'elle a maintenu sa position en 2012[516], 2013[517], 2016[518].

---

[514] LE CANNU Paul, *op.cit.*, n°15.

[515] CCJA, Assemblée plénière, Arrêt n° 63/2014 du 25 avril 2014

[516] CCJA, 2e ch., n° 93/2012 du 20 décembre 2012. Selon la CCJA, seul le PDG ou le DG et non le PCA, représente la société.

158. Enfin, nous pouvons relever que la modification de l'article 435 AUSCGIE pourrait servir d'argument à la négation de toute idée d'existence d'un conseil d'administration dans une SAS. A lire l'article 435 ancien, on se rend compte sans aucun doute que le conseil d'administration agit au nom de la société. Une telle rédaction a créé un conflit de compétence entre le Conseil d'administration et le PDG. Cependant, il n'est pas évident que la réforme de 2014 ait réglé ce conflit et ce, en raison de l'article 436 qui donne pouvoir au conseil d'administration d'engager la société même pour les décisions qui ne relèvent pas de l'objet social, sauf si le tiers est de mauvaise foi.

3. Les arguments en faveur d'une existence d'un conseil d'administration dans une SAS

Plusieurs arguments militent également en faveur de l'existence d'un conseil d'administration. Pour s'en convaincre, examinons l'état de la question en droit ohada (a) d'abord, ensuite l'état de la question en droit français (b).

a-L'état de la question en droit ohada

159. Après avoir exposé les éléments en défaveur de l'existence d'un conseil d'administration, force est de constater qu'au regard des flous des expressions employées par le législateur de l'OHADA, cette méfiance voire défiance se justifie. En effet, sur la base de l'article 155, le conseil peut être invité à délibérer ; en même temps, il y a une distinction entre administration et direction. Certaines dispositions emploient successivement les termes « gestion », « direction », « administration » (Article 168), d'autres les distinguent (Article 397 , 414 , 494 , 498 AUSCGIE). Mais l'article 889 sonne contre un trouble-fête à cette distinction dans la mesure où lorsque les dirigeants sociaux répartissent les dividendes sans inventaire ou au moyen d'inventaire frauduleux, ils encourent une sanction pénale. Du coup, la question qui se pose est celle de savoir si le conseil d'administration est un dirigeant. Pour Paillusseau, la réponse affirmative s'impose. Ainsi, les administrateurs de la société anonyme, le président, le directeur général, le directeur général délégué (...) sont incontestablement, à des degrés divers selon les textes applicables, des

---

[517] CCJA, 2e ch., n° 24/2013 du 18 avril 2013. Selon la CCJA, pour pouvoir valablement représenter la société, l'administrateur doit recevoir mandat du conseil d'administration.

[518] CCJA, 3e ch., n° 137/2016 du 07 juillet 2016

dirigeants sociaux au sens du droit des sociétés. Aussi peut-on considérer comme des dirigeants de la SAS, les personnes physiques ou morales qui remplissent dans cette société les mêmes fonctions que les dirigeants de la société anonyme ; qu'il s'agisse de dirigeants nommés en tant que tels ou membre d'un organe collégial. Ainsi, sont des dirigeants sociaux de la SAS les membres de l'organe collégial institué par les statuts qui a des fonctions de même nature que celles d'un conseil d'administration, quelle que soit sa dénomination[519].

160. L'examen des articles 853-3, 853-7 voire 853-10 AUSCGIE permet un début de réponse dans la mesure où le président de la SAS ou les dirigeants statutaires exercent les pouvoirs du conseil d'administration lorsque les règles de la SA sont compatibles à celles de la SAS, les statuts sont libres de déterminer les conditions dans lesquelles la société est dirigée, les règles de responsabilité des membres du conseil d'administration des sociétés anonymes sont applicables au président et aux dirigeants de la SAS. Mais il faudrait compléter ces dispositions légales par celles statutaires (désignation, des pouvoirs individuels, de la perte de la qualité, statut, cumul).

161. L'article 740 AUSCGIE traitant de la responsabilité des administrateurs pour faute de gestion pourrait être cité. D'ailleurs, on aura remarqué qu'il s'agit d'une disposition qui s'applique à la SAS puisque non visée par l'article 853-3. Or, un non dirigeant ne peut commettre une faute de gestion. Les articles 71, 72 et 111 de l'Acte uniforme relatif au droit comptable et à l'information financière dont nous ferons le commentaire dans les développements qui suivent vont également nous servir de guide.

---

[519]CNCC, *La société par actions simplifiée*, *op.cit.*, p.84, n°204

Tableau comparatif des différents Actes uniformes notamment l'Acte uniforme relatif au droit comptable et l'Acte uniforme portant organisation et harmonisation des comptabilités des entreprises

Textes anciens	Textes nouveaux
Article 71 A la clôture de chaque exercice, les organes d'administration ou de direction, selon le cas, dressent l'inventaire et les états financiers, conformément aux dispositions des chapitres précédents, et établissent un rapport de gestion ainsi qu'un bilan social, le cas échéant. Le rapport de gestion expose la situation de l'entreprise durant l'exercice écoulé, ses perspectives de développement ou son évolution prévisible et, en particulier, les perspectives de continuation de l'activité, l'évolution de la situation de trésorerie et le plan de financement. Les événements importants, survenus entre la date de clôture de l'exercice et la date à laquelle il est établi, doivent également être mentionnés. Tous ces documents ainsi que la liste des conventions réglementées sont transmis aux commissaires aux comptes, quarante-cinq jours, au moins, avant la date de l'Assemblée générale.	Article 71 A la clôture de chaque exercice, les organes d'administration ou de direction, selon le cas, dressent l'inventaire et les états financiers, conformément aux dispositions des chapitres précédents, et établissent un rapport de gestion ainsi que, le cas échéant un bilan social. Le rapport de gestion expose la situation de l'entité durant l'exercice écoulé, ses perspectives de développement ou son évolution prévisible et, en particulier, les perspectives de continuation de l'activité, l'évolution de la situation de trésorerie et le plan de financement. Les événements importants, survenus entre la date de clôture de l'exercice et la date à laquelle il est établi, doivent également y être mentionnés. Tous ces documents sont transmis aux commissaires aux comptes s'ils existent, quarante-cinq jours, au moins, avant la date de l'assemblée générale ordinaire.

Article 72 Les états financiers annuels et le rapport de gestion établis par les organes d'administration ou de direction, selon les cas, sont soumis à l'approbation des actionnaires ou des associés dans le délai de six mois à compter de la date de clôture de l'exercice.	Article 72 Les états financiers annuels et le rapport de gestion établis par les organes d'administration ou de direction, selon les cas, sont soumis à l'approbation des actionnaires, des associés ou des membres dans le délai de six mois à compter de la date de clôture de l'exercice.
Article 111 Encourent une sanction pénale les entrepreneurs individuels et les dirigeants sociaux qui : - n'auront pas, pour chaque exercice social, dressé l'inventaire et établi les états financiers annuels ainsi que, le cas échéant, le rapport de gestion et le bilan social ; - auront sciemment, établi et communiqué des états financiers ne délivrant pas une image fidèle du patrimoine, de la situation financière et du résultat de l'exercice. Les infractions prévues par le présent Acte uniforme seront punies conformément aux dispositions du Droit pénal en vigueur dans chaque Etat-partie.	Article 111 Encourent une sanction pénale les dirigeants d'entités au sens de l'article 2 du présent Acte uniforme qui : • n'auront pas, pour chaque exercice, dressé l'inventaire et établi les états financiers annuels, consolidés ou combinés ainsi que, le rapport de gestion et, le cas échéant le bilan social ; • auront sciemment, établi et communiqué des états financiers ne donnant pas une image fidèle du patrimoine, de la situation financière et du résultat de l'exercice. Les infractions prévues par le présent Acte uniforme sont punies conformément aux dispositions du droit pénal en vigueur dans chaque État partie.

162. Aux termes de l'article 71, les organes d'administration ou de direction dressent l'inventaire et les états financiers, établissent un rapport de gestion. On peut se demander à l'examen de cette disposition si le terme « gestion » n'englobe pas celui de « direction » et d'administration. Tout porte à le croire. Dans tous les cas, les articles 137 de l'AUSCGIE et 71 de l'Acte uniforme relatif au droit comptable et à l'information financière ne divergent pas. De même, la précision du contenu du rapport de gestion rentre en droit ligne des articles 138 et 140 AUSCGIE.

163. Selon l'article 72, ce sont les actionnaires ou les associés qui approuvent les états financiers

L'expression qui doit attirer l'attention c'est « soumis à l'approbation ». Cette approbation n'est possible que parce que les organes d'administration ou de direction ont présenté les documents précités aux associés ou actionnaires.

Quant à l'article 111, il opère une distinction entre les entrepreneurs individuels et les dirigeants sociaux : article 111 nouveau : parle de dirigeants d'entités

b-L'état de la question en droit français

164. Les auteurs aux propos nuancés sont Paul Le CANNU, Jean Paillusseau, Michel Germain et Périn.

Le professeur P.LE CANNU n'est pas contre la mise en place d'un collège au sein d'une SAS puisqu'il a écrit ceci : « Un « *conseil d'administration » ou un « directoire », définis par les statuts, sont concevables, mais la SAS perd alors une bonne partie de son originalité. De plus, il faut prendre garde aux appellations déceptives : si les statuts créent des organes fort différents de celui des articles 89 et suivants ou 118 et suivants, cela risque d'induire les tiers en erreur, et d'engager la responsabilité de la société (ou des rédacteurs des statuts)* »)[520]. Toujours selon cet auteur : « Vingt ans de pratique montrent cependant à quel point le conseil d'administration reste une formule attirante pour la pratique, même s'il n'a pas si souvent, dans la SAS, les traits de celui que l'on connaît dans la société anonyme »[521]. Ces propos démontrent à suffisance que Paul Le Cannu n'est pas contre l'existence d'un conseil d'administration dans une SAS. Il l'a d'ailleurs rappelé dans une étude

---

[520] LE CANNU Paul, « Société par actions simplifiée – Organisation de la SAS », février 2000 (actualisation : Octobre 2019), Répertoire des sociétés

[521] LE CANNU Paul, « Conseil d'administration d'une société par actions simplifiée : quelques données de base », RTD com. 2014. 473

récente[522] et suggéré d'avoir une conception large du verbe « diriger » et de le confondre avec celui d'« organiser »[523]. C'est également le cas de Jean Paillusseau pour qui, dans une SAS, les pouvoirs du conseil d'administration et de direction générale ne sont pas obligatoirement distingués, comme ils le sont dans la société anonyme ; ils peuvent être confondus pour ne former qu'un seul pouvoir[524]. Par contre, toujours selon Paillusseau, si l'assimilation n'est pas douteuse pour l'application de certaines règles : responsabilité civile et pénale, approbation des conventions réglementées, elle peut l'être moins à d'autres égards[525]. La direction doit donc inclure, outre la gestion et l'administration, tout autre organe statutaire dont les pouvoirs ne se limitent pas à ces deux fonctions[526].

165. Michel GERMAIN et de Pierre-Louis PERIN écrivent que le membre du conseil d'administration de la SAS aura à remplir un mandat proche de celui qu'il exercerait dans un organe semblable d'une société anonyme. Ainsi, si le choix des appellations est libre dans une SAS, il faudrait veiller à ce qu'elles ne soient pas déceptives pour les tiers et au sein de la société[527].

166. Les auteurs entièrement favorables sont entre autres Alain Couret et ses co-auteurs parlaient de conseil d'administration d'une SAS voulu par les statuts mais dont l'origine n'est pas légale[528]

167. Une fois la question de l'existence d'un conseil d'administration au sein d'une SAS réglée, relevons les formules possibles :

---

[522] LE CANNU Paul, *Société par actions simplifiée-Organisation de la SAS*, Répertoire des sociétés, n°107« Il est donc possible soit de conférer au président de très larges pouvoirs, afin qu'il soit en mesure de gouverner librement la société, soit au contraire de le contrôler en lui imposant de partager ses pouvoirs avec un comité de direction, un directoire, ou un conseil d'administration, seul compétent pour prendre telle ou telle décision ». Mais il conseille de ne pas accorder au président du conseil d'administration les mêmes pouvoirs de représentation à l'égard des tiers que ceux détenus par le président de la SAS.

[523] LE CANNU Paul, « La SAS, un cadre légal minimal », *op.cit.*, n°15.

[524] CNCC, *La société par actions simplifiée, op.cit.*, p.42, n°89.

[525] CNCC, *La société par actions simplifiée, op.cit.*, p.84, n°204.

[526] DELVALLEE Julien , *La collégialité en droit des sociétés*, Dalloz, Nouvelle Bibliothèque de thèses, volume 181, p.114

[527] GERMAIN Michel, PERIN Pierre-Louis, SAS, *La société par actions simplifiée*, op.cit., pp.301-302.

[528] COURET Alain et *alli*, « Les assemblées et les conseils dans la crise », *op.cit.*, n°20

-réserver à certains administrateurs la prise de certaines décisions ;

-partir des compétences réservées. Pour le reste (clauses d'autorisation, conventions réglementées, contrôle des conventions réglementées par le CA. Dans les textes à savoir l'article 853-14, c'est les associés qui contrôlent. Le CA pourrait se charger de : ordre du jour déterminé. Le CA peut avoir aussi des fonctions consultatives.

-comment doit-il fonctionner ? Convocation et ordre du jour libre. Mais vu que la violation des statuts de la SAS n'est pas cause de nullité, les décisions collégiales risquent de s'imposer. Régler également la question des feuilles de présence et du PV

168. De même, il faudra déterminer les pouvoirs et mission de celui-ci (orientation, arrêté des comptes, autorisation préalable de certaines opérations), information des membres, statuts des membres de celui-ci, organisation (ses décisions lient le Président, les DG ; président du conseil), délibérations

169. En conclusion, répétons-le : les associés doivent se protéger eux-mêmes. Cela suppose qu'ils en aient la force, dans la négociation, avec le savoir-faire et la claire conscience des risques courus[529].

SECTION 2 Les pactes d'actionnaires

170. Les formes d'expression de la volonté des actionnaires sont diverses. Il peut s'agir des statuts ou du pacte d'actionnaires. C'est dire que parfois un choix s'impose. En effet, les avantages du pacte d'actionnaires sont bien connus :

-la discrétion[530] ;

-la prévision, même si les statuts peuvent jouer un rôle identique[531] ;

-flexibilité[532]

---

[529] LE CANNU Paul, « La SAS : un cadre légal minimal », Rev. sociétés 2014. 543

[530] Mais vu qu'un pacte d'actionnaires peut constituer un échec ou favoriser une réussite d'une OPA, le droit boursier français a exigé le signalement et la publicité des clauses des pactes ayant atteint un seuil critique. Sont surtout visés les pactes anti-OPA. V. OHL Daniel, « Les pactes d'actionnaires à l'épreuve du droit boursier », Recueil Dalloz, 2011, p.323.

[531] MOSSER Laurent, « La prévision en droit des sociétés », Gaz. Pal. 30 déc. 2010, n ° n°364 - page 29

[532] La modification ne se fera pas suivant le quorum et la majorité propres à chaque société. V. J. HEINICH, op.cit., n°1. L'auteur souligne que l'avènement de la SAS a remis en cause cette flexibilité des pactes.

Pourtant, les statuts ne manquent pas d'intérêts : publicité, sanction plus facile à prononcer, opposabilité aux actionnaires[533] et à la société, la supériorité des statuts sur le pacte.

Dans tous les cas, le pacte d'actionnaires a une utilité certaine :

-concentration ;

-coopération entre les sociétés ;

-ouverture du capital de société à des sociétés de capital-investissement ;

-développement, transmission des sociétés[534].

Les pactes d'actionnaires pourraient même être au service de la RSE[535]. C'est un complément des statuts[536].

171. Une fois les avantages du pacte et des statuts mis en évidence, on pourrait s'interroger sur la terminologie à adopter. D'emblée, relevons que le législateur de l'OHADA préfère parler de conventions extrastatutaires. Le choix des mots n'est pas neutre en raison de la velléité de ne pas limiter l'usage des pactes aux seules sociétés par actions. Les professeurs Jean Paillusseau[537] et Dominique LEGEAIS[538] opèrent une distinction entre les pactes statutaires et les pactes extrastatutaires

L'objet des pactes d'actionnaires est visé à l'article 2-1 AUSCGIE. Il s'agit de l'organisation de :

-relations entre associés ;

-la composition des organes sociaux ;

---

[533] V. MARAIN Gaëtan, « L'opposabilité des pactes d'actionnaires », Revue des sociétés, 2017, p.542. Pour cet auteur, le pacte est opposable aux tiers et par les tiers.

[534] MOULIN Jean-Marc, *op.cit.*, p.425

[535] NURIT-PONTIER Laure, « Des pactes d'actionnaires au service de la RSE ? », D. 2010. 2081 ; NURIT-PONTIER Laure, « L'inscription statutaire, vecteur juridique de RSE ? », Rev. sociétés 2013. 323. Pour l'auteur « La voie semble donc tracée : il s'agit, par une inscription statutaire en ce sens, de faire échec à la seule recherche d'un bénéfice immédiat pour privilégier d'autres considérations, plus générales, de nature à assurer le développement à long terme de l'entreprise et, ce faisant, de donner à ces considérations une assise juridique ».

[536] V. Néanmoins LEGEAIS Dominique, *Droit commercial et des affaires*, SIREY, Paris, 20e édition, 2012, p.199, n ° 419 pour qui le pacte d'actionnaires peut être statutaire ou extrastatutaire. Adde MOULIN Jean-Marc, *Le droit de l'ingénierie financière*, Gualino, Paris, 4e édition, 2013, p.425

[537] CNCC, La société par actions simplifiée, *op.cit.*, p.122, n°292

[538] LEGEAIS Dominique, *Droit commercial et droit des affaires*, Dalloz, 20e édition, 2012, p.199, n°419

-la conduite des affaires de la société ;

-l'accès au capital ;

-la transmission des titres sociaux.

Quand on lit bien l'article 2-1 précité, on se rend compte que les modalités sont librement arrêtées par les associés

172. Dans tous les cas, les pactes d'actionnaires ont droit de cité dans les opérations de capital-investissement. Lorsque l'on s'imprègne de l'ouvrage de B. RAYNAUD, on perçoit que le capital-investissement constitue un aspect du haut de bilan. En effet, l'activité de capital-investissement a émergé avec le phénomène de désintermédiation bancaire[539]. Ainsi, à une économique d'endettement, se substitue une économie de fonds propres. C'est pourquoi un auteur parlait de la guerre du capitalisme[540]. A propos du capital-investissement, trois éléments méritent examen sa définition, ses acteurs et des différents aspects.

Le capital-investissement regroupe l'ensemble des activités financières consistant à intervenir, de manière minoritaire et pour une durée n'excédant le plus souvent pas une dizaine d'années, au capital de sociétés non cotées, c'est-à-dire de sociétés qui, sans avoir la possibilité d'accéder aux marchés financiers, ont cependant des besoins de financement de haut de bilan[541].

173. Les acteurs du capital-investissements sont les *business angels*, les sociétés de capital-risque, les fonds communs de placement à risque. Il faudrait cependant apporter quelques précisions. En effet, l'UEMOA a édicté une loi uniforme relative aux entreprises d'investissement à capital fixe avec à la clé une fiscalité attractive[542]. Les huit États membres de l'UEMOA ont réceptionné la loi uniforme suscitée dans leur ordonnancement juridique. C'est ainsi qu'on peut remarquer que si les établissements financiers de capital risque sont soumis à la loi portant réglementation bancaire, tel n'est pas le cas des sociétés de capital-risque (le capital social de ces sociétés est fixé par le Conseil des Ministres et leur autorité de tutelle est nationale). De même, il y a deux grandes catégories ou familles d'entreprises d'investissement à capital fixe : les établissements financiers de

539 RAYNAUD Benoît, *Droit de l'ingénierie sociétaire*, Joly, 2014, p. 72

540 ALBERT Michel, *Capitalisme contre capitalisme*, Le Seuil, Paris, 1991.

541 RAYNAUD Benoît, Droit de l'ingénierie sociétaire, Joly, 2014, p.72, n°159

542 Directive n°02/2011/CM/UEMOA portant harmonisation de la fiscalité applicable aux entreprises d'investissement à capital fixe

capital fixe, les sociétés de capital-risque, les établissements financiers d'investissement en fonds propres, les sociétés d'investissement en fonds propres. C'est dire que l'UEMOA ne connait pas comme en droit français, le concept de fonds communs de placement à risque.

Il existe deux aspects du capital-investissement : les aspects financiers (espérance d'une rémunération, attribution d'un dividende, valeurs mobilières composées) et les aspects juridiques (conditions d'entrée, de participation et de sortie)

174. Les mots-clés du pacte d'actionnaires sont validité, efficacité, publicité[543].

Afin de mieux cerner la problématique des pactes d'actionnaires, nous examinerons la typologie des pactes (Paragraphe 1) d'abord et le régime juridique du pacte ensuite (Paragraphe 2).

Paragraphe 1 La typologie des pactes d'actionnaires

175. En général, à l'intérieur des pactes, il faut distinguer deux catégories :

-les pactes relatifs à la direction ou gestion des entreprises[544] ;

-les pactes relatifs à la géographie du capital.

A-Les clauses de gestion

175. Il s'agit des pactes relatifs au pouvoir. Ainsi, les actionnaires majoritaires ou qui contrôlent sont concernés. Nous traiterons des conventions de vote (1), des clauses de désignation des dirigeants (2), des clauses suspectes (3), d'information (4) et de désignation d'un comité (5).

1.Convention de vote

Elle est conclue par les actionnaires qui souhaiteraient voter dans un sens déterminé. Elle est fréquemment utilisée dans les filiales communes ou lors d'un portage d'actions.

---

[543] COURET Alain, JACOMET Thierry, « Les pièges des pactes d'actionnaires : questions récurrentes et interrogations à partir de la jurisprudence récente », RJDA, 2008

[544] BRUNSWICK Philippe, « SAS et capital investissement : vers la fin des pactes d'actionnaires extra-statutaires ? », D. 2000. 595.

Exemple de conventions de vote :

-Nécessité d'un accord unanime des signataires pour les affaires importantes (elles vont être limitativement énumérées) ;

-soumission à la loi de la majorité

NB/ La validité de ces clauses est subordonnée à leur conformité à l'intérêt social et au fait de ne pas priver l'associé de son droit de vote et à leur durée limitée. La convention de vote ne doit pas porter atteinte au principe de révocation *ad nutum* du dirigeant. Elle ne doit pas porter atteinte au principe de hiérarchie des organes de la société. Elle ne saurait enfin aboutir à nier le droit qu'a tout associé de participer aux décisions collectives[545]

De même, il ne faudrait pas confondre droit de véto (blocage de la prise de décisions) et convention de vote.

Le droit de vote double peut-il être conféré dans les pactes d'actionnaires au regard de l'article 544 AUSCGIE ? Une interprétation stricte de cette disposition devrait nous amener à conclure par la négative.

2.Clauses de désignation des dirigeants

176. Il s'agit ici d'une répartition de postes d'administrateurs entre actionnaires[546], de la désignation d'administrateurs parmi les candidats proposés par les actionnaires, la réservation de siège à un administrateur proposé par tel actionnaire

Mais partant de l'article 437 AUSCGIE peut-on envisager la mise en place de comité dans les pactes d'actionnaires ? Rien ne semble l'exclure.

3.Clauses suspectes

177. Il s'agit des clauses de révocation des dirigeants (elles risquent de porter atteinte au principe de la révocation *ad nutum*), des clauses de pouvoirs (exemple contreseing du créancier de la société pour toutes les décisions importantes. La Cour de cassation française a annulé cet accord qui ôte au conseil d'administration son rôle de direction générale). Cependant sont admises les clauses qui aménagent les pouvoirs des dirigeants : préparation des décisions du conseil

---

[545] LEGEAIS Dominique, *op.cit.*, p.202.

[546] Les premiers administrateurs sont nommés par l'Assemblée générale constitutive (article 410 AUSCGIE), les statuts (article 419 AUSCGIE), par l'AGO (en cours de vie sociale), l'AGE (en cas de fusion)

d'administration par des comités de coordination, délégation de pouvoirs

4.Les clauses d'information

178. Il s'agit là d'une clause qui accorde un droit d'information, de consultation ou de contrôle complémentaire à un actionnaire. Ces informations sont à la charge des dirigeants. Elle permet aux actionnaires qui ne gèrent pas la société de connaître l'évolution de la situation économique et financière de la société.

5. Les clauses désignant un comité

Les comités peuvent être chargés de préparer les décisions du conseil d'administration. Pour rappel, l'institution de ces comités n'est pas obligatoire. Seule la société anonyme faisant appel public à l'épargne est tenue de désigner un comité d'audit.

B-Les clauses d'actionnariat

179. On peut préserver les droits financiers des actionnaires minoritaires (clauses anti-dilution où on maintient la participation de l'actionnaire minoritaire en cas d'augmentation de capital social. De même, les majoritaires peuvent se porter fort de distribuer chaque année des dividendes ou de céder une fraction de leur participation à l'actionnaire minoritaire), insérer des clauses de non-distribution des dividendes (au profit de l'établissement de crédit prêteur d'argent à une société. Ainsi, celle-ci s'engage à ne pas distribuer de dividendes si certaines conditions financières ne sont pas réunies. Une clause pénale permettrait de renforcer l'efficacité de cette clause), des clauses de préemption, d'agrément (les clauses statutaires d'agrément sont visées aux articles 321, 765-3, 853-18. Il faut préciser qu'au sein de la SA, les conventions extrastatutaires sont admises. Il existe en droit français, une procédure d'agrément visée à l'article L228-24 du code de commerce), des clauses d'inaliénabilité (ici, il s'agit d'assurer aux minoritaires ou capital-investisseur qu'un associé majoritaire ne partira pas de la société. Précisons que c'est parce que le capital-investisseur souhaiterait que les porteurs de projets auquel il a adhéré conservent la direction et le contrôle de la société durant tout le temps de son investissement[547]. Sa validité est conditionnée par son caractère

---

[547] C'est pourquoi FASSI-FEHRI Jawad a écrit ceci : « l'investisseur financier investit dans la société cible en considération de la personne de ses dirigeants et des autres actionnaires au jour de la réalisation de l'investissement. L'opération de

sérieux[548], légitime et sa durée limitée[549]), des clauses de non-agression ou figeant la participation (des actionnaires s'engagent réciproquement à ne pas acquérir d'autres actions susceptibles de renforcer leur pouvoir. On retrouve ce genre de clauses dans les filiales communes), et des clauses de portage par lesquelles un associé, généralement un tiers (financier) accepter de porter les actions de l'associé et partant d'acquérir ainsi cette qualité pendant une durée déterminée. A la fin, le financier rétrocède ou restitue les titres à l'associé bénéficiaire du portage[550].

C-Clauses de sortie

180. Pourquoi ces clauses ? C'est lorsque l'on ne veut pas rester prisonnier dans la société, mais aussi présence d'un changement de l'actionnaire de référence

-clause de sortie conjointe (trois acteurs interviennent, l'actionnaire majoritaire, les actionnaires minoritaires et le cessionnaire. Ainsi, l'actionnaire majoritaire s'engage à faire acquérir par le cessionnaire les titres des actionnaires minoritaires lorsque lui-même envisage de quitter la société. Les différentes déclinaisons de la clause sont : la clause de sortie prioritaire c'est-à-dire avoir la possibilité de céder sa participation avant l'actionnaire majoritaire, la clause de sortie proportionnelle)

-clauses d'entraînement (promesse unilatérale de vente des minoritaires. Ainsi, les actionnaires majoritaires forcent les minoritaires à céder leurs actions)

-clauses de sortie prioritaire (elles profitent le plus souvent aux sociétés de capital-risque qui ce faisant cèdent leurs titres par priorité aux autres membres du pacte) ;

---

capital investissement est empreinte d'un assez fort intuitu personae. Dès lors, les investisseurs veulent avoir une certaine maîtrise des « entrées et sorties» dans le capital social de la société cible. Ils souhaitent pouvoir, d'une part, contrôler l'entrée de nouveaux intervenants dans le capital social et d'autre part, s'assurer que la répartition du capital entre les intervenants ne puisse pas évoluer sans leur accord », FASSI-FEHRI Jawad, Guide juridique du capital-investissement, droit marocain-Droit français, LexisNexis, 2014, n°724 et aussi n°903

548 Pour RAYNAUD Benoît, l'intérêt sérieux peut être soit l'intérêt social, soit l'intérêt d'un associé déterminé (*op.cit.*, p.78-79)

549 Quelle est la sanction lorsque la clause excède dix ans ?

550 CNCC, *La société par actions simplifiée*, *op.cit.*, p.124.

-clauses d'offre alternative ou *buy or sell* ; (c'est une clause qui oblige l'actionnaire à l'origine du désaccord soit à acheter soit à vendre[551]. Pour la jurisprudence française, il s'agit d'une promesse réciproque d'achat et de vente. Mais comment identifier les promettants ? Doit-on se fier aux propos de Le Nabasque pour qui dans une clause buy or sell nous sommes à l'état d'offre de cession ou d'achat qui ne lie personne. C'est pourquoi, la clause dite d'offre alternative associe ainsi une première offre (de vente) et une double promesse : de vente d'abord, de la part de celui qui refuserait d'acheter les titres du pollicitant ; d'achat, ensuite, du pollicitant lui-même[552].

181. Quelques conseils dans la rédaction de la clause *buy or sell*[553].

-subordonner l'émission de l'offre à des conditions strictes ne dépendant pas du pollicitant en faisant constater la mésentente, l'impasse ou la discorde par un arbitre indépendant, à moins que les parties ne s'entendent ;

-poser des critères précis permettant de déclencher la procédure

-ne pas faire dépendre le prix du seul pollicitant

Dans ce dernier cas, relevons qu'en droit français, si pour la cour d'appel de Paris[554], la mission de l'expert est guidée par les statuts, pour la Cour de cassation[555], il s'agit là d'une compétence qui ne doit pas lui être dévolue

-clause d'exclusion. Elle s'envisage généralement lorsqu'un actionnaire est affecté par une prise de contrôle ou méconnait une stipulation du pacte. Ces deux situations sont respectivement consacrées par les articles 853-20 et 853-19 AUSCGIE ? On parle dans ce cas de retrait forcé. Cette clause est par moment complémentaire de la clause de retrait. Grâce à cette clause, les

---

[551] COURET Alain et *alios* commence par l'expression « à vendre ou acheter », n°20. Mais il semble que les auteurs du Lamy sociétés commerciales n'accordent aucune priorité à l'opération juridique malgré l'appellation de la clause. Pour s'en convaincre, il n'est que d'examiner les propos de Le Nabasque et autre qu'ils citent

[552] LE NABASQUE, DUNAUD et ELSEN, « Les clauses de sortie dans les pactes d'actionnaires », Dr.sociétés, Actes pratiques, 1992, n°5, p.13

[553] V.Le Lamy sociétés commerciales, collection « Lamy droit des affaires » ; *Adde* A.COURET et *alios*, pour qui, l'article 1843-4 du Code civil assure la sécurité de la détermination du prix. Dans l'AUSCGIE, le pendant de cette disposition c'est l'article 59. Cette disposition n'a pas été modifiée lors de la réforme de 2014.

[554] CA Paris, 14-11-2007

[555] Cass. Com4-12-2007

associés s'engagent à acheter les actions de celui qui veut se retirer. Il faudrait dans ce cas se référer aux articles 269-1 et 269-6. A notre avis, l'expression « à moins de conventions contraires » ne doit pas être interprétée comme neutralisant le droit de retrait mais plutôt comme la possibilité donnée aux associés ou actionnaires de fixer le moment du retrait. Dans tous les cas, une procédure d'exclusion est visée à l'article 269-6.

-clauses d'impasse. Elles permettent d'organiser la séparation des membres signataires du pacte

D-Les autres clauses

182. Elles sont relatives à certaines obligations que l'on impose aux associés, à la durée du pacte, à la garantie de l'exécution du pacte, à la définition des termes du pacte, à la confidentialité

Paragraphe 2 Le régime du pacte

183. Il fut un temps où le pacte d'actionnaire avait du mal à entrer dans l'ordonnancement juridique français. Depuis l'admission de sa validité par la jurisprudence, plusieurs législations dont celle de l'OHADA, ont consacré ce type de conventions. Il sera question ici de validité (A) et d'efficacité (B) du pacte d'actionnaires.

A-La validité du pacte

184. La validité du pacte est subordonnée à sa conformité aux statuts et à l'AUSCGIE. En effet, le pacte doit respecter l'ordre public sociétaire (le législateur de l'OHADA précise qu'il ne peut être dérogé aux dispositions de l'AUSCGIE) et les statuts. Il faut comprendre deux choses :

-même les statuts ne peuvent déroger à l'AUSCGIE sauf autorisation de substitution ou de complément ;

-les pactes d'actionnaires complètent les statuts[556] et ne saurait y déroger[557]

On peut également dire qu'il ne faudrait pas confondre le pacte d'actionnaires avec le règlement intérieur.

---

[556] Des règlements intérieurs sont parfois annexés aux statuts. V. COURET Alain, Statuts et actes annexes, Répertoire des sociétés, pour cet auteur, les annexes aux statuts sont le préambule, la lettre d'intention, le règlement intérieur et les pactes d'actionnaires.

[557] V. Néanmoins une étude dubitative de cette suprématie SCHILLER Sophie, « Pactes, statuts, règlement intérieur : quelle hiérarchie ? », Rev. sociétés 2011. 331

B-L'efficacité du pacte

185. Elle est relative à l'opposabilité et à la sanction de la violation du pacte. Il faut dire que le pacte d'actionnaire ne s'applique qu'à ses signataires, il ne fait l'objet d'aucune publicité. On perçoit à ce niveau l'application du principe de l'effet relatif du contrat. La violation d'une clause du pacte peut donner à une sanction. La nature de celle-ci dépend de l'objet de l'obligation. Il peut donc s'agir du versement de dommages et intérêts, de la nullité, de l'exécution forcée. Il va donc se poser la question de la compatibilité des sanctions de la violation des pactes d'actionnaires[558].

186. En raison du développement des SAS, des auteurs ont eu à douter de l'efficacité du pacte d'actionnaires. Comme on peut le remarquer dans les SAS, les relations entre associés sont le plus souvent matérialisées dans les statuts. Ainsi, la possibilité donnée par la loi du 12 juill. 1999 de rendre statutaire la quasi-totalité des clauses qui, jusqu'alors, constituaient l'objet même des pactes extra-statutaires modifie considérablement la situation[559]. Comme l'écrit un auteur : « On se souvient que la société par actions simplifiée a notamment pour utilité de permettre une « remontée » dans les statuts de clauses qui figuraient plutôt, avant l'apparition de la SAS, dans une convention extra-statutaire »[560]. Si la situation décrite par Philippe n'est pas ignorée en droit OHADA, en revanche la réception de celle décrite par B. DONDERO semble moins évidente.

De même, la création des actions de préférence lors de la constitution ou en cours de vie sociale pourrait constituer une menace pour l'efficacité, voire le recours aux pactes d'actionnaires dans la mesure où, de l'examen de l'article…[561]

187. Les autres questions non réglées de façon expression par l'AUSCGIE sont relatives à la durée (si elle n'est pas prévue, le pacte est à durée indéterminée. Ce faisant, sous réserve d'un préavis, chaque partie peut résilier le pacte. Il existe une possibilité de prorogation ou

---

[558] KOUHAIZ SAMI, « La compatibilité des sanctions dans les pactes d'associés », Rev.sociétés, 2019, p.87

[559] BRUNSWICK Philippe, « SAS et capital investissement : vers la fin des pactes d'actionnaires extra-statutaires ? », D. 2000. 595

[560] DONDERO Bruno, « Statuts de SAS et pactes extra-statutaires : questions et confrontations », BJS mars 2008, n°3 - page 245

[561] V.KADDOUCH Renée, « LBO : actions de préférence ou pacte d'actionnaires ? », : JCP E 2006, 1953.

de reconduction, auquel cas, on assistera à l'existence d'un nouveau contrat), à la commercialité du pacte, la modification de la situation juridique du signataire du pacte, l'efficacité du pacte en présence d'une difficulté de l'entreprise

CHAPITRE 3

TECHNIQUES DE PRISES DE DÉCISIONS

Les techniques de prises de décisions dans les différentes sociétés seront étudiées (Section 1), un tableau récapitulatif de celles-ci établi (Section 2) et quelques décisions de justice analysées (Section 3).

SECTION 1 TECHNIQUES OU MODALITÉS DE PRISE DE DÉCISIONS DANS LES DIFFÉRENTES SOCIÉTÉS

188. Le législateur de l'OHADA, nous l'avons relevé, se contente d'utiliser l'expression « décisions » sans en préciser les contours. Celle-ci pourrait néanmoins s'assimiler à celle de « résolutions ». Dans tous les cas, ce sont les assemblées d'associés ou d'actionnaires qui le plus souvent prennent des décisions. Ainsi, selon la théorie traditionnelle, l'assemblée des actionnaires est le peuple souverain ayant notamment pour fonction d'élire et de révoquer les dirigeants. Ceux-ci représentent les actionnaires au gouvernement de la société[562]. Néanmoins, même si le propos est juste, il convient de relever qu'il y a des dirigeants[563] qui peuvent être révoqués par le conseil d'administration, même si le propos est juste. C'est dire que l'auteur s'inscrit dans la logique où ce sont les associés ou actionnaires qui, par le biais des assemblées constitutive (article 410, 419 AUSCGIE), générale ordinaire ou extraordinaire (419 AUSCGIE) nomment les administrateurs, mettent fin à leur fonction (article 433 AUSCGIE)

189. Il faudrait peut-être considérer que les assemblées sont les organes les plus élevés.

---

[562] RIPERT Georges (préc.) parlait d'une « heureuse rencontre avec le pouvoir démocratique », la société anonyme devant fonctionner selon le système de la démocratie politique. Sur les différents aspects de cette théorie voir le colloque « La loi de la majorité », *RJ com.*, n° spéc., 1991. Contre cette théorie : DUCOULOUX-FAVARD Claude, « Actionnariat et pouvoir », *D.* 1995, chron. 177. Il s'agit des propos de DANGLEHANT Catherine, « Le nouveau statut des minoritaires dans les sociétés anonymes cotées : l'application du principe de l'équité », Rev. sociétés 1996. 217 ; KADDOUCH Renée, « L'obligation de vote du gérant d'OPCVM dans la loi de sécurité financière », D. 2004. 796 PARIENTE MAGGY, « Qu'est-ce qu'un actionnaire ? », Rev. sociétés 1999. 805

[563] Le fondement textuel des dirigeants dans une SA ce sont les articles 415, 465, 477, 485 et 740. Cette dernière disposition a le même contenu que l'article 330.

Dans tous les cas, les dirigeants autres que les membres du conseil d'administration prennent des décisions :

-engagements pour le compte de la société (111) ;

-engagent la société à l'égard des tiers (121) ;

-opposition aux transferts des titres (269-4) ;

-accomplissent des actes dans l'intérêt de la société (277)

190. Un examen de l'article 104 AUSCGIE permet de constater l'origine des pouvoirs et obligations des dirigeants sociaux. Il s'agit de l'Acte uniforme relatif au droit des sociétés commerciales et GIE et des statuts (Le texte dit que les pouvoirs et obligations sont fixés...). Un lien doit être établi entre les articles 121 (rapports dirigeants et tiers) à 123 (rapport dirigeants et associés).

191. Le juge aussi n'est pas en reste puisqu'il décide du sort de la société (nullité, dissolution, liquidation, désignation d'un administrateur provisoire, expertise de gestion. Ainsi, l'intervention d'un « tuteur judiciaire » peut entraîner une « baisse des tensions et assurer un retour à la sérénité »[564]

Tout compte fait, l'assemblée générale est celle qui exprime la position de la collectivité des associés sur les résolutions portées à l'ordre du jour[565]. En outre, nous verrons comment les décisions sont prises dans les sociétés de personnes (Paragraphe 1) et dans les autres sociétés (Paragraphe 2).

Paragraphe 1 Modalités de prise de décisions dans les sociétés de personnes

192. Les sociétés de personnes sont celles qui sont marquées par un fort *intuitu personae* des associés. Si cette assertion n'est pas contestable, elle doit néanmoins être précisée afin de correspondre à la forme de sociétés de personnes en présence car nous ne sommes pas sans ignorer que les commanditaires ne sont responsables que dans la mesure de leurs apports. Dans les sociétés de personnes[566], les

---

[564] COZIAN Maurice, VIANDIER Alain et DEBOISSY Florence, *Droit des sociétés*, LexisNexis, 31e édition, 2018, n°519.

[565] Assemblées générales d'actionnaires (convocation), juillet 2019, Fiches d'orientation

[566] L'accent ne sera mis ici que sur la SNC étant donné la quasi-similitude des textes entre celle-ci et la SCS. Rappelons simplement que la prise de décisions dans le cadre d'une assemblée est de droit dans une SCS si elle est demandée soit par un associé commandité, soit par le ¼ en nombre et en capital des associés

décisions sont prises en assemblées (B) ou par consultation écrite (C). Dans la première occurrence, il faudrait au préalable une convocation et une communication d'un certain nombre de documents[567] (A). Les décisions prises à l'unanimité (D) et à la majorité (E) seront examinées.

A-La convocation des assemblées

193. L'AG est convoquée. :

-par le ou l'un des gérants

-au moins quinze jours avant sa tenue ;

- par lettre au porteur contre récépissé (LAP), lettre recommandée avec accusé de réception (LRAR), télécopie, courrier électronique.

La convocation indique la date, le lieu de la réunion et l'ordre du jour de l'assemblée. L'irrégularité de la convocation peut entraîner la nullité de l'assemblée à moins que tous les associés soient présents ou représentés.

B-Les différentes formes d'assemblées générales

Il s'agit des assemblées générales autres que l'assemblée générale ordinaire annuelle (1) et de l'assemblée générale ordinaire annuelle (2).

1-Les assemblées générales autres que l'assemblée générale ordinaire annuelle

195. La prise de décisions en assemblée générale est visée à l'article 286 AUSCGIE. Relevons qu'il s'agit ici tant d'une assemblée générale ordinaire que d'une assemblée générale extraordinaire distincte de l'AGOA.

---

commanditaires. De même, les modifications des statuts sont décidées avec le consentement de tous les associés commandités et la majorité en nombre et en capital des commanditaires. Ces différentes situations seront exposées dans le tableau récapitulatif des décisions.

[567] Remarquons qu'à ce niveau, le législateur n'a prévu la communication de documents aux associés au moins quinze jours avant la tenue de l'assemblée que pour l'AGOA. Est-ce à dire que ces documents ne sont pas à communiquer dans les autres catégories d'assemblées générales ? Une réponse négative basée sur l'exigence de transparence dans la gouvernance des sociétés et la liberté statutaire s'impose. L'article 289 AUSCGIE peut nous servir d'appui.

2-L'assemblée générale ordinaire annuelle

196. L'Assemblée générale ordinaire annuelle est tenue chaque année dans les six mois de la clôture de l'exercice. On peut se poser la question suivante : de quoi discute-t-on lors de cette AG ou qu'est-ce qui est soumis à l'approbation de l'assemblée des associés ? Il s'agit du rapport de gestion, l'inventaire, les états financiers de synthèse établis par les gérants. Des conditions de quorum sont exigées pour la validité de l'assemblée. Il s'agit de la majorité des associés représentant la moitié du capital social. Si le législateur est resté muet sur la question de la majorité, c'est pour coller à l'esprit de l'article 285 AUSCGIE en vertu duquel les statuts définissent les règles relatives aux quorums et majorités. Relevons enfin que l'assemblée est présidée par l'associé représentant par lui-même ou comme mandataire le plus grand nombre de parts sociales

C.La prise de décisions par consultation écrite

197. Aux termes de l'article 284 AUSCGIE, les décisions collectives sont prises en assemblée ou par consultation écrite.

Cette situation n'est possible que si la réunion d'une assemblée n'est pas demandée par l'un des associés. Ce sont les statuts qui définissent les règles relatives aux modalités de consultation, aux quorums et aux majorités

D-Les décisions prises à l'unanimité

198. Les décisions qui peuvent être prises à l'unanimité tiennent à la :

-continuation de la société en cas de révocation d'un gérant lorsque tous les gérants sont associés ;

-révocation d'un gérant associé statutaire

Sauf clause statutaire ou des autres associés à l'unanimité, la révocation de l'un des associés lorsque tous les associés sont gérants, entraîne la dissolution de la société.

NB/ Le législateur de l'OHADA a consacré le droit de retrait du gérant associé à l'article 280 AUSCGIE. Dans ce cas, il va demander le remboursement de ses titres sociaux. Le prix est fixé d'accord partie ou par un expert désigné par le juge statuant à bref délai.

-Les décisions qui excèdent les pouvoirs des gérants ;

-Décision de continuation en cas de liquidation des biens, de faillite, mesure d'incapacité, d'interdiction d'exercer une activité commerciale prononcée à l'égard d'un associé.

E-Les décisions prises par les associés à la majorité

199. Il s'agit des décisions relatives à la révocation et rémunération des gérants. Ainsi, la révocation du gérant non statutaire associé ou non est prise à la majorité en nombre et en capital. Si le gérant révoqué est associé, la décision est prise par les autres associés.

La rémunération des gérants est fixée par les associés à la majorité en nombre et en capital sauf clause contraire des statuts

200. Le législateur précise bien que « certaines décisions » prises par les associés à une majorité fixée peuvent être prévues par les statuts (article 283 AUSCGIE). C'est dire qu'au-delà des décisions précitées, il faudrait se référer aux statuts de la société.

Paragraphe 2-PRISE DE DÉCISIONS DANS LES AUTRES SOCIÉTÉS

L'expression « sociétés de capitaux » a été éludée à dessein d'autant qu'il est douteux de ranger la SARL parmi les sociétés relevant de ladite catégorie[568]. Dans tous les cas, des décisions sont prises dans ce type de société (A) ainsi que dans les SA (B) y compris celles avec conseil d'administration (C).

A-Prise de décisions dans une SARL

Trois idées majeures seront développées : la détermination des différentes décisions (1), les règles communes à toutes les assemblées (2) et les différentes assemblées générales (3).

1-La détermination des différentes décisions

201. Les différentes décisions sont :

-la nomination des gérants dans les statuts ou dans un acte postérieur. Dans le second cas, le gérant est nommé à la majorité absolue sauf clause statutaire exigeant une majorité supérieure. Le gérant est nommé pour quatre ans, en l'absence de dispositions statutaires. Il est rééligible ;

---

[568] V. Néanmoins NDIAYE CHEIKH Abdoul Wakhab, *Droit des sociétés de capitaux*, L'Harmattan, 2019, 460 pages

-la rémunération du gérant (les conditions de rémunération sont fixées dans les statuts ou une décision collective des associés) ;

-la révocation : Elle est décidée par les associés représentant la majorité absolue et ce, que le gérant soit statutaire ou pas. Pour rappel, les motifs de révocation doivent être justes. De même, la juridiction compétente peut, à la demande de tout associé, révoquer le gérant.

2-Les dispositions communes à toutes les assemblées

202. Elles sont consacrées par les articles 333 (droit de participation de tout associé aux décisions, le rappel du principe de proportionnalité c'est-à-dire la parité entre le nombre de voix et le nombre de parts, la possibilité pour un associé de se faire représenter, la convocation des AG, l'objet de la délibération)

Les dispositions communes sont :

-la participation des associés aux décisions ;

-la convocation des AG : Qui convoque ? C'est le gérant, l'associé détenant la moitié des parts ou détenant le ¼ des parts sociales s'il représente au moins le 1/ 4 des associés, le mandataire ad hoc, le CAC ; Comment convoque-t-il ? 15 jours au moins avant la réunion de l'assemblée, par LRAR, lettre au porteur contre récépissé, télécopie, courrier électronique.

Le contenu de la convocation est strictement réglementé. Ainsi, la convocation doit préciser la date, le lieu et l'ordre du jour de la réunion.

Les droits des associés sont préservés à l'article 338 puisqu'il est exigé qu'on leur permette d'exercer le droit de communication visé à l'article 345 AUSCGIE dans les formes et délais prévus à l'article précité. On se rend compte également le législateur prévoit le droit au dividende des associés à l'article 346 AUSCGIE (ce sont les statuts qui décident de la répartition certes, mais les règles impératives du droit des sociétés doivent être respectées. A cette même disposition, la réserve légale est consacrée, de même que l'action en répétition des dividendes)

Qui préside ? (article 341. C'est le ou l'un des gérants. En l'absence de gérant non associé, l'assemblée est présidée par l'associé présent et acceptant qui possède le plus grand nombre de parts sociales, en cas d'égalité, par le doyen d'âge.

Les PV. Ils sont signés par chacun des associés présents ; ils constatent les délibérations des assemblées et ont un contenu précis (date, lieu de réunion, nom et prénoms des associés présents, les documents et rapports soumis à discussion, un résumé des débats, le texte des résolutions mises aux voix et le résultat des votes). Le procès-verbal n'est signé que par le gérant en cas de consultation écrite. Dans ce cas, la réponse de chaque associé est annexée au procès-verbal[569]. Mais le législateur exige la signature du procès-verbal de façon expresse pour les associés présents sachant que la représentation à une AG équivaut à la présence à celle-ci ? Dans tous les cas, les copies ou extraits des PV des délibérations des associés sont valablement certifiés conformes par un seul gérant.

3-Les différentes assemblées générales

203. En partant de l'article 333, on peut dire qu'il y a deux modalités de prises de décisions : par consultation écrite des associés[570], et par Assemblée Générale (celle-ci peut être ordinaire ou extraordinaire). Les décisions collectives ordinaires ont pour but de statuer sur toutes les questions qui n'entraînent pas la modification des statuts. Il s'agit :

-des états financiers de synthèse ;

-de l'autorisation de la gérance à effectuer des opérations subordonnées dans les statuts à l'accord préalable des associés ;

-de la nomination et du remplacement des gérants, du commissaire aux comptes le cas échéant ;

---

[569] En cas de consultation écrite, les textes des résolutions ainsi que les documents nécessaires à l'information des associés sont adressés à chacun d'eux par LAR, LRAR, courrier électronique, par envoi postal. Ces derniers ont au moins quinze jours à compter de la date de réception des projets de résolutions pour émettre leur vote.

[570] Mais l'assemblée générale ordinaire annuelle est forcément convoquée. L'article 348 AUSCGIE risque de poser un problème d'interprétation dans la mesure où on est en droit de se demander si le juge compétent (la juridiction statuant sur requête) pour proroger le délai de six mois est le même que celui compétent (juge statuant à bref délai) pour enjoindre sous astreinte aux gérants de convoquer cette assemblée ou désigner un mandataire ad hoc pour y procéder lorsque l'assemblée ne s'est pas tenue dans le délai de prorogation. A notre avis, pour éviter une dispersion du contentieux, l'affaire doit être confiée à un seul juge. Mais est-ce la juridiction présidentielle ou celle de fond ? Tout porte à croire, au regard de l'urgence que c'est la première catégorie de juridiction qui demeure compétente. La désignation d'un mandataire *ad hoc* constitue une nouveauté introduite lors de la réforme de 2014.

-de l'approbation des conventions intervenues entre la société et l'un de ses gérants ou associés

204. Les décisions collectives extraordinaires ont quant à elles pour objet de statuer sur la modification des statuts. Cette modification est décidée par les associés représentant au moins les ¾ du capital social. Cependant, l'unanimité est requise dans certains cas tels que l'augmentation des engagements des associés, la transformation de la SARL en SNC ou SAS, le transfert du siège social dans un État autre qu'un État partie à l'OHADA.

Au-delà de ces décisions, l'AGE se prononce sur celles ayant trait au capital (augmentation[571], réduction[572], variation des capitaux propres), et sur la transformation (les conditions de fond de la transformation sont l'existence de capitaux propres d'un montant au moins égal au capital social de la société. Quant aux conditions de forme, elles sont relatives à l'existence d'un rapport du commissaire aux comptes certifiant que les conditions de fond sont réunies)

B.Prise de décisions dans les SA

Nous développerons deux idées majeures : les règles communes à toutes les assemblées (1) et les règles propres à chaque assemblée (2).

1-Les règles communes à toutes les assemblées

205. Quatre idées seront développées : convocation, la communication des documents avant la tenue de l'assemblée, la tenue de l'assemblée, les règles relatives au vote.

-***Convocation***. L'assemblée est convoquée par le conseil d'administration ou l'administrateur général sinon, elle l'est par le commissaire aux comptes (celui-ci doit vainement requérir la convocation par le conseil ou l'administrateur général par lettre au porteur contre récépissé ou LRAR. Dans ce cas, il fixe l'ordre du jour et peut, pour des motifs déterminants, choisir un autre lieu que celui fixé dans les statuts), le mandataire judiciaire (c'est le juge statuant à bref délai qui est compétent. Il est saisi en cas d'urgence par tout intéressé, l'associé ou les associés représentants au moins un dixième du capital social s'il s'agit d'une assemblée générale ou le 1/10 des

---

[571] V. L'article 67 et s. Selon l'article 68 AUSCGIE, les modalités d'augmentation du capital sont : faire de nouveaux apports à la société, incorporation de réserves, de bénéfices, primes d'apports, d'émission ou de fusion.

[572] V. L'article 69 AUSCGIE dispose que la réduction se fait par remboursement aux associés d'une partie de leurs apports ou par imputation des pertes de la société.

actions de la catégorie intéressée s'il s'agit d'une assemblée spéciale), le liquidateur.

Ce sont les statuts qui fixent les règles de convocation des assemblées. Les actionnaires sont convoqués par avis de convocation inséré dans un journal d'annonces légales sauf si les actions sont nominatives. Dans ce cas, la convocation est faite par LRAR ou lettre au porteur contre récépissé.

L'avis de convocation doit parvenir au moins quinze jours avant la date de l'assemblée sur première convocation et six jours au moins pour les convocations suivantes. Précisons néanmoins que ce délai peut être différent si l'assemblée est convoquée par un mandataire *ad hoc*.

Il faut faire remarquer que par rapport au contenu de l'avis de convocation, les articles 518 et 519 AUSCGIE se complètent car si la première disposition précise que l'avis indique la date, le lieu de la réunion et l'ordre du jour, la seconde est plus détaillée. Dans tous les cas, à la lecture de cette disposition, on se rend compte que les titulaires d'actions au porteur, pour pouvoir participer à l'assemblée, doivent déposer leurs actions ou certificats de dépôt de celles-ci en lieu indiqué dans l'avis. En outre, il est permis de constater que les copropriétaires d'actions indivises, les nu-propriétaires et les usufruitiers d'actions sont convoqués.

A l'article 520 AUSCGIE, le législateur de l'OHADA rappelle une règle évite selon laquelle l'auteur de la convocation est celui qui fixe l'ordre du jour sauf si l'assemblée est convoquée par un mandataire ad hoc. Dans ce cas, l'ordre du jour est fixé par le juge ayant désigné celui-ci. Enfin, les actionnaires représentant 5 % (le capital de la société doit être inférieur à un milliard), 3 % (le capital social doit être compris entre un milliard et deux milliards), 0,50 % (le capital social doit être supérieur à deux milliards) du capital peuvent requérir l'inscription d'un projet de résolutions à l'ordre du jour de l'assemblée.

-La communication des documents. Lors d'une AGOA, les actionnaires ont le droit de prendre connaissance au siège social d'un certain nombre de documents (inventaire, états financiers de synthèse, rapport du commissaire aux comptes et du conseil d'administration). Ils peuvent en faire copie, mais à leurs frais. Ces documents sont consultés durant les quinze jours qui précèdent la tenue de l'assemblée générale.

L'article 526 AUSCGIE règle la question des documents dont on peut prendre connaissance à toute époque et celle de la possibilité offerte à l'actionnaire de poser deux fois par exercices des questions écrites au PDG, DG ou à l'administrateur sur tout fait de nature à compromettre la continuité de l'exploitation. Le législateur consacre ce faisant un droit d'alerte.

Si la société ne communique pas les documents prévus aux articles 525 et 526 précités, tout actionnaire peut saisir la juridiction statuant à bref délai pour ordonner à la société, sous astreinte de communiquer les documents à l'actionnaire demandeur.

-La tenue de l'assemblée. Plusieurs questions peuvent être posées : qui peut participer à l'assemblée ? Qui la préside ? Pour répondre à la première question, remarquons que ce sont les actionnaires, leurs représentants (les conditions de la représentation sont fixées par l'AUSCGIE ou les statuts), toute personne habilitée par la loi ou les statuts, les personnes étrangères à la société lorsqu'elles sont autorisées par le juge, une décision du bureau de l'assemblée, l'assemblée elle-même. Cependant, les conditions visées à l'article 541 AUSCGIE (inscription des actions au nom de l'actionnaire dans les registres de titres nominatifs tenus par la société au jour de l'assemblée générale) doivent être respectées.

C'est le PDG, le PCA ou l'administrateur général qui préside l'assemblée et s'ils sont empêchés, l'actionnaire ayant ou représentant le plus grand nombre d'actions ou le doyen d'âge en cas d'égalité, sauf clause statutaire contraire.

Des scrutateurs (parmi les actionnaires majoritaires), un secrétaire (c'est l'assemblée qui le nomme en vue d'établir un procès-verbal des débats. Il peut être actionnaire ou non) sont nommés. Une feuille de présence (le défaut d'existence de celle-ci est une cause de nullité de l'assemblée) est emmargée par les actionnaires ou leurs représentants au moment de l'entrée en séance. A la fin de l'assemblée, les procurations, bulletins de vote par correspondance sont annexés à la feuille de présence sous peine de nullité de l'assemblée. Il appartiendra aux scrutateurs de certifier sincère et véritable la feuille de présence.

NB/ Le législateur a réglé la question de la représentation (article 538 AUSCGIE), du droit de vote(lorsque l'action est nantie, le droit de vote appartient au propriétaire. Cependant, les titulaires d'actions gratuites ne peuvent voter. La règle de la proportionnalité a été rappelée ainsi que ses exceptions)

2-Les règles particulières aux assemblées générales

206. Elles débutent à partir des articles 546 AUSCGIE qui traite de l'AGO. Au-delà de cette assemblée, nous avons l'assemblée générale constitutive (AGC), l'assemblée générale extraordinaire et l'assemblée générale spéciale.

L'assemblée générale constitutive (AGC)[573]

Qui convoque ? Ce sont les fondateurs, mais après établissement de la déclaration notariée de souscription et de versement des fonds.

Comment est faite la convocation ? Elle est faite par lettre au porteur contre récépissé ou par LRAR. Cet avis comporte l'ordre du jour, le lieu, la date et l'heure de l'assemblée. En outre, chaque souscripteur est convoqué quinze jours au moins avant la date de l'assemblée.

Quorum. Les souscripteurs présents ou représentés doivent posséder au moins la moitié des actions. Si ce quorum n'est pas atteint, ils sont convoqués une seconde fois, six jours au moins avant la date fixée pour l'assemblée. Sur deuxième convocation, le quorum exigé c'est le ¼. Si ce quorum n'est pas atteint, l'assemblée doit se tenir dans un délai de deux mois à compter de la date fixée par la deuxième convocation. Les souscripteurs sont convoqués au moins six jours avant la date de l'assemblée. C'est le même quorum qui est exigé sur troisième convocation

Majorité. L'AGC statue à la majorité des 2/3 dont disposent les souscripteurs présents ou représentés. Mais les statuts de la société sont adoptés à l'unanimité tel que le précise l'article 410 AUSCGIE

Quelles sont les règles de tenue de l'assemblée qui s'applique à l'assemblée générale constitutive ? Ce sont les dispositions non contraires des articles 529 et s. Il s'agit de la constitution du bureau, des règles de représentation et de participation à l'assemblée. L'assemblée générale constitutive est présidée par l'actionnaire ayant le plus grand nombre d'actions ou, à défaut, par le doyen d'âge.

Les autres compétences de l'assemblée générale constitutive sont visées à l'article 410, 419 AUSCGIE

---

[573] L'AGC est prévue également dans le cadre d'une société anonyme faisant appel public (article 827-7 AUSCGIE°)

***L'Assemblée générale ordinaire* (AGO)**

+Elle est compétente pour prendre les décisions suivantes :

-désignation des administrateurs en cours de vie sociale[574] ;

-rémunération des administrateurs (il s'agit d'indemnités de fonctions) ;

-désignation de l'administrateur général en cours de vie sociale ;

-fixation des modalités et du montant de la rémunération de l'administrateur général ;

-autorisation des conventions réglementées ;

-autorisation des cautionnements (506 AUSCGIE)[575]

Les autres compétences de l'AGO sont visées à l'article 546 (On sent à ce niveau, la consécration d'une compétence de droit commun) ;

NB/ Les articles 548 à 550 AUSCGIE ne traitent que de la compétence de l'AGOA. Sur première convocation, les actionnaires présents ou représentés doivent posséder au moins le ¼ des actions ayant le droit de vote. Sur deuxième convocation, aucun quorum n'est exigé.

Majorité : Les décisions sont prises à une majorité quelconque (les bulletins ou votes blancs ne sont pas décomptés)

***L'assemblée générale extraordinaire* (AGE)**

207. Elle prend les décisions suivantes :

-nomination de nouveaux administrateurs en cas de fusion (article 419)

-autorisation de rachat d'actions (639) ;

-amortissement du capital

Dans tous les cas, les compétences visées à l'article 551 AUSCGIE ne doivent pas être occultées.

Il en est de même, des décisions spécifiques prises par l'AGE relatives au capital (article 562 et s), à l'autorisation de l'attribution gratuite d'actions (626-1) à la fusion, scission, transformation.

---

[574] Sur la base de l'article 419, les administrateurs sont nommés par les statuts, l'AGC, l'AGO.

[575] Le défaut d'autorisation est une condition d'inopposabilité à la société. pourtant à l'article 449, le législateur opte pour la nullité.

-Les règles de quorum. Pour valablement délibérer, les actionnaires présents ou représentés doivent posséder au moins la moitié des actions sur première convocation, le ¼ sur deuxième convocation. A défaut de quorum, une troisième convocation est lancée et dans ce cas, le quorum est d'un quart.

-Les règles de majorité. L'assemblée prend les décisions à la majorité des 2/3 des voix exprimées sauf en cas de transfert du siège de la société sur le territoire d'un autre État. Dans ce cas, l'unanimité est requise.

C-Les décisions prises par le conseil d'administration.

Nous examinerons la nature des décisions prises (1) d'abord, ensuite les règles de convocation et de délibération du conseil d'administration (2).

1-La nature des décisions prises par le conseil d'administration

208. Le Conseil d'administration prend les décisions suivantes :

-rémunération des membres des comités, répartition des indemnités de fonction entre ses membres, rémunération exceptionnelle des administrateurs pour missions et mandats confiés, remboursement des frais de voyage, déplacements et dépenses engagées dans l'intérêt de la société ;

-orientation de l'activité de la société, se saisir de toute question intéressant la bonne marche de la société, régler les affaires concernant la société (article 435) ;

-engager la société, même au-delà de l'objet social (436 AUSCGIE) ;

-confier à un de ses membres des mandats spéciaux pour un ou plusieurs objets (437)

-autorisation des conventions réglementées (article 449) ;

-déplacement du siège social dans les limites du territoire d'un même État partie[576] ;

-arrêter les états financiers et le rapport de gestion ;

-nommer parmi ses membres le PDG.

-révocation ;

[576] Le conseil d'administration modifie en conséquence les statuts (article 451 AUSCGIE). L'AGE doit ratifier le déplacement sinon la décision devient caduque.

-nomination du DGA ;

-nomination du DG ;

-nomination parmi ses membres d'un PCA

2-Règles de convocation et de délibération du conseil d'administration. Ce sont les statuts qui déterminent les règles de convocation et de délibération sous réserve des dispositions de l'AUSCGIE.

Ainsi, en principe, c'est le président du conseil d'administration qui convoque celui-ci. Mais si le conseil ne s'est pas réuni depuis plus de deux mois, les administrateurs constituant le 1/3 au moins des membres du conseil d'administration peuvent convoquer celui-ci.

-Quorum (la moitié au moins des membres doit être présente pour valablement délibérer), et les décisions sont prises par une majorité (majorité simple sauf si les statuts prévoient une majorité plus forte)

-Présidence des séances : article 457 (C'est le Président du Conseil d'administration qui préside. Il organise et dirige les travaux du conseil, en rend compte à l'assemblée générale, veille à ce que la société fonctionne normalement. S'il est empêché, les séances sont présidées par l'actionnaire majoritaire, sauf dispositions statutaires contraires.

-Compte-rendu du Conseil d'administration. Les différentes nouveautés introduites sont visées à l'article 458 in fine, 454-1 (la voie, les caractéristiques techniques permettant la retransmission continue et simultanée des délibérations. Les règles de quorum sont au moins le 1/3 des administrateurs présents physiquement) AUSCGIE.

Section 2 Tableau récapitulatif des modalités de prise de décisions

Paragraphe 1 Dans les sociétés de personnes

A-La société en nom collectif

Situations juridiques	Questions /Réponses	Textes applicables
Convocation	-Les règles sont déterminées par les statuts	-Article 285
Typologie des décisions	-Celles qui excèdent les pouvoirs des gérants ou prises à l'unanimité -consultation écrite -prise par la majorité en nombre et en capital -prises six mois de la clôture de l'exercice	-Article 283 alinéa 1er -Article 284 -Article 278, 280 -Article 288
Révocation	-Tous les associés gérants -Gérant associé statutaire -Gérant non statutaire	- Article 279 - Article 279 -Article 280
Rémunération	-Gérant statutaire ou non	-Article 278

B-Société en commandite simple

Situations juridiques	Questions/Réponses	Textes
-Cession	C'est le consentement de tous les associés qui est exigé sauf clause contraire des statuts	-Article 296
-Désignation d'un gérant	Les associés désignent dans les statuts ou un acte postérieur un ou plusieurs gérants parmi les associés commandités	-Article 298
-Typologie des décisions	-Modification des statuts par consentement de tous les associés commandités et majorité en nombre et en capital des associés commanditaires -Excédant les pouvoirs	-Article 305 -Article 302

C-Remarque

209. La notion de « consultation » visée par les articles 285 et 302 AUSCGIE pourrait nous amener à nous demander comment faudrait-il l'appréhender. A notre avis, elle renvoie à une prise de décision en assemblée générale ou par consultation écrite.

Paragraphe 2 Dans les autres sociétés

A-La société à responsabilité limitée

Situations juridiques	Questions /Réponses	Textes applicables
Convocation	-Qui convoque ? -C'est le gérant -Un ou plusieurs associés détenant plus de la moitié des parts -Le ¼ des associés -Le mandataire ad hoc (ohadata j-05-39 -CAC Quand convoque-t-il ? 15 jours au moins avant la réunion Comment convoque-t-on ? - LAR - LRAR - Courrier électronique -Télécopie **Contenu de la convocation** La convocation indique la date, le lieu et l'ordre du jour de la réunion	Article 337 et 338

Quorum	-Le législateur n'a pas prévu de quorum pour les différentes assemblées. C'est le cas également en cas de consultations ordinaires écrites	-Article 347, 349, 358
Questions à discuter	-Elle doit être inscrite à l'ordre du jour sauf en cas de révocation du gérant	-Article 337, 338-1
Présidence	-L'assemblée est présidée par le ou l'un des gérants. A défaut de gérant associé, par l'associé présent acceptant ayant le plus grand nombre de parts et en cas d'égalité par le plus âgé	-Article 341
Procès-verbal	-Il constate les délibérations des assemblées	-Article 342
Majorité	-Les décisions (assemblées ou consultations ordinaires écrites) sont adoptées par un ou plusieurs associés représentant plus de la moitié du capital. Si cette majorité n'est pas obtenue, les associés sont convoqués ou consultés une seconde fois et les décisions	-Article 349, 358

	sont prises à une quelconque majorité. Mais la révocation du gérant est toujours prise à la majorité absolue. Dans le cadre d'une assemblée générale extraordinaire, les décisions sont prises par les associés représentant au moins les ¾ du capital social	
Unanimité	-Augmentation des engagements des associés, transformation de la SARL en SNC ou SAS, transfert du siège social dans un État autre qu'un État partie	-Article 359

B-Dans les SA

1.Règles communes aux assemblées générales de sociétés anonymes

Situations juridiques	Questions /Réponses	Textes applicables
Convocation	**Qui convoque ?** Selon le cas, l'assemblée générale est convoquée par le conseil d'administration, l'administrateur général. A défaut par : -le commissaire aux	-Article 516, 518, 519

	comptes ; -le mandataire judiciaire ou ad hoc ; -le liquidateur **Fixation par les statuts des règles de convocation des assemblées d'actionnaires**. **Forme de la convocation** : -avis de convocation inséré au JAL ; -Lettre recommandée avec avis de réception, lettre au porteur contre récépissé si les actions sont nominatives ; -télécopie **Le contenu de l'avis de convocation**. La convocation indique la date, le lieu de la réunion et l'ordre du jour **La notification de l'avis de convocation**. L'avis doit parvenir ou être porté à la connaissance des actionnaires quinze jours au moins avant la date de l'assemblée sur première convocation et le cas échéant, six jours au moins pour les convocations ultérieures	
Lieu de tenue	-Le siège social ; -Autre lieu du territoire	-Article 516

	de l'État partie où se situe le siège social. -Lieu prévu par les statuts. Dans ce cas, les deux règles précitées ne s'appliquent pas.	
Ordre du jour	L'ordre du jour est fixé par l'auteur de la convocation, la juridiction compétente lorsqu'il désigne un mandataire ad hoc, les actionnaires minoritaires	-Article 520
L'objet de la délibération	Seules les questions inscrites à l'ordre du jour doivent être débattues. Mais, en toutes circonstances les administrateurs, l'administrateur général ou l'administrateur général adjoint peuvent être révoqués par l'assemblée. L'ordre du jour peut porter sur la présentation des candidats au poste d'administrateur ou d'administrateur général	-Article 522, 523
Présidence	Selon le cas, l'assemblée est présidée par le PDG, le PCA ou l'administrateur général, par l'actionnaire ayant ou représentant le plus grand nombre d'actions. En cas d'égalité, par le doyen d'âge	-Article 529

Feuille de présence	-Elle est obligatoire à chaque assemblée. L'absence d'une feuille de présence établie conformément à l'AUSCGIE entraine l'annulation des délibérations. Au moment de l'entrée en salle, la feuille de présence est émargée par chaque actionnaire présent ou par les mandataires. Les procurations et les bulletins de vote par correspondance sont annexés à la feuille de présence à la fin de l'assemblée	-Article 532
Scrutateur/Secrétaire	-Les scrutateurs sont nommés parmi les deux actionnaires représentant le plus grand nombre d'actions par eux-mêmes ou comme mandataires. Il faudrait au préalable qu'ils acceptent ; -Le secrétaire est nommé par l'assemblée pour établir le procès-verbal des débats. Il est nommé parmi ou en dehors des actionnaires	-Article 530, 531
Procès-verbal	-Le procès-verbal a un contenu. Il est signé par les membres du bureau, archivé au siège social avec la feuille de présence et ses annexes.	-Article 536

	Les copies et extraits des procès-verbaux sont certifiés par le PDG, PCA, l'administrateur général, le liquidateur, selon le cas	

2.L'Assemblée générale ordinaire

Situations juridiques	Questions /Réponses	Textes applicables
Convocation	-Les règles communes à toutes les assemblées s'appliquent	-Article 516
Quorum	-Au moins le quart (1/4) des actionnaires présents ou représentés ayant le droit de vote sur première convocation ; -Sur deuxième convocation, aucun quorum n'est requis	-Article 549
Majorité	-L'assemblée statue à la majorité des voix exprimées. Les bulletins ou votes blancs ne sont pas pris en compte	-Article 550

3.L'assemblée générale extraordinaire

Situations juridiques	Questions /Réponses	Textes applicables
Convocation	-Les règles générales applicables à toutes les assemblées	-Article 516
Quorum	-Les actionnaires présents ou représentés doivent posséder au moins la moitié des actions sur première	-Article 553

	convocation. Sur deuxième convocation, le quart (1/4) des actions. Sur troisième convocation, le quorum est du quart (1/4)	
Majorité	L'assemblée prend les décisions à la majorité des deux tiers (2/3) des voix exprimées	-Article 554

4. Les assemblées spéciales

Situations juridiques	Questions/Réponses	Textes
Convocation	-Ce sont les règles applicables à toutes les assemblées qui s'appliquent	-Article 516
Quorum	-Les actionnaires présents ou représentés doivent posséder au moins la moitié des actions sur première convocation, le ¼ des actions sur deuxième convocation. Sur troisième convocation, le quorum est fixé au ¼ des actionnaires présents ou représentés possédant au moins le ¼ des actions	
Majorité	L'assemblée statue à la majorité des deux tiers (2/3). Il n'est pas tenu compte des bulletins blancs	-Article 557

5. L'Assemblée générale constitutive

Situations juridiques	Questions/Réponses	Textes
Convocation	Qui convoque ? Ce sont les fondateurs, mais après la déclaration notariée de souscription et de versement Quand ? Quinze jours au moins avant la date de l'assemblée Comment convoquer ? Par lettre au porteur contre récépissé ou lettre recommandée avec accusé de réception. Ces différentes lettres contiennent l'ordre du jour, le lieu, la date et l'heure de l'assemblée	-Article 404
Quorum	Les souscripteurs présents ou représentés possédant au moins la moitié des actions. Sur deuxième et troisième convocation, au moins le 1/4	-Article 405
Majorité	L'assemblée statue à la majorité de deux tiers des voix (2/3)	-Article 406

C.Commentaires des tableaux

210. Les règles relatives aux assemblées générales des sociétés anonymes sont visées dans le sous-titre III du livre IV intitulé respectivement « *Assemblées générales* » et « *société anonyme* ». Le sous-titre précité est composé de cinq chapitres. Ainsi, les règles communes à toutes les assemblées sont composées des articles 516 à

545, les assemblées générales ordinaire, extraordinaire, spéciale, d'un seul associé sont régies par les articles 546 et suivants de l'AUSCGIE.

Il faut remarquer que la convocation de l'assemblée générale par le commissaire aux comptes, le mandataire judiciaire et le liquidateur vise toutes les assemblées précitées, qui sont au nombre de quatre. Mais lorsque la société est composée d'un associé unique personne morale, il n'y aura pas de liquidation, mais transmission universelle du patrimoine à l'associé unique. De même, la convocation de l'assemblée par le commissaire aux comptes, en plus d'être soumise à un formalisme[577], est conditionnée par l'inaction du conseil d'administration ou de l'administrateur général. On peut s'interroger, l'Acte uniforme étant muet, sur les raisons de cette inaction : s'agit-il d'un empêchement ? Auquel cas, pourquoi ne pas prévoir dans les statuts les remèdes à une telle situation ? Dans tous les cas, lorsque la convocation est opérée par le commissaire aux comptes, ce dernier :

-fixe ;

-peut choisir un autre lieu de réunion ;

-expose les motifs…

211. Une autre remarque tient à l'absence de précision par le législateur de l'OHADA de l'identité du juge statuant à bref délai. S'il est vrai que pour ce qui concerne la compétence *rationae loci* le problème ne se pose pas vu que c'est le juge du lieu du siège social de la société qui va être compétent, l'équation demeure toujours : quelle est la juridiction compétente statuant à bref délai ? De jurisprudence constante de la CCJA, il s'agit du juge du fond. Alors pourquoi prévoir la possibilité pour ce dernier d'être saisi par tout intéressé en cas d'urgence ?[578]

L'article 519 AUSCGIE complète l'article 518 pour ce qui concerne le contenu de l'avis de convocation. De même, il règle la question des titulaires d'actions au porteur, des copropriétaires d'actions indivises, de la convocation du nu-propriétaire et de l'usufruitier.

Le droit de participer aux AG est subordonné à l'inscription des actions dans un registre des titres nominatifs tenu par la société (541 AUSCGIE). De même, la convocation d'une assemblée générale est obligatoire dans certaines situations (Article 667, 737, 910 AUSCGIE)

---

[577] Lettre au porteur contre récépissé, lettre recommandée avec accusé de réception

[578] Pour un autre cas d'urgence, V. L'article 788 AUSCGIE

D-Prise de décisions par le conseil d'administration

Questions ou situations juridiques	Questions/Réponses	Textes applicables
Convocation	Qui convoque ? Les règles sont déterminées dans les statuts. Mais c'est le Président qui convoque. Si le conseil ne s'est pas réuni depuis plus de deux mois, les administrateurs représentant le 1/3 au moins des membres du conseil d'administration	-Article 453
Quorum	Si la moitié au moins des membres est présente	-Article 454
Majorité	Majorité des membres présents ou représentés sauf si les statuts prévoient une majorité plus forte. En cas de partage de voix, celle du Président est prépondérante	-Article 454
Visioconférence	La participation des administrateurs au conseil par visioconférence ou autres moyens de télécommunication n'est possible que si les statuts l'ont prévue. Dans cette occurrence, il faut au moins que le ¼ des administrateurs soit présent physiquement	-Article 454-1
Présidence	Elle est assurée par le PCA. En cas d'empêchement, par l'administrateur majoritaire et en cas d'égalité par le doyen d'âge sauf clause statutaire contraire	-Article 457

Procès-verbal	Il est établi sur un registre spécial, coté et paraphé par le juge compétent. Il est certifié sincère par le président de séance et au moins un administrateur. Si le président de séance est empêché, le PV est certifié par deux administrateurs au moins	-Article 459

SECTION 3 DE QUELQUES DÉCISIONS DE JUSTICE RENDUES EN MATIÈRE D'ASSEMBLÉES GÉNÉRALES

I-CCJA, 3e ch., Arrêt n°164/2019, 09 mai 2019, Société MEGATRON SA LTD contre MEGATRON FEDERAL RDC SARL

Faits :

Une société était créée en RDC par quatre actionnaires. Elle était gérée et administrée par Ryan PH. PAGE. Trois années plus tard est née la société MEGATRON FEDERAL RDC SARL en République Sud-Africaine. Elle a comme unique associée MEGATRON SA LTD. La création de la nouvelle société ayant entrainé une mésintelligence entre associés, le dirigeant a saisi le Tribunal de commerce de Lubumbashi afin d'annuler ses statuts. Le juge a fait droit à sa demande. Mécontente de cette décision, l'associée unique a interjeté appel. La Cour d'appel a déclaré irrecevable son appel.

La CCJA devrait répondre à deux questions précises : celle du formalisme de la procuration spéciale pour accomplir des actes de procédure et de l'annulation des statuts sur le fondement de l'article 12 et 242 AUSCGIE.

En effet, le défendeur au pourvoi demande à la Cour de déclarer irrecevable le pourvoi car la procuration spéciale ne contient :

-ni date exacte des jour, an et mois ;

-ni lieu ;

-ni date de signification de l'arrêt

Cependant pour la CCJA, le Règlement de procédure n'impose aucun formalisme en matière de procuration spéciale. De plus, même si la haute juridiction admet que :

-ni le jour, ni le mois ne sont indiqués, toutefois, le numéro de l'arrêt attaqué, la dénomination des parties, l'autorisation à représenter et à défendre y figurent. Ces mentions permettent de valider le mandat.

Relativement à la question de la nullité, il faut relever que la CCJA a préféré se réfugier derrière le contenu du moyen qui n'évoque ni la décision de la Cour d'appel, ni ne précise la partie de l'arrêt qu'il critique. Ce faisant, il est vague et imprécis.

Leçons de jurisprudence

-Refus pour la CCJA de se prononcer sur le fond d'une affaire en l'occurrence la nullité des statuts (à notre avis, l'article 12 n'évoque aucune question de nullité, mais traite plutôt de la nature des statuts), la règle applicable à la SARL : est-ce la loi sud-africaine ou de la RDC ?

-Il fallait prouver la qualité de mandant de l'avocat qui a fait appel. A défaut, l'appel est irrecevable

II-CCJA, 1e ch., arrêt n°184/2019, 20 juin 2019, affaire SANI SABO GADO, HADI ALI MAZOU contre Fatchima et autres

Faits

Les actionnaires d'une société dénommée STA ont tenu une AGO et adoptaient un PV auquel ils ont annexé des résolutions. D'autres actionnaires ont saisi le TGI hors classe de Niamey. Celui-ci s'est dessaisi au profit du Tribunal de commerce qui a fait droit à leur demande. En appel, la Cour d'appel a déclaré régulière l'AGO et valables les résolutions qui en sont issues.

-La question posée au juge nigérien est celle de savoir si on peut demander la nullité d'une AG dont on a signé les PV et résolutions. D'autres questions peuvent également suivre :

-La violation du contenu de la procuration consacrée à l'article 538 AUSCGIE entraîne-t-elle la nullité de celle-ci ?

-Si l'AGO ne statue pas à la majorité des voix exprimées, va-t-on l'annuler ?

A ces trois questions la CCJA répond par la négative. Pour les deux dernières questions, elle s'est permise de préciser que les articles 538 et 550 ne figurent pas parmi les dispositions citées par l'article 618-1 AUSCGIE.

Leçon de jurisprudence

-Pas de nullité sans texte

III-Cour d'appel de commerce d'Abidjan, 1e ch., arrêt n°175/2019, 06 juin 2019

Par exploit en date du 07 juin 2018, la Société civile immobilière MIRALYAN a assigné la société NSIA BANQUE Côte d'Ivoire devant le Tribunal de commerce d'Abidjan en responsabilité et paiement de dommages et intérêts.

Relevons que la SCI MIRALYAN a été constituée par :

-Mira NACHARD épouse KOUDAMI ;

-NACHARD ali Yvan ;

-NACHARD Yasmine Kataleen.

NACHARD ali Yvan a été nommé gérant en remplacement de NACHARD Mira par AGE dont le mandat était arrivé à expiration.

La SCI déclare avoir :

-notifié à l'ex-gérante le PV de l'AG ;

-publié les résolutions aux JAL ;

-informé la NSIA BANQUE CI du changement de gérant ainsi que du mode de fonctionnement des signatures.

Pourtant, son compte bancaire a été débité sans que l'ordre ne provienne du nouveau gérant

-Nullité de l'acte d'appel tiré du défaut d'indication du représentant légal de la société (le fait de ne pas indiquer le représentant légal d'une partie dans l'acte d'appel rend-il celui-ci nul ?) ;

-irrecevabilité de l'appel pour défaut d'intérêt pour agir (il faut réunir les conditions de recevabilité prévues à l'article 3 CPC) ;

-irrégularité de la tenue de l'AGE organisée par NACHARD ALI YVAN (le TPI d'Abidjan a prononcé l'annulation de l'AGE du 20 juin 2017 et de ses résolutions. Mais la question essentielle demeure celle de l'effet rétroactif de l'annulation d'une AG par le juge

IV-Cour d'appel de commerce d'Abidjan, 1e ch., Arrêt n°158/2019, 11 avril 2019

Société DEMACK-SA et David AMUAH Bomuah ont relevé appel de l'ordonnance rendue le 28 janvier 2019 par le juge des référés du Tribunal de commerce d'Abidjan

Leçon de jurisprudence

-C'est le juge qui fixe au mandataire ad hoc sa mission

Faits :

-assignation en désignation d'un administrateur

Leçons de jurisprudence

-En quoi consiste une contestation sérieuse ? (avant de statuer sur le litige, trancher une question sur le fond du litige)

Pb : conditions pour désigner un mandataire ad hoc : il faut vérifier deux conditions :

-non convocation de l'AG par le Conseil d'administration ou l'administrateur général ;

-possession par l'actionnaire ayant saisi le juge d'au moins le 1/10 du capital social

En l'espèce, l'exercice clos le 31 décembre 2017, l'assemblée n'a pas été tenue. De même, pas de preuve de la prorogation du délai de 6 mois

V-Tribunal de commerce d'Abidjan du 21 juin 2018

Faits :

Monsieur OTTY Léonce a assigné par exploit d'huissier la Compagnie Ivoirienne du Pétrole et des Mines à comparaître devant le Tribunal de commerce pour, entre autres[579], prononcer la nullité des délibérations de l'AGO et du conseil d'administration sur la base respectivement des articles 522 et 428 AUSCGIE. Le demandeur estime qu'il y a un décalage entre l'ordre du jour figurant dans l'avis de convocation et celui mentionné dans le procès-verbal final.

Le tribunal de commerce devait répondre à la question de savoir si les délibérations d'une AGO dont l'ordre du jour initial est différent de celui mentionné dans le PV final doivent être annulées et si la réunion du Conseil d'administration doit être annulée si les actionnaires n'ont reçu aucune convocation pour y assister.

---

[579] Désignation d'un nouvel administrateur provisoire, ordonner l'exécution provisoire. Si le juge a fait droit à la seconde demande en raison de l'extrême urgence à faire cesser la mise en œuvre des délibérations du conseil d'administration irrégulier (article 146 du Code de procédure civile, commerciale et administrative), tel n'est pas le cas de la première car il estime que le demandeur n'apporte pas la preuve d'un fonctionnement de la société rendu impossible et menaçant celle-ci d'un péril imminent

A la première question le juge répond par la négative car pour lui, l'ordre du jour initial a été modifié par tous les associés au cours de l'AGO.

A la seconde question, le juge a répondu par l'affirmative rappelant que les délibérations d'un conseil d'administration non convoqué ou qui l'a été de façon irrégulière ou frauduleuse encourent la nullité. IL s'agit non seulement d'un vice de forme, d'une violation statutaire, mais de l'atteinte du fonctionnement du conseil, de sa collégialité, de l'impératif d'une délibération mettant tous les administrateurs en mesure de participer utilement à la décision.

Leçons de jurisprudence

-La feuille de présence, preuve de participation à une AG par les actionnaires ;

-Les contours de l'intérêt du litige indéterminé (L'impression qui se dégage de la lecture du jugement est que l'on parle d'intérêt du litige indéterminé lorsque le demandeur n'a aucune prétention financière comme c'est le cas en l'espèce. Tout ce qui intéresse celui-ci c'est l'annulation des délibérations de l'AGO et du Conseil d'administration) ;

-Qui établit le procès-verbal de l'AGO ? Pour le Tribunal de commerce d'Abidjan, c'est l'huissier. Or, lorsqu'on lit les commentaires faits sous l'article 535 AUSCGIE, on peut constater qu'il est écrit ceci « Le procès-verbal des délibérations doit être établi par le bureau de l'assemblée »[580]. Au regard de l'article 531 AUSCGIE qui dispose qu'un secrétaire est nommé par l'assemblée pour établir le procès-verbal, de l'article 535 du même Acte en vertu duquel le procès-verbal est signé par les membres du bureau, on peut douter de la pertinence non seulement des propos rapportés, mais également du jugement rendu. Le juge avait-il voulu tout simplement préciser que le procès-verbal a été constaté par exploit d'huissier ? Tout porte à le croire d'autant qu'il rappelle la force probante des actes d'huissier en la matière. Il s'agit de simples renseignements ayant une force probante jusqu'à l'établissement de la preuve contraire.

[580] OHADA, *Traités et actes uniformes commentés et annotés*, Juriscope 2016, p.573.

VI. CCJA, 2e ch., Arrêt n°58/2018, 15 Mars 2018, Centrale africaine de Transit, de représentation et de Communication contre Société Exploitation Forestière

Le PDG d'un groupe de sociétés dont fait partie la défenderesse au pourvoi, par cession de parts a intégré le capital de la demanderesse. C'est ainsi que le groupe a confié une partie des opérations de dédouanement, d'enlèvement des marchandises au port de Douala à la demanderesse. Lorsqu'est venu le temps du paiement, les sociétés débitrices membres du groupe ont d'abord contesté puis attaqué les modalités de la facturation. Après plusieurs séances de travail, les parties ont trouvé un terrain d'entente qui suppose paiement sous huitaine du montant retenu à contre remise de dette (AG du 24 avril 2003). Le non-respect de ce délai a conduit le dirigeant de la SARL à saisir par consultation écrite les associés de la société. Ces derniers ont décidé de revenir sur les résolutions qui ont été prises le 23 avril et de mettre en œuvre la procédure de recouvrement des dettes initiales. Ainsi, après une sommation de payer demeurée sans suite et dirigée contre les entreprises débitrices, le gérant a saisi le Président du TGI de Douala qui a fait droit à sa demande. La SEFICAM Sari forme opposition, le TGI rétracte l'ordonnance d'injonction de payer. La SARL a interjeté appel, mais la Cour d'appel du littoral a confirmé le jugement entrepris.

La CCJA avait à se prononcer sur les modalités de prise de décisions dans une SARL. Plus précisément, les associés d'une SARL peuvent-ils prendre des décisions par consultation écrite lorsque pareille modalité est prévue par les statuts ? La réponse affirmative s'est imposée en l'espèce.

De façon subséquente, une question d'incompétence de la Cour d'appel s'était posée en raison de l'existence d'une convention d'arbitrage entre les associés de la SARL sur le fondement de l'article 13 de l'Acte uniforme relatif à l'arbitrage. La CCJA n'a pas admis cet argument en délimitant la sphère de la convention d'arbitrage ; celle ne valant que dans les rapports associés et société. Or, la défenderesse n'est pas associée de la SARL demanderesse.

Leçon de jurisprudence

-Identité entre consultation écrite et consultation par correspondance

CONCLUSION

Le professeur Philippe Jestaz recommandait dans son ouvrage intitulé *Le droit*, un retour au vécu[581]. Ce conseil peut être cautionné notamment lorsque l'on s'imprègne de la dialectique droit et force ; que celle-ci soit une force pure, provenant des armes et de la finance. Le juriste ne saurait se complaire dans le culte de la loi, des concepts et principes, mais dans ce qui est observable à savoir les normes et pratiques[582]. L'examen de la jurisprudence en vue d'une meilleure compréhension de la mise en œuvre du droit n'est pas à négliger.

[581] Ouvrage commenté par SOURIOUX Jean-Louis, « Pour un droit existentiel ou si l'existentialisme juridique m'était conté », RTD civ. 2010. 733.

[582] JESTAZ Philippe, « Définir le droit… ou l'observer », RTDciv 2017, p.775

TABLE DES MATIÈRES

Structures éditoriales du groupe L'Harmattan

L'Harmattan Italie
Via degli Artisti, 15
10124 Torino
harmattan.italia@gmail.com

L'Harmattan Hongrie
Kossuth l. u. 14-16.
1053 Budapest
harmattan@harmattan.hu

L'Harmattan Sénégal
10 VDN en face Mermoz
BP 45034 Dakar-Fann
senharmattan@gmail.com

L'Harmattan Cameroun
TSINGA/FECAFOOT
BP 11486 Yaoundé
inkoukam@gmail.com

L'Harmattan Burkina Faso
Achille Somé – tengnule@hotmail.fr

L'Harmattan Guinée
Almamya, rue KA 028 OKB Agency
BP 3470 Conakry
harmattanguinee@yahoo.fr

L'Harmattan RDC
185, avenue Nyangwe
Commune de Lingwala – Kinshasa
matangilamusadila@yahoo.fr

L'Harmattan Congo
67, boulevard Denis-Sassou-N'Guesso
BP 2874 Brazzaville
harmattan.congo@yahoo.fr

L'Harmattan Mali
Sirakoro-Meguetana V31
Bamako
syllaka@yahoo.fr

L'Harmattan Togo
Djidjole – Lomé
Maison Amela
face EPP BATOME
ddamela@aol.com

L'Harmattan Côte d'Ivoire
Résidence Karl – Cité des Arts
Abidjan-Cocody
03 BP 1588 Abidjan
espace_harmattan.ci@hotmail.fr

L'Harmattan Algérie
22, rue Moulay-Mohamed
31000 Oran
info2@harmattan-algerie.com

L'Harmattan Maroc
5, rue Ferrane-Kouicha, Talaâ-Elkbira
Chrableyine, Fès-Médine
30000 Fès
harmattan.maroc@gmail.com

Nos librairies en France

Librairie internationale
16, rue des Écoles – 75005 Paris
librairie.internationale@harmattan.fr
01 40 46 79 11
www.librairieharmattan.com

Librairie l'Espace Harmattan
21 bis, rue des Écoles – 75005 paris
librairie.espace@harmattan.fr
01 43 29 49 42

Lib. sciences humaines & histoire
21, rue des Écoles – 75005 paris
librairie.sh@harmattan.fr
01 46 34 13 71
www.librairieharmattansh.com

Lib. Méditerranée & Moyen-Orient
7, rue des Carmes – 75005 Paris
librairie.mediterranee@harmattan.fr
01 43 29 71 15

Librairie Le Lucernaire
53, rue Notre-Dame-des-Champs – 75006 Paris
librairie@lucernaire.fr
01 42 22 67 13

www.ingramcontent.com/pod-product-compliance
Lightning Source LLC
LaVergne TN
LVHW011031061026
849535LV00006B/2061